辽宁省职业教育"十四五"规划教材

高等职业教育
市场营销专业
新形态一体化教材

U0648653

服务营销理论与实务（第四版）

仲晓密　主编

相聪姗　解敬红　邹群　副主编

清华大学出版社
北京

内容简介

本书为辽宁省职业教育"十四五"规划教材、"十二五"职业教育国家规划教材修订版。本次修订增加了党的二十大报告中关于服务业及其发展的相关内容,更新了部分案例和数据资料,并进一步丰富了实践教学内容。全书共 12 个项目,包括服务营销导论,服务消费行为,服务营销理念,服务营销战略,服务市场的细分、选择和定位,服务商品策略,服务定价策略,服务渠道策略,服务促销策略,服务人员策略,服务过程策略,服务有形展示。本书立足中国职业教育实践,注重学习知识与思想政治教育相结合,构建知识目标、能力目标和素养目标的三维学习目标,使学生在学习知识和掌握技能的过程中坚定理想信念;坚持理论阐述与实践操作相结合,突出教学做一体,设有案例导入、见微知著、同步案例、知识链接、项目小结、巩固练习、实训课业等栏目,以强化学生的理论实践学习。本书建有在线开放课程,配有微课、在线测试、案例等丰富的数字教学资源。

本书既可作为高职高专及中职院校财经商贸类服务营销课程的教材,也可作为社会从业人员的自学参考书和培训教材。

图书在版编目(CIP)数据

服务营销理论与实务 / 仲晓密主编. -- 4 版.--北京 :
清华大学出版社,2025. 9. --(高等职业教育市场营销专业
新形态一体化教材). -- ISBN 978-7-302-68682-8

Ⅰ. F713.3

中国国家版本馆 CIP 数据核字第 2025EV7300 号

责任编辑:左卫霞
封面设计:傅瑞学
责任校对:袁　芳
责任印制:刘　菲

出版发行:清华大学出版社
　网　　　址:https://www.tup.com.cn,https://www.wqxuetang.com
　地　　　址:北京清华大学学研大厦 A 座　　邮　　编:100084
　社 总 机:010-83470000　　　　　　　　邮　　购:010-62786544
　投稿与读者服务:010-62776969,c-service@tup.tsinghua.edu.cn
　质量反馈:010-62772015,zhiliang@tup.tsinghua.edu.cn
　课件下载:https://www.tup.com.cn,010-83470410

印 装 者:北京鑫海金澳胶印有限公司
经　　销:全国新华书店
开　　本:185mm×260mm　　印　　张:15.75　　字　　数:382 千字
版　　次:2009 年 6 月第 1 版　2025 年 9 月第 4 版　　印　　次:2025 年 9 月第 1 次印刷
定　　价:58.00 元

产品编号:104816-01

第四版前言

当今世界正经历百年未有之大变局,以人工智能引领科研范式变革,加速各领域科技创新突破,国际力量对比深刻调整。我国已进入立足新发展阶段、贯彻新发展理念、构建新发展格局的高质量发展阶段,迈入以中国式现代化全面推进强国建设、民族复兴的伟大征程。服务业逐步成为支撑和拉动经济发展的主动力,擎起国民经济的"半壁江山"。同时,服务贸易日益成为构建新发展格局、培育国际合作与竞争新优势的重要力量。在这一背景下,高等职业教育作为培养应用型、技术技能型人才的重要基地,肩负着为现代服务业输送高素质专业人才的重任。

现代服务业的发展趋势呈现出数字化、个性化和国际化的特点。以人形机器人和聊天机器人为代表的数字化转型正在深刻改变服务业的运作模式和竞争格局。服务营销作为市场营销的一个重要分支,专注于服务商品的特殊性,研究服务商品的开发、定价、推广和分销等方面内容。在现代服务业中,服务营销的理念和方法对企业的竞争力和市场表现具有决定性的影响。职业教育注重培养学生的职业技能和实践操作能力。本书再版过程中,充分考虑了这些新的发展趋势和要求,理论与实践相结合,为学生提供具有前瞻性和实用性的知识。

根据教学实践反馈,本次再版对上版内容进行了修改、补充与完善,丰富了数字经济服务营销的相关内容,增加了见微知著、知识链接、即测即评三个栏目,更换了大量案例,具体如下。

(1) 完善了服务营销的核心理念,包括顾客满意、超值服务、服务流程再造等,强调了提高顾客满意度、优化服务流程以及服务市场的细分、选择和定位对于增强企业市场竞争力的重要性,为学生提供科学的市场分析和决策工具。

(2) 在服务营销战略方面,讲述了服务营销规划的含义和过程以及如何选择和实施有效的服务营销战略。着重优化了服务商品策略、定价策略、渠道策略和促销策略等内容,帮助学生在未来的职业生涯中能够灵活应对市场变化,制订有效的营销方案。

(3) 突出了数字化转型对服务营销的影响,优化了数字化服务商品的设计和开发,以及如何利用数字化渠道推广和销售服务商品,如何在数字化环境下维护数据安全和隐私保护,如何在数字化转型中坚守伦理原则等内容。

(4) 更加注重服务企业在环境保护、社会公益、消费者权益保护等方面的责任,以及如何在数字化转型中坚守伦理原则和职业道德,赢得消费者和社会的信任。

本次再版较上一版的改进创新上,主要有以下几点。

(1) 注重课程职业素养教育:全面贯彻党的二十大精神,增加"见微知著"栏目,在探讨服务营销的同时,强调企业的社会责任和伦理责任,培养学生的社会责任感和职业道德。

(2) 强化理论与实践相结合:通过案例分析、实训项目和模拟演练等方式,使学生能够将理论知识应用于实际情境中,提高解决实际问题的能力。

（3）突出紧跟时代发展：充分考虑现代服务业的发展趋势，特别是数字化、个性化和国际化的特点，为学生提供最新的服务营销知识。

（4）更加强调职业技能培养：注重培养学生的服务营销思维和实践技能，提高他们的就业竞争力。

（5）丰富教学支持内容：建有在线开放课程，为教师提供丰富的教学资源，包括微课、教学PPT、案例库、习题集等，方便教师进行教学设计和实施。

本次再版，由辽宁经济职业技术学院仲晓密教授主持，具体分工如下：仲晓密负责修订项目1～项目5，辽宁经济职业技术学院相聪姗负责修订项目6～项目10，唐山职业技术学院解敬红负责修订项目11，安徽审计职业学院邹群负责修订项目12，辽宁警悦科技有限公司李扬总经理为教材修订提供了大量企业素材和行业建议。本书由辽宁经济职业技术学院商贸学院院长赵阔教授审稿。

衷心希望本书能够成为高等职业教育领域服务营销课程的实用教材，帮助学生掌握服务营销的专业知识和专业技能，培养学生的实践能力和创新精神，为学生的职业生涯打下坚实的基础。也期待本书能够为服务企业的实际工作提供参考和指导，促进我国服务业的发展和进步。

最后，特别感谢刘红一教授为本书所付出的心血和他的无私传承！感谢所有参与本书再版、审校和出版工作的人员，他们的辛勤工作使本书得以顺利再版。希望广大读者能够提出宝贵的意见和建议，以便我们不断改进和完善本书内容。祝愿每一位读者都能从本书中获得知识和启发，为自己的学习和工作带来帮助。让我们一起努力，为推动我国服务业高质量发展贡献力量。

编　者

2025 年 3 月

服务营销在线开放课程

第一版前言

21世纪是服务经济迅猛发展的时代,在这新的时代里,服务已经成为企业之间竞争的焦点,越来越多的世界知名企业已经将"服务"作为克敌制胜的法宝,服务营销理念也越来越受到企业界和学术界的重视,一个崭新的营销时代已经到来,那就是"服务营销"时代。

和西方发达国家相比,我国的服务营销起步较晚,20世纪90年代才开始真正从事服务营销的研究。在向西方发达国家学习的过程中,我国的学术界和企业界逐步认识到了服务营销对企业经营的重要意义,加快了对服务营销的研究和应用。为了使高职院校市场营销等专业的学生掌握服务营销的理论与技能,满足企业对服务营销人才大幅度增长的需求,我们组织了相关院校有长期教学经验的教师编写了这本《服务营销理论与实务》教材。

本书编写过程中,坚持了以下原则和要求。

(1) 根据高等学校本科教学质量与教学改革工程(以下简称"质量工程")对"精品课程"教材的要求,本书紧紧围绕高职高专市场营销专业培养营销岗位第一线所需要的能够直接上岗的营销专门人才的目标,坚持改革、创新的精神,体现新的课程体系、新的教学内容和教学方法,以提高学生整体素质为基础,以能力为本位,兼顾知识教育、技能教育和能力教育。

(2) 本书内容的设计兼顾"知识点""技能点""能力点"和"素质点"。具体地讲:①在设计各章的学习目标中,要考虑知识目标、技能目标、能力目标和素质目标四种子目标。知识目标应侧重对服务营销理论重点和要点的理解,技能目标应列出学生学习本章后应掌握的营销技能,能力目标应侧重观念应用或理论联系实际的能力,素质目标应侧重全面提升学生的生理、心理、行为的基本品质和思想政治道德修养水平。②教材各章节中对知识点、技能点、能力点和素质点的内容阐述与本章学习目标中所列子目标一一对应,并有助于实现这些目标。③每章后习题的设计与本章各节中对知识点、技能点、能力点和素质点的内容阐述一一对应。

(3) 坚持按照先进、精简、适用的原则选择教材内容。"先进"是强调市场营销新理论、新知识、新技术、新方法、新经验、新案例,使教材内容先进科学;"精简"是指教材提供的内容只要"必需、够用"即可,不必充分展开;"适用"是指着眼于未来的应用,具有实际使用价值和可操作性。

(4) 注意解决教材的中国化问题。所谓"中国化",就是既不要写成土生土长的"中国乡土教材",也不要写成洋味十足的"洋教材",而要有意识地把营销学普遍原理与我国市场的特殊国情和我国市场营销的最新具体实践相结合。另外,要着力反映我国行业服务营销的发展问题。

(5) 着眼于产学研结合型教育所要求的双证沟通,把职业资格标准中要求的知识、技能与能力融入相关课程的教学大纲中。

(6) 教材重视运用图、表、例说明问题,进一步加大教材的案例化程度。具体内容如下:微型案例、中型案例、大型(综合)案例三者结合。微型案例内容仅涉及本节的节内小案例

(即节内的"观念应用");中型案例内容仅涉及本章的案例,包括作为全章内容导引的引例和各章后习题中的案例;大型(综合)案例位于全书最后。

(7) 加大实训内容的课时比例。各门课程的实训课一般不少于各课程总学时的1/4。

(8) 其他栏目设计。每节安排1～2个小资料、小思考,有的章节安排了专论。

本书的内容可概括为:以科学的服务营销理念为指导,以客观、准确、全面的市场调查信息为基础,在客观、准确、全面地把握消费者需求的基础上科学地制定营销战略、营销计划和市场定位,以产品、价格、渠道、促销、服务人员、服务过程、服务有形展示七个方面的服务营销策略和管理手段为主线和思路,全面阐述了服务营销学的基本理论与实务,条理清楚、观点明确,所介绍的方法实用性强,极具操作性,可作为高职高专市场营销及相关专业基础课或专业课教材,也可作为成人教育教材,以及在职职工培训和自学辅导的教材。

《服务营销理论与实务》由刘红一担任主编,刘方伟、于世宏、夏冬担任副主编。全书共12章,编写分工如下:刘红一编写第1章、第4章、第5章、第11章的第4节;刘方伟编写第3章、第11章的第1～3节、第12章;于世宏编写第2章、第9章、第10章;夏冬编写第6～8章。全书由刘红一设计结构并最后总纂。本书在编写过程中参阅了大量的相关文献,在此向文献作者表示谢意。

由于编者水平有限,书中疏漏在所难免,敬请同行专家和广大读者批评、指正。

刘红一

2009 年 3 月

目　录

项目 ①

服务营销导论

知识目标

1. 了解服务和服务业的含义、分类。
2. 理解服务的特征。
3. 了解服务营销的演变。
4. 了解服务营销学的兴起与发展。

能力目标

1. 能够理解服务对企业的重要作用。
2. 能够理解与分析服务和有形产品之间的区别与联系。
3. 能够理解与分析服务营销学与市场营销学之间的区别与联系。

素养目标

1. 培养家国情怀,提升文化自信。
2. 弘扬爱岗敬业精神,提升责任意识。

○ 案例导入

构建优质高效服务业新体系

服务业发展水平是衡量一个地区、一个城市经济发展程度的重要指标。党的二十大报告提出,构建优质高效的服务业新体系,推动现代服务业同先进制造业、现代农业深度融合。这为进一步提升服务业水平,推进我国现代服务业高质量发展指明了方向和道路。

服务业加快发展是国民经济发展到一定阶段的一般规律,经济发展的进程必然伴随着产业结构的演进升级。党的十八大以来,党和国家高度重视服务业发展,先后出台一系列政策措施鼓励、支持和培育服务业经济,服务业呈现稳步扩张的良好态势,逐步擎起国民经济的"半壁江山",成为支撑和拉动经济发展的主动力。

2013—2021 年,我国服务业增加值年均增长 7.4%,2021 年服务业对经济增长的贡献率达 54.9%,信息传输、软件和信息技术服务业,金融业,租赁和商务服务业等现代服务业加速崛起,成为促进生产生活方式转变、带动产业转型升级和协调发展的重要力量。

迈上全面建设社会主义现代化国家新征程,我国正加快构建以国内大循环为主体、国内国际双循环相互促进的新发展格局,亟须建设更加优质高效、充满活力的现代化产业体系。其中,现代服务业具有高附加值、高技术等特点,在新一轮科技革命和产业革命深入推进背景下,加快发展现代服务业、提升现代服务业发展能级,有助于提高经济运行质量和效益。

具体来说,推动现代服务业高质量发展,关键要提高服务供给对需求升级的适配性,使专业化生产性服务业、高品质生活性服务业较快增长,占整个服务业的比重不断提高。

生产性服务业是与制造业、农业直接相关的配套服务业,贯穿于价值链的诸多增值环节,是一、二、三产业加速融合的引擎和介质。一方面,我们要促进生产性服务业向专业化和价值链高端延伸,推动现代服务业同先进制造业、现代农业深度融合,促进研发、金融、物流、农村电商、信息技术等现代服务业繁荣发展、做大做强,从而实现制造业、农业中间投入成本有效降低、产品附加值大幅增加,提高全产业链综合运行效率。另一方面,我们要促进生活性服务业向高品质和多样化升级,聚焦居民消费升级需要,扩大健康、体育、文化等满足居民身心健康需要的升级类服务业有效供给,助力提升百姓生活品质。

构建优质高效的服务业新体系,要继续向改革开放要动能,充分发挥市场在资源配置中的决定性作用,着力破除制约服务业高质量发展的深层次体制机制障碍,持续深化"放管服"改革,充分激发服务业企业创新创造潜能,大力培育服务业新产业、新业态、新模式,扩大服务业对外开放的广度和深度,用好两个市场、两种资源,以高水平改革开放促进服务业高质量发展。

我们相信,随着政策支持体系进一步完善,我国服务业发展将迎来更大市场和更多机遇,服务业质量和效率有望继续提升,更加优质高效、结构合理、竞争力强、包容开放的服务业将继续为我国经济高质量发展提供更坚实支撑。

资料来源:罗珊珊.人民财评:构建优质高效服务业新体系.人民网-观点频道(2022-11-15).http://m.people.cn/n4/2022/1115/c25-20347670.html.

【分析提示】 党的二十大报告指出,构建优质高效的服务业新体系,推动现代服务业同先进制造业、现代农业深度融合。作为以现代科学技术为支撑且建立在新的商业模式、服务方式和管理方法基础上的业态,现代服务业既包括随着技术发展而产生的新兴服务模式,也包括运用现代技术对传统服务业的改造和提升,进而实现服务业的现代化发展,这已成为带动产业转型升级、公共服务体系建设的新引擎和改善民生、促进生产生活方式转变的新支撑。

1.1 服务和服务业

微课:服务营销
导论

1.1.1 服务

1. 服务的含义

服务是具有无形特征却可给人带来某种利益或满足感的可供有偿转让的一种或一系列活动。

自1960年美国市场营销学会(American Marketing Association,AMA)将服务定义为"用于出售或是同产品连在一起出售的活动、利益或满足"以来,服务陆续有多种定义产生。1995年世界贸易组织(World Trade Organization,WTO)《服务贸易总协定》明确服务行业包括以下 12 个部门：商业、通信、建筑、销售、教育、环境、金融、卫生、旅游、娱乐、运输、其他，具体分为 160 多个分部门。经过 30 来年的发展，服务的内涵无论是深度上还是广度上都有了长足的发展，对国民经济的作用越来越重要。

2. 服务的特征

服务与有形商品相比是有本质区别的。一般而言，服务具有以下共同特征。

1）无形性

服务的无形性是服务与有形商品之间最主要的区别。服务是由一系列活动所组成的过程，而不是实物，所以不能像商品那样可以看到或者触摸到。在大多数情况下，购买服务不等于拥有其所有权。例如，到电影院看电影，购买了电影票并不代表你就是电影院的所有者；购买了飞机票，航空公司为乘客提供服务，也不意味着乘客就拥有了一架飞机。相比较而言，纯粹的实体产品都是高度有形的，纯粹的服务则是高度无形的，但它们在现实世界中都是非常少见的。在现实中，许多企业实际向客户提供的，往往也都是产品和服务的"综合体"。在更多情况下，有形产品可能是作为无形服务的载体而存在的，而无形服务则是有形产品价值或功能的重要延伸。

2）不可分离性

不可分离性是指服务的生产过程与消费过程同时进行，服务人员服务顾客的过程，也正是顾客消费、享用服务的过程，生产与消费服务在时间上不可分离；而有形的产业用品或消费品从生产、流通到最终消费的过程往往要经过一系列的中间环节，生产与消费过程具有一定的时间间隔。服务则要求服务消费者必须以积极的、合作的态度参与服务生产过程（如快餐店的顾客），或通过与服务人员合作（如美容店的顾客），积极参与服务过程，享受服务的使用价值。只有参与才能消费服务，否则便不能消费服务。如医疗服务，病人接受治疗，只有主动地诉说病情，才能方便医生做出诊断，并对症下药。在网络时代以前，服务企业往往将生产、零售和消费场所融为一体，大多数消费者必须到服务场所，才能接受服务，或服务企业必须将服务送到消费者手中。因而，各个服务网点只能为某一个地区的消费者服务，服务场所的选址对服务企业显得十分重要。但网络时代，尤其是 5G 广泛应用以后，远程医疗、远程教育则使这一特性具有了更丰富的体现形式。

3）差异性

服务的差异性是指服务质量存在着一定的差异。世界上没有两种服务会完全一样，同一服务供应商某一次提供的服务与另一次提供的服务也有可能不一致。差异性主要是由员工与顾客之间的相互作用及与之相关的其他因素造成的。不同的服务人员有不同的性格和服务经验，提供的服务会存在差异。顾客的个性和需求偏好也各不相同，对同样服务的感受也会不一样。人们在不同时间可能会表现出不一样的行为，服务人员在不同

知识链接：服务的不可分离性和有形产品质量及营销管理的主要区别

时段提供的服务也会不同。在服务过程中，服务人员与顾客的心情可能出现波动，精力与体力也在不断变化，这些因素都会影响服务的质量。由于服务主要是由人来创造并提供的，很难实现服务质量的一致性，因此，差异性是服务生产过程中固有的特性。

4）不可储存性

由于服务的无形性以及服务的不可分离性，使服务不可能像有形的产业用品和消费品一样被储存起来，以备未来出售，这就会造成服务的损失。如车船、电影院、剧院的空位现

象，其损失表现为机会的丧失和折旧的发生。

不可储存性表明服务不需要储存费用、存货费用和运输费用。但同时带来的问题是，服务企业必须解决由于无库存所引起的商品供求不平衡问题。

服务的不可储存性也为加速服务商品的供给、扩大服务的规模提出了难题。服务业只有在加大服务促销、推广优质服务示范上积极开发服务资源，才能转化被动服务需求状态。

5）所有权的不可转让性

所有权的不可转让性是指在服务的供给和消费过程中不涉及任何东西的所有权转移。既然服务是无形的，又不可储存，服务在交易完成后便消失了，消费者并没有"实质性"地拥有服务。旅客乘坐航班抵达目的地后，除了机票和登机牌在手上外，其他一切都清算交割，同时航空公司也没有把任何东西的所有权转移给旅客。在银行提取存款，在服务过程结束后，储户手中拿到钱，但并没有引起所有权的转移，因为这些存款本身是储户的，银行只不过是一个存放的场所，而且银行还要给储户一定的利息。不过也有例外的情况，比如在百货公司购物后，购买者取得了所购商品的所有权，这样公司的服务导致了有形商品所有权的转让。

这一特征是导致服务风险的根源。由于缺乏所有权的转移，消费者在购买服务时并未获得对某种东西的所有权，因此感到购买服务的风险性，而造成消费心理障碍。为了克服消费者的这种心理障碍，服务业的营销管理中逐渐采用"会员制度"，试图维系企业与顾客的关系。顾客作为企业的会员可享受某些优惠，从而在心理上产生拥有企业所提供的服务的感觉。

在上述五个特征中，无形性是最基本特征，其他特征都是从这一特征派生出来的。服务的五个特征从各个侧面表现了服务与实体商品的本质区别。

3. 服务与有形产品的联系

从"能够满足人们需要的任何东西都是商品"这个思想出发，有形产品和服务都是"商品"，只不过服务是非物质形态的商品，它虽然没有物理、化学属性，但它可以满足人们的某种需求。例如，美容、理发、运输等都是服务，都可以满足人们的某种需求。

服务的内涵表明，它是以非实物的形式来为他人或组织提供利益，当然，在许多情况下，无形的服务往往是通过有形的产品或与有形的产品结合来发生作用的。从本质上看，服务与有形产品之间并无严格界限。

首先，不存在纯粹的服务，即不存在不需要任何物质支持的服务。例如，医院提供的医疗服务是以药品、医疗设备等有形产品为基础的；学校的教学过程是非实体的，但是教材、教室、桌椅、电教设备等则是有形产品。

其次，不存在无须借助任何服务手段的纯粹的商品。例如，产品都需要分销，而分销就是一种服务。此外，在客户购买产品之前有售前服务，购买过程中有讲解、演示等售中服务，购买产品后有送货、安装和"三包"等售后服务。

显然，任何一个服务机构，无论是制造业服务机构还是服务业服务机构，它们提供的产品实际上都是"有形产品＋无形服务"的混合体，只不过各自所占的比例不同。

被誉为"现代营销学之父"的美国经济学教授菲利普·科特勒（Philip Kotler）把市场上的商品分成五种：①纯粹有形商品，如肥皂、牙刷、盐等几乎没有附加任何服务成分；②附加部分服务的有形商品，如汽车、计算机等；③混合物，即服务与有形商品大约各占一半，如餐馆和旅馆中的服务与有形商品是并举的;④附带有少量有形商品的服务,如教育、医疗等服务;⑤纯粹的服务商品,即其中几乎不会附加任何有形产品,如律师和心理咨询等服务。

服务与有形产品之间只在于有形性程度的不同,从高度无形到高度有形之间存在一个连续谱系,如图 1-1 所示。

4. 服务的分类

图 1-1　服务与有形产品——无形与有形的连续谱系

从不同角度、按照不同标准,可以对服务进行多种分类,以满足实践中人们的不同需要和研究目的,以下列举几种分类法。

(1) 按照顾客对服务推广的参与程度,可以将服务分为高接触性服务、中接触性服务和低接触性服务。

① 高接触性服务是指顾客在服务推广的过程中参与其中全部或大部分的活动,如电影院、娱乐场所、公共交通、学校等部门所提供的服务。

② 中接触性服务是指顾客只是部分地或在局部时间内参与其中的活动,如银行、律师、房地产经纪人等所提供的服务。

③ 低接触性服务是指在服务的推广过程中顾客与服务的提供者接触甚少,他们的交往大都是通过仪器设备进行的,如信息中心、邮电业等所提供的服务。

这种分类法的优点是,便于将高接触性服务从中、低接触性服务中分离、凸显,以便采取多样化的服务营销策略,满足各种高接触性服务对象的需求;其缺点是过于笼统、粗略,中接触性服务与低接触性服务不易区分。

(2) 按照服务的时序,可以将服务分为售前服务、售中服务和售后服务。

① 售前服务是指商品(服务)销售前为客户提供的服务,包括市场调研、客户需求分析、介绍与咨询、宣传和展示等。

② 售中服务是指商品(服务)销售过程中为客户提供的服务,包括客户接待、产品(服务)介绍与咨询、确认客户需求、为客户提供完整解决方案等。

③ 售后服务是指在客户购买商品(服务)后,为客户提供旨在使产品(服务)发挥其作用、方便客户使用或享受的服务,包括送货、安装与维修、技术培训、退换、意见反馈与投诉处理等。

(3) 按照服务的地点,可以将服务分为定点服务和巡回服务。

① 定点服务是指通过在固定地点建立服务点或委托其他部门设立服务点来提供服务,如生产服务机构在全国各地设立维修服务网点、设立零售门市部。

② 巡回服务是指没有固定地点,由销售人员或专门派出的维修人员定期或不定期地按客户分布的区域巡回提供服务,如流动货车、上门销售、巡回检修等。这种服务适合在服务机构的销售市场和客户分布区域比较分散的情况下采用,因其深入居民区,为客户提供了更大的便利而深受欢迎。

(4) 按照服务的次数,可以将服务分为一次性服务和经常性服务。

① 一次性服务是指一次性提供完毕的服务,如送货上门、商品安装等。

② 经常性服务是指需要多次提供的服务,如商品的检修服务等。

（5）按照服务的技术，可以将服务分为技术性服务和非技术性服务。

① 技术性服务是指提供与商品的技术和效用有关的服务，一般由专门的技术人员提供，主要包括商品的安装、调试、维修，以及技术咨询、技术指导、技术培训等。

② 非技术性服务是指提供与商品的技术和效用无直接关系的服务，它包含的内容比较广泛，如广告宣传、送货上门、提供信息、分期付款等。

（6）按照服务的费用，可以将服务分为免费服务和收费服务。

① 免费服务是指提供不收取费用的服务，一般是附加的、义务性的服务。

② 收费服务是指提供收取费用的服务。

5. 服务的作用

（1）服务已经成为市场竞争的焦点。市场竞争无非是价格竞争和非价格竞争，价格竞争以减少机构的利润为代价，其活动空间是有限的，其作用正在弱化。

随着科学技术的进步，非价格竞争的范围也逐渐由商品的竞争、技术的竞争，扩展至服务的竞争。当机构之间生产技术的差异缩小、商品质量相差无几时，尤其是在生产过剩的情况下，优质的服务已经成为现代竞争的重要手段和焦点。

（2）服务已经成为机构形象的窗口。服务的好与坏代表着一个机构的整体形象、综合素质、经营理念。优质服务有利于塑造机构的良好形象，提高机构的知名度和美誉度。

（3）服务是争取和保持客户的重要手段。客户在购买商品时，总是希望尽可能地减少成本支出，这些成本包括客户购买时付出的货币成本、时间成本、体力成本、精力成本、心理成本等，同时希望获取尽可能多的客户价值，这些价值包括客户购买的商品价值、服务价值、形象价值和人员价值等。

服务价值是构成客户价值的重要因素之一，对客户的感知价值影响较大。服务价值高，感知价值就高；服务价值低，感知价值就低。此外，服务一方面可直接增加客户价值；另一方面又可以减少客户成本。所以，服务做得好就会受到客户的欢迎。机构向客户提供的各种服务越完备，商品的附加价值就越大，客户从中获得的实际利益就越大，也越能吸引客户。

（4）服务已经成为影响机构经营效益的关键。客户是机构的生命之源。得客户者得天下，谁拥有客户，谁就拥有市场。

随着人们生活水平的提高，客户支付能力的增强，客户越来越心甘情愿为获得高档、优质的服务而多花钱。这样，通过提供优质服务，机构自然可以提高商品售价，获得更多的利润。

此外，服务还是投入成本较低、收益较大的竞争手段。例如，改善服务人员的服务态度，实行微笑服务，并没有增加多少成本，却可以提高客户的满意度和忠诚度。

1.1.2 服务业

1. 服务业的含义

服务业通常也称为第三产业，是以提供服务来获取报酬的产业。但在世界贸易组织（WTO）的相关定义中，两者有细微的区别。

知识链接：三次产业
划分理论的由来

2. 服务业的分类

1）官方分类法

1985 年 5 月，国务院办公厅转发国家统计局的报告，将服务业分为两大部门、四个层次，见表 1-1。

表 1-1 服务业的分类

流通部门	第一层次	流动类	交通运输业、邮电通信业、商业饮食业、物资供销和仓储业
服务部门	第二层次	生产和生活服务类	金融业、保险业、地质普查业、房地产管理业、公用事业、居民服务业、旅游业、信息咨询服务业和各类技术服务业
	第三层次	提高科学文化水平和居民素质类	教育、文化、广播、电视、科学研究、卫生、体育和社会福利事业
	第四层次	社会公共需要服务类	国家机关、政党机关、社会团体、警察、军队

表 1-1 所示的第四层次，社会公共需要服务类的国家机关、政党机关、社会团体、警察、军队都属于服务部门，但不属于第三产业。

2）国际标准化组织制定的 ISO 9000 中对服务业的分类

国际标准化组织制定的 ISO 9000 中对服务业的分类按以下序列展开。

（1）接待服务，即餐馆、饭店、旅行社、娱乐场所、广播、电视和度假村。

（2）交通与通信，即机场、空运、公路、铁路和海上运输、电信、邮政和数据通信。

（3）健康服务，即医疗所医生、医院、救护队、医疗实验室、牙医和眼镜商。

（4）维修服务，即电器、机械、车辆、热力系统、空调、建筑和计算机。

（5）公用事业，即清洁、垃圾管理、供水、场地维护、供电、煤气和能源供应、消防治安和公共服务。

（6）贸易，即批发、零售、仓储、配送、营销和包装。

（7）金融，即银行、保险、生活津贴、地产服务和会计。

（8）专业服务，即建筑设计、勘探、法律、执法、安全、工程、项目管理、质量管理、咨询和培训与教育。

（9）行政管理，即人事、计算机处理、办公服务。

（10）技术服务，即咨询、摄影、实验室。

（11）采购服务，即签订合同、库存管理与分发。

（12）科学服务，即探索、开发、研究和决策支援。

3）四种类型分类法

从运营的角度来看，流程是将投入转变为产出的一个过程。服务涉及人员、物品和数据三大类处理。从这个角度来审视服务行业，可以将服务业分为四种类型。分类的依据是针对人员或顾客拥有物品的服务是否有形（见图 1-2）。

3. 服务业与服务经济

1）服务经济时代的到来

英国经济学家约翰·邓宁在对经济社会的演进深入研究之后，将社会经济发展分为三个阶段：第一阶段是以土地为基础的农业经济时代（17 世

知识链接：三次
产业分类

服务的直接对象		
服务行为的本质	人员	物品
有形的行为	**人体处理** (针对人的身体的服务) 乘客运输 医疗保障 住宿 美容院 物理治疗 健身中心 餐馆/酒吧 理发 殡葬服务	**物体处理** (针对实体的服务) 货物运输 维修保养 仓储/保存 办公环境清洁 零售分销 洗衣和干洗 加油 景观/草地保养 废弃/回收
无形的行为	**脑刺激处理** (针对人的大脑的服务) 广告/公关 艺术和娱乐 广播/有线电视 管理咨询 教育 信息服务 音乐会 心理治疗 宗教 语音电话	**信息处理** (针对无形资产的服务) 会计 银行 数据处理 数据传递 保险 法律服务 程序编写 研究 证券投资 软件咨询

图 1-2　服务行业的四种类型

纪初至 19 世纪);第二阶段是以机器或金融为基础的工业经济时代(19 世纪至 20 世纪末);第三阶段是以金融或知识经济为基础的服务经济时代(从 20 世纪末开始)。事实上,最近几十年服务业的迅猛增长证明服务经济已成为现代经济生活的主导。服务业的迅猛发展使其在国民经济中的地位越来越重要,主要表现在两个方面:一方面是服务业的产值增长显著。大多数国家服务业产值的年平均增长速度超过了本国 GDP 的增长速度,发达国家约 2/3 甚至更多的国内生产总值来自服务业。另一方面是服务业为社会创造了大量的就业机会。

与世界上许多国家一样,中国服务业自 20 世纪后期开始也得到了快速发展。在 1978 年改革开放之初,服务业增加值仅为 905.10 亿元,占 GDP 的比重为 24.6%;经过改革开放之后 40 多年的发展,我国服务业增加值在 2024 年已经达到 765583 亿元,比上年增长 5%,占 GDP 的比重为 56.7%。具体来看,2024 年,信息传输、软件和信息技术服务业,租赁和商务服务业,交通运输、仓储和邮政业,住宿和餐饮业,金融业,批发和零售业增加值同比分别增长 10.9%、10.4%、7.0%、6.4%、5.6%、5.5%。

概括而言,我国服务业的发展主要表现在以下三个方面。

一是服务业的规模不断扩大,服务业增加值占 GDP 的比重持续提高,服务业对国民经济增长的贡献也逐渐提高。

二是服务业已成为吸纳就业的主要渠道。服务业持续增长,继续为稳就业发挥积极作用。从服务业的年平均就业人数看,2024 年比 2023 年增加 700 多万人。其中,批发零售、住宿餐饮、信息传输、租赁和商务服务等行业的就业人数增加比较多。

三是服务业的竞争力不断增强。我国银行业、电信业、保险业和零售业等重要服务产业的综合竞争实力都得到显著增强,涌现出一批颇有竞争力和呈现强劲成长势头的优质企业。

可以说,服务业不仅是我国经济增长的重要推动力量,而且对扩大就业、提高人民生活水平也发挥着重要作用。

2) 服务业在服务经济社会中的地位

(1) 服务业是社会就业率的主力支撑。按照国外统计的一般规律,在经济增长阶段,服务业的就业率远比其他行业增长迅速;即使在经济衰退阶段,服务业仍保持着强劲的就业吸纳能力。数据显示,20 世纪 80 年代以来,服务业在经济增长期的就业增长率达到 4.8%,高于同期制造业 3.8% 的增长率;在经济衰退期,服务业更是以 2.1% 的就业增长率全力扭转由于制造业的就业岗位丧失所带来的颓势。作为一个产业群,服务业成为经济社会劳动力的一个"水库",随经济形势收放自如,促进社会的稳定发展和经济增长。

(2) 各类服务活动已成为社会生产活动及社会生产系统的基础。服务业不仅在面对顾客的交换中直接创造社会财富,还以各种生产服务的形式借助行业用品的市场间接创造社会财富,如仓储费、保险费、税金、代理费、批发零售等流通费用以及利息等,在形式和内在价值上证明了工业经济和服务经济的内在统一性,同时也证明了服务经济确实是在工业经济基础之上经济发展史中的更高市场阶段。

(3) 在当今的经济领域中,以服务为主导的竞争战略潮流逐渐占据上风,成为企业获取竞争优势的强有力手段。服务不再作为工业生产的一种辅助资源为社会所规划,而是独立地或与工业制造体系共同组成生产体系和消费者群体进行社会与经济博弈。很大程度上,狭义的产品成为服务的载体或提供更好服务的辅助工具,向顾客提供全面优质的服务更作为一种社会理念成为经济发展的主要内在动力机制。

(4) 在现实的经济社会中,服务业还在以下方面推动着经济浪潮的涌动。

① 服务给予顾客的只是满足,比有形产品生产更节省社会物质资源。在同样的满足程度下,市场赋予服务和产品相同的价值,而不论它们是否消耗了同样的物质成本。

② 服务企业商品的附加价值在一般情况下远高于制造业产品的附加价值,提高了社会劳动增值率。

③ 服务业降低了资本的密集度,促进了技术的传播,是垄断的天然屏障。

④ 服务业促进了生产率和边际收益率的提高,有助于产业升级和社会生活质量改善。

可见,今天的服务业已不再是单纯的辅助性行业,它正凭借自身的价值作用而成为社会经济发展的主流。服务作为一种非独立性的生产手段,在与社会、企业和顾客的博弈中,发挥着自身的独特优势,满足社会的基本需求,实现国家乃至世界的财富积累。基于服务在经济发展中的重要意义,它已被视为经济运行的客观标志和经济阶段的划分标准。没有服务业,工农业产品的效用会降低,社会价值会缩水;没有服务业,企业利润会萎缩,竞争力会丧失;没有服务业,社会进步会滞后,社会福利会恶化。

见微知著

广交会展现中国服务特有魅力

2024 年 10 月 15 日,备受全球客商瞩目的第 136 届中国进出口商品交易会(以下简称"广交会")如期而至。作为"友谊的纽带、贸易的桥梁"的广交会,自 1957 年至今,已经举办

136 届。本届广交会以"服务高质量发展,推进高水平开放"为主题,展览总面积达 155 万平方米,展位总数 7.4 万个,设 55 个展区、171 个专区,线下展参展企业超 3 万家,预注册的境外采购商来自 203 个国家和地区。

为了更好地服务国内外客商,广交会开设了功能丰富、界面友好的线上平台,包括电子家电、工业制造、五金工具等 13 个板块 55 个展区,还设置了新品发布、展商连线展示、虚拟展馆以及展会动态、行业论坛等板块。

为了进一步提高服务质量,广交会所有线下参会的境外新老采购商都会提前在线上完成预注册,大大提升了线下参会效率。此外,各个职能部门和企业提出多项服务措施,各显身手,更好地服务广交会。

搭建法律服务桥梁。广交会已经连续三届在现场设立"涉外法律咨询服务港",为广交会参展客商提供法律服务,不时有采购商前来咨询法律条款,寻求帮助。为进一步优化涉外法律服务供给,第 136 届广交会新增四位港澳仲裁员,并增设了粤港澳大湾区律师法律服务咨询专窗,每天都会安排粤港澳大湾区律师驻场服务。

税收服务的"双向奔赴"。国家税务总局广州市税务局推出"税收服务第 136 届广交会十条措施",通过"出口退税提速提质""离境退税扩围增效""联动服务协同共治""助企团队问需解难"等措施来服务展会,助力参展企业与全球客商"双向奔赴"。

海关推出 20 项措施服务广交会。广州海关围绕强化服务保障、提供政策支持、提升通关便利、深化科技赋能四个方面,提出实行驻会监管免担保、拓宽加贸企业销售渠道、便利进口化妆品及医疗器械参展、扩大参展食品范围等 20 条便利措施。其中"免于进口食品境外生产企业注册"和"允许未获检疫准入食品参展"这两项措施,是经海关总署批复,广交会首次复制中国国家进口博览会关于展览用食品的便利措施。

金融企业开展"直付中国"服务。为了便利全球客商高效地在广交会拿订单、抢生意、一键直采中国好货,蚂蚁集团旗下一站式企业跨境数字支付和金融服务平台万里汇(WorldFirst)以"汇通全球"为主题,全面升级了直付中国(Pay into China)体验,助力客商把握全球商机。

1.2　服务营销的含义及演变

1.2.1　服务营销的含义及特点

1. 服务营销的含义

所谓服务营销,是指服务企业为了满足顾客对服务产品带来的服务效用的需求,实现企业预定的目标,通过采取一系列整合的营销策略而达成服务交易的商务活动过程。

服务营销是现代市场营销的一个继发领域,是随着服务业的不断发展和市场竞争焦点逐步由以商品为中心转向以服务为中心的背景下而从市场营销中独立出来的一门新的学科。服务营销的核心是满足顾客对服务商品的需求。顾客对服务商品的需要,不是服务商品本身,而是服务商品能够给顾客带来的服务效用。服务营销的手段是一系列整合的营销策略。服务营销的目的是达成市场交易,实现企业预定的目标。

2. 服务营销的特点

(1)供求分散性。服务营销活动中,服务商品的供求具有分散性。不仅供方覆盖了第三产业的各个部门和行业,企业提供的服务也广泛分散,而且需方更是涉及各类企业、社会团体和千家万户不同类型的消费者,由于服务企业一般占地小、资金少、经营灵活,往往分散在社会的各个角落;即使是大型的机械服务公司,也只能在有机械损坏或发生故障的地方提供服务。服务供求的分散性,要求服务网点要广泛而分散,尽可能地接近消费者。

(2)营销方式单一性。有形产品的营销方式有经销、代理和直销多种营销方式。有形产品在市场可以多次转手,经批发、零售多个环节才使产品到达消费者手中。服务营销则由于供给与消费的统一性,决定其只能采取直销方式,中间商的介入一般是不可能的,储存待售也不可能。服务营销方式的单一性、直接性,在一定程度上限制了服务市场规模的扩大,也限制了服务业在许多市场上出售自己的服务商品,这给服务商品的推销带来了困难。

(3)营销对象复杂多变。服务市场的购买者是多元的、广泛的、复杂的。购买服务的消费者的购买动机和目的各异,某一服务商品的购买者可能牵涉社会各界各业各种不同类型的家庭和不同身份的个人,即使购买同一服务商品,有的用于生活消费,有的却用于生产消费,如信息咨询、邮电通信等。

(4)服务消费者需求弹性大。根据马斯洛需求层次原理,人们的基本物质需求是一种原发性需求,这类需求人们易产生共性,而人们对精神文化消费的需求通常属继发性需求,需求者会因各自所处的社会环境和各自具备的条件不同而形成较大的需求弹性。同时,对服务的需求与对有形产品的需求在一定组织及总金额支出中相互牵制,也是形成需求弹性大的原因之一。服务需求受外界条件影响大,如季节的变化、气候的变化、科技发展的日新月异等对信息服务、环保服务、旅游服务、航运服务的需求造成重大影响。需求的弹性是服务业经营者最棘手的问题。

(5)服务人员的技术、技能、技艺要求高。服务者的技术、技能、技艺直接关系着服务质量。消费者对各种服务商品的质量要求,也就是对服务人员的技术、技能、技艺的要求。服务者的服务质量一般不可能有唯一的、统一的衡量标准,通常只能有相对的标准和凭购买者的感觉体会。

1.2.2 服务营销的演变

成熟的服务企业的营销活动一般经历以下七个阶段。

1. 销售阶段

销售阶段的表现及结果如下。

(1)竞争出现,销售能力逐步提高。

(2)重视销售计划而非利润。

(3)对员工进行销售技巧的培训。

(4)希望招徕更多的新顾客,而未考虑到让顾客满意。

2. 广告与传播阶段

广告与传播阶段的表现及结果如下。

(1)着重增加广告投入。

（2）指定多个广告代理公司。

（3）推出宣传手册和销售点的各类资料。

（4）顾客随之提高了期望值,企业经常难以满足其期望值。

（5）产出不易测量。

（6）竞争性模仿盛行。

3. 商品开发阶段

商品开发阶段的表现及结果如下。

（1）意识到新的顾客需要。

（2）引进许多新商品和服务,商品和服务得以扩散。

（3）强调新商品开发过程。

（4）市场细分,强大品牌的确立。

4. 差异化阶段

差异化阶段的表现及结果如下。

（1）通过战略分析进行企业定位。

（2）寻找差异化,制定清晰的战略。

（3）更深层的市场细分。

（4）市场研究、营销策划、营销培训。

（5）强化品牌运作。

5. 顾客服务阶段

顾客服务阶段的表现及结果如下。

（1）顾客服务培训。

（2）微笑服务。

（3）改善服务的外部促销行为。

（4）利润率受一定程度影响,甚至无法持续。

（5）得不到过程和系统的支持。

6. 服务质量阶段

服务质量阶段的表现及结果如下。

（1）服务质量差距的确认。

（2）顾客来信分析、顾客行为研究。

（3）服务蓝图的设计。

（4）疏于保留老顾客。

7. 整合关系营销阶段

整合关系营销阶段的表现及结果如下。

（1）经常地研究顾客和竞争对手。

（2）注重所有关键市场。

（3）严格分析和整合营销计划。

（4）数据基础的营销。

（5）平衡营销活动。

（6）改善程序和系统。

（7）改善措施保留老顾客。

20世纪90年代，关系营销开始成为营销企业关注的重点，把服务营销推向一个新的境界。

1.3 服务营销学的研究历程

知识链接：服务营销与传统的有形产品营销的区别

1.3.1 服务营销学的兴起与发展

1. 服务营销学的兴起

服务营销学于20世纪60年代兴起于西方。1966年，美国拉斯摩（John Rathmall）教授首次对无形服务同有形实体产品进行区分，提出要以非传统的方法研究服务的市场营销问题。1974年由拉斯摩所著的第一本论述服务市场营销的专著面世，标志着服务营销学的产生。

服务营销学的兴起缘于服务业的迅猛发展和产品营销中服务日益成为焦点的事实。随着经济的发展，服务业在国民经济中的比重日益扩大，产业升级与产业结构优化的直接结果必然导致服务业的强劲发展和产品营销中服务成为企业竞争焦点的局面。

服务业的兴起和发展是由社会经济所要解决的主要矛盾决定的，是社会经济发展规律使然。在前工业社会，社会经济发展的主要矛盾表现为人与自然的矛盾，农业、采矿业等第一产业得以发展；在工业化社会阶段，冶金、机械、石化、纺织、电子等第二产业的各种行业得到全面发展；自20世纪60年代以来，发达国家相继进入后工业社会的历史发展阶段，后工业社会是面对社会各层面的相互沟通的人际关系为主要矛盾的社会，服务业的异军突起是新时代的需要。

2. 服务营销学在西方的发展

服务营销学脱胎于市场营销学，之后在自己的空间里茁壮成长。自20世纪60年代以来，服务营销学的发展大致可分为以下四个阶段。

第一阶段（20世纪60—70年代）：服务营销学的脱胎阶段。这一阶段是服务营销学刚从市场营销学中脱胎而出的时期，主要研究服务与产业商品或消费品的异同，以及服务营销学与市场营销学研究角度的差异，并试图界定大多数服务所共有的特征。1977—1980年，理论界对服务特征的研究最为蓬勃，约翰·E. G. 贝特森（John E. G. Bateson）、G. 林恩·萧斯塔克（G. Lynn Shostack）、伦纳德·L. 贝瑞（Leonard L. Berry）、克里斯托弗·洛夫洛克（Christopher Lovelock）等学者纷纷提出经典性论述。于是，无形性、不可分离性、差异性、不可储存性以及所有权的不可转让，被归为服务所独有的五大特征。

第二阶段（20世纪80年代初期至中期）：服务营销学的理论探索阶段。第二阶段的研究完全建立在第一阶段的研究成果之上，主要探讨服务的特征如何影响顾客的购买行为，尤其集中于顾客对服务的特质、优缺点以及潜在的购买风险的评估，其中以1981年瓦拉里亚·A. 西斯姆（Valarie A. Zeithaml）在美国市场营销协会学术会议上发表的《顾客评估服务如何有别于评估有形产品》一文为此方面的压卷之作。当然，服务营销学者也探讨了服务的特征对市场营销战略的制定和实施是否具有特殊的影响与意义，而这些特殊的影响是否又意味着市场营销管理人员应该跳出传统的市场营销技巧范畴,采取新的市场营销管理手段。也就是说,市场营销学者们试图回答这样一个问题,即服务营销学是否有别于消费品或产业产品的市场营销学。

同时,不少市场营销学者还专门探讨如何根据服务的特征将其划分成不同的种类。他们认为,不同种类的服务需要市场营销人员运用不同的市场营销战略进行推广。比如,萧斯塔克根据商品从可感知向不可感知的变化过程来区分服务,提出了"可感知性与不可感知性差异序列理论";蔡斯的"高卷入与低卷入服务供给过程的高低程度划分服务";贝瑞利用"不可感知性"的程度与"服务是否为顾客量身定做"对服务进行分类;而洛夫洛克则根据服务的供给过程、会员制度,服务提供者是人还是机器等不同的变量,提出多种区分服务的方法。

此外,在这一阶段,美国的服务市场营销学者在亚利桑那州州立大学成立了"第一跨州服务营销学研究中心",成为继北欧诺迪克学派之后的又一个服务营销学研究中心。它标志着美国市场营销学者开始更加重视对服务营销学的研究。

第三阶段(20世纪80年代后期):理论创新阶段。这一阶段的研究硕果累累。学者们在第二阶段取得对服务的基本特征的共识的基础上,主要解决了以下问题。

(1)服务营销组合的基本要素。即在传统的产品、价格、分销渠道和促销组合之外,增加"人""服务过程"和"有形展示"三个变量,从而形成7Ps组合。

(2)由"人"(包括顾客和企业员工)在推广服务以及服务供给的过程中扮演的角色,衍生出两大领域的研究,即关系市场营销和服务系统设计。

(3)服务质量的新解释,确认服务质量由技术质量和功能质量组成,前者指服务的硬件要素,后者指服务的软件要素。服务质量的标准可以可靠性、应对性、保证性和移情性为依据。

(4)提出了服务接触的系列观点,包括服务员工与顾客之间沟通时的行为及心理变化,服务接触对服务感受的影响,如何利用服务员工及顾客双方的"控制欲""角色"和对投入服务供给过程的期望等因素来提高服务质量。

第四阶段(20世纪80年代后期至今):策略研究与专题研究阶段。这一阶段研究的重点集中在两个方面:一是从对7Ps组合的深入研究,到强调加强跨学科的研究,服务营销学强调从人事管理学、生产管理学、社会学以及心理学等学科领域观察、分析和理解服务行业中所存在的各种市场关系;二是特殊的服务营销问题,如服务价格理论如何测定,服务的国际化营销战略,资讯技术对服务的供给、管理及市场营销过程的影响等。

3. 服务营销学在我国的发展

1)我国服务营销的发展现状

随着我国服务业的发展以及市场竞争中价格竞争、质量竞争的弱化,服务竞争逐渐受到企业的重视,日益成为企业在商战中制胜的法宝。许多企业都在进行服务营销活动,不断创造新的服务营销方式,拓展服务营销范围,并取得了可喜的成果。但是,从总体情况来看存在的问题还很多,直到21世纪前十年,仍有以下问题。

(1)服务营销观念落后。长期以来,在传统的卖方市场条件下,企业大都对服务不够重视,缺乏服务的基本意识,而在一些竞争比较激烈的行业中,价格策略往往是企业优先考虑的竞争手段。同时,我国服务型企业有相当一部分处于缺乏竞争的行业,如银行、证券等金融行业,外贸出口、跨境电商等贸易行业,水、电、气等民生服务行业等,从而导致服务意识不足,服务的主动性和有效性都比较欠缺。

(2)服务营销方式简单。许多企业缺乏服务营销的基本知识,在服务竞争中方式单一,同样会使服务竞争陷入同质化的价格竞争怪圈。我国大多数企业更擅长或倾向通过广告、促销等营销手段吸引顾客,即"获客",但对通过系列个性化顾客服务,以创造顾客价值,提升顾客满意,形成顾客忠诚,以及构建长期顾客关系,即"留客"方面的活动重视不够。

(3)服务营销理论研究落后。我国在相当一段历史时期内,无论是宏观管理还是微观管理都比较忽视服务业的重要性,至于针对如何管理服务业以及服务营销的研究更是缺乏。在实践中,服务企业的营销管理人员基本上还是在沿用传统的 4P 营销组合理论来指导服务的营销活动,远远落后于服务业发展的实践,更难以适应我国服务业未来的发展前景,以及应对日益激烈的国际服务贸易自由化的冲击。因此,学习、研究和运用服务营销学理论,指导和促进服务业的发展,已成为需要认真研究的课题。

(4)服务营销人才缺乏。目前,无论是制造型企业的服务部门(如售后服务部),还是服务型企业(如物业服务公司等),都缺乏精通服务营销专业知识、掌握服务营销基本技能的专业人才。其原因在于:一方面,我国高等教育更注重对服务营销基本知识和理论的讲授,对相关技能的开发和培训不足;另一方面,服务营销涉及的诸多技能和知识属于默会知识,需要行业及管理工作经验的积累,很难通过简单的书本知识学习而获得。

2)我国研究推广服务营销学的必要性

我国服务业的发展和产品营销中服务活动的日渐突出,尤其我国市场作为全球最大市场的复杂性决定了我国建立服务营销学的必要性。同时,企业在进行有形产品营销时,服务已成为销售的重要手段,成为企业间市场竞争的焦点,并日益成为产品市场竞争的主角。企业营销及市场竞争不仅需要市场营销学作为理论基础,而且需要服务营销学作为行动指导。我国推广服务营销学的必要性和紧迫性如下。

(1)我国服务业亟待加快发展,且有广阔的发展空间。我国与世界主要国家或地区国内生产总值产业构成比较如表 1-2 所示。

表 1-2　2020 年全球各国国内生产总值产业构成　　　　单位:%

国家或地区	农业增加值占国内生产总值比重	工业增加值占国内生产总值比重	服务业增加值占国内生产总值比重
中国	7.7	37.8	54.5
孟加拉国	12.6	28.8	54.6
文莱	1.2	59.1	41.5
柬埔寨	22.8	34.7	36.2
印度	18.3	23.2	49.3
印度尼西亚	13.7	38.3	44.4
伊朗	12.8	30.6	57
哈萨克斯坦	5.3	33.1	55.8
韩国	1.8	32.8	57
老挝	16.2	32.1	40.6
马来西亚	8.2	35.9	54.8
蒙古国	12.1	38.3	40

国家或地区	农业增加值占国内生产总值比重	工业增加值占国内生产总值比重	服务业增加值占国内生产总值比重
缅甸	22.8	35.8	41.4
巴基斯坦	22.7	17.7	52.8
菲律宾	10.2	28.4	61.4
新加坡		24.4	70.9
斯里兰卡	8.4	26.2	59.7
泰国	8.6	33.1	58.3
越南	14.9	33.7	41.6
埃及	11.5	31.8	51.7
尼日利亚	24.1	28.2	46.4
南非	2.4	25.2	61.4
墨西哥	3.9	29.6	60
阿根廷	6.8	22.5	54.3
巴西	5.9	17.7	62.9
捷克	1.9	31.5	57.5
法国	1.7	16.3	71
德国	0.7	26.2	63.6
意大利	2	21.5	66.8
荷兰	1.6	17.9	69.6
波兰	2.4	28.2	57.5
俄罗斯	3.7	30	56.3
西班牙	3.2	20.6	67.5
土耳其	6.6	27.8	54.6
乌克兰	9.3	20.9	55.6
英国	0.6	16.9	72.8
澳大利亚	1.9	25.7	66

　　从表1-2可以看出，2020年我国服务业增加值占国内生产总值的比重为54.5%，擎起经济半壁江山。在世界37个主要国家或地区中排名第25位，这说明我国服务业的发展水平是比较低的，发展空间广阔，发展潜力巨大。

　　（2）我国急切需要开辟更多的就业渠道。在我国，服务业发挥着安置就业主渠道的作用。截至2023年9月底，全国登记在册的1.25亿户个体工商户中，约有90%集中在批发零售、住宿餐饮和居民服务等各类服务业中，成为吸纳就业的关键。2012—2023年，我国服务业就业人员从27493万人增长至35639万人，占全国就业人员总数的比重达到48.1%，较2012年增长12个百分点，稳就业的作用日益突出。

　　（3）传统服务业亟待改革，新型服务业需要新理论武装，发展服务营销学是新旧服务行业发展的共同需要。中国服务业在规模不断扩大的同时，服务业结构持续优化，有效激发新动能。2012年以来，批发和零售业、交通运输、仓储及邮政业、住宿和餐饮业等传统服务业的绝对规模虽在增长，但占比不断下降，2021年三大行业占服务业增加值比重之和为28.8%，较2012年下降5.8个百分点。同期，信息传输、软件和信息技术服务业、租赁和商务服务业等现代服务业实现快速发展,2021 年两大行业占服务业增加值比重之和为 13.0%,比 2012 年上升 3.5 个百分点,成为推动服务业持续增长的新动能。随着互联网、大数据、5G、人工智能等技术在实践中与更多服务场景加速融合,传统服务业也在创新发展中实现改造升级。近年来,批发零售、交通运输、住宿餐饮等传统服务业结合平台经济、共享经济、体验经济等新模式,积极发展线上线下融合的电子商务、网上购物、电商直播、网约出行、外卖订餐等新业态,实现传统服务业的转型升级。

服务业范围广阔,涉及领域众多,对于这些千姿百态的服务行业的除旧布新需要理论指导,我国在 21 世纪全面推进服务营销学的研究和普及恰逢其时。

3)我国推广服务营销学的条件

在我国,推广服务营销学的条件业已成熟。

(1)我国自 20 世纪中后期导入市场营销学后,已形成了一支强大的具有丰富市场营销理论和实践经验的活跃在高校和企业一线的理论研究队伍,这为传播、发展服务营销学提供了良好的组织基础和理论保证。

(2)我国政府在国民经济宏观管理过程中,十分重视规范管理服务业,积极推进服务业的发展,为服务营销学的创立奠定了基础。

(3)服务业自身成长、发展以及提高竞争力的需要,使服务业产生了理论渴求感,众多服务企业的迫切期待为服务营销学的广泛传播提供了比较大的发展空间。

4)我国服务营销实践亮点

随着我国服务业的发展,市场竞争中价格因素的弱化,以及居民收入水平的提升,服务需求不断增加,服务竞争已经逐渐成为企业市场竞争的重要内容和手段。特别是在互联网时代,随着新兴技术的发展和普及,我国企业的服务营销实践呈现出新的亮点。

(1)新型服务不断涌现。随着科技革命成果的不断成熟和普及,新技术推动大量新型服务产生,不仅深化和丰富了我国服务业的发展内涵,更催生了大量新兴服务型企业的出现。例如,基于移动互联技术的外卖服务、专车服务,基于流媒体、大数据的在线教育、网络培训服务,基于"互联网+制造"的智能制造服务等,都是在新技术革命时代诞生的服务新类型。

(2)科学技术革新传统服务。在新兴技术促进新型服务产生的同时,科学技术也在对传统服务进行改造升级,改进服务质量品质,提升服务效用水平,如 3D/4D 电影、远程医疗、移动支付甚至是无人机包裹配送等。新兴科技的运用,能够有效提升传统服务的效率,降低服务成本,同时优化顾客服务体验。

(3)制造型企业开始服务化尝试。随着传统制造业的结构升级和发展转型,制造型企业开始服务化,即以"产品为中心"转向以"服务为中心"的发展模式成为我国制造型企业突破发展瓶颈的主要战略选择。连港智造于 2025 年 8 月推出"码上关怀"智能售后系统,客户扫码即可一键反馈设备状态,即时获取专业清晰的操作指引。"码上关怀"不仅是连港智造服务品质的升级,更构建了"数据—服务—产品"的智能闭环,推动公司从设备供应商升级为"智能解决方案服务商"。

1.3.2 服务营销学与市场营销学及其他学科的关系

1. 服务营销学与市场营销学的联系和区别

1)服务营销学与市场营销学的联系

从本质上看,产品和服务都是提供满足和利益,二者都是商品。从营销的视角看,消费者购买的产品和服务,都具有实体性和非实体性两种成分。只不过购买产品时,实体成分占主导地位;购买服务,则以非实体占主要成分。产品营销与服务营销之间并没有不可逾越的鸿沟,不存在本质上的差异,但存在营销领域、程度和重心上的不同。从学科关系上看,服务营销学是从市场营销学中脱胎、分离和独立出来的,它和市场营销学有着密切的关系,它要以市场营销学的基本理论为基础、为指导。

2) 服务营销学与市场营销学的区别

(1) 研究的对象存在差异。市场营销学是以产品生产企业的整体营销行为作为研究对象,服务营销学则以服务业或服务企业的市场营销活动和实物产品市场营销中的服务作为研究对象。有形产品表现为一个具体的物质现实体或一个实实在在的东西,在营销活动中推销的是一个看得见、摸得着的实体,消费者可从其实体的外观及具体的运用中判定产品质量的好坏。由于服务是无形的,这就产生了两个问题:一是顾客难以感知和判断其质量与效果,他们更多的是根据服务设施和环境,或从他人之口来衡量,因而顾客在购买服务商品时冒有较大的风险。二是服务不能依法申请专利,因此新的服务概念可以轻易地被竞争对手所模仿。由于服务与产品特点不同,所以服务业与一般生产企业的营销行为存在一定的差异。服务营销的组合由市场营销组合的 4P(即产品、价格、渠道、促销),发展为 7P(即加上了人、过程和有形展示 3P)。

(2) 服务营销学加强了顾客对供给过程参与状况的研究。服务过程是服务供给与服务消费的统一过程,服务供给过程也是消费者参与的过程,因而服务营销学必须把对顾客的管理纳入有效的推广服务、进行服务营销管理的轨道。市场营销学强调的是以消费者为中心,满足消费者需求,而不涉及对顾客的管理内容。

(3) 服务营销学强调人是服务商品的构成因素,故而强调内部营销管理。服务商品的供给与消费过程,是服务提供者与顾客广泛接触的过程,服务商品的优劣,服务绩效的好坏不仅取决于服务提供者的素质,也与顾客行为密切相关,因而提高服务员工素质,加强服务业内部管理,研究顾客的服务消费行为十分重要,人是服务的重要构成部分。市场营销学也会涉及人,但市场营销学中人只是商品买卖行为的承担者,而不是商品本身的构成因素。

(4) 服务营销学要突出解决服务的有形展示问题。服务商品的不可感知性,要求服务营销学要研究服务的有形展示问题。服务商品有形展示的方式、方法、途径、技巧成为服务营销学研究的系列问题。这也是服务营销学的突出特色之一。市场营销学不需要涉及这方面问题的研究。

(5) 服务营销学与市场营销学在对待质量问题上也有不同的着眼点。市场营销学强调产品的全面营销质量,强调质量的标准化、合格认证等。服务营销学研究的是质量的控制。质量控制问题之所以成为服务营销学与市场营销学的重要区别之一,就在于服务的质量很难像有形产品那样用统一的标准来衡量,其缺点和不足不易发现和改进,因而要研究服务质量的过程控制。

(6) 服务营销学与市场营销学在关注物流渠道和时间因素上存在差异。物流渠道是市场营销关注的重点之一,而由于服务过程是把供给、消费、零售的地点连在一起来推广商品,而非表现为独立形式,因而着眼点不同。对于时间因素的关注,产品营销学虽然也强调顾客的时间成本,但在程度上还不能与服务营销学相比。服务的推广更强调及时性、快捷性,以缩短顾客等候服务的时间,顾客等候时间长会破坏其购买心情进而产生厌烦情绪,会影响企业的形象和服务质量,因而服务营销学更要研究服务过程中的时间因素。

服务营销学与市场营销学还存在其他的差异,这表明服务营销学有独立存在的必要性。

2. 服务营销学与其他相关学科的关系

服务营销学是一门涉及面广泛的学科,它是市场营销学系列中别具特色的学科,它与姊妹学科有一定的关联,各学科彼此补充、互相衔接,各自独立而又浑然一体。

服务营销学与服务贸易相比,其共性都是以服务业为研究对象,但二者研究的视角不同。服务贸易是以研究国内外服务业的交换关系、服务资源配置以及服务交易理论、政策为主的经济学科。服务营销学则是以研究服务业的整体营销行为及战略、策略为主的集经济学、行为学特色于一体的边缘管理学科。

服务营销学与关系营销学之间则是互相交叉、互相渗透的关系。服务营销学要研究在服务企业与顾客之间如何建立与保持长远的关系,并构建关系营销系统,确立顾客满意理念,实施让客价值;但关系营销学只是服务营销学全面研究实施 7P 策略中有关顾客与过程策略中的一个部分。关系营销学研究企业与顾客、中间商、竞争对手之间的关系,也包含着对服务业面临的相同关系的研究,然而,关系营销学也不限于对服务业的营销研究,它还包括研究更大范围的有形产品的关系营销。

服务营销学与消费者行为学也互有交叉。服务营销学不可避免地要涉及消费者对服务的消费行为,包括购买时的心理分析、行为决策过程、消费行为的变化等。消费者行为学是从消费者的行为共性出发展开研究的。共性中蕴含个性,服务消费行为也必然是消费行为学研究的应有之义。这种交叉点分别是两个学科各自构造体系的有机组成部分,对于各自都是不可分的,由于这种不可分性,使这种交叉的存在成为必要,而不会产生重复之嫌。

服务营销学以政治经济学、商品流通经济学和市场营销学作为先修课程,政治经济学在经济理论上为服务营销学打基础,商品流通经济学和市场营销学在专业基础理论上为服务营销学奠定基石。商品流通经济学揭示了流通领域的运行机制、资源配置及一般规律,引导学生认识流通、市场、流通领域并建立一般概念;市场营销学以鲜明的学科特色研究产品的市场规划、市场细分、目标市场、营销理念、市场营销组合、市场定位、营销策略等特殊范畴,是构成营销学特色的基本元素,同样也是服务营销学借以组装的基本零部件。服务营销学是市场营销学规范的理论框架下的延伸和发展,学习服务营销学不能不以市场营销学作为前提和基础。

📝 **见微知著**

国网客户服务中心:以创新优化服务　为客户创造价值

作为公司客户服务的“窗口”,国家电网有限公司客户服务中心坚持以客户为中心,全力推进渠道、业务、技术融合,加快实现由电话服务向全渠道服务转变、由单一供电服务业务向营销全业务支撑转变、由人工密集型向技术密集型转变,持续为客户创造价值,朝着建设国际领先的现代化客户服务中心目标砥砺奋进。

畅通热线服务渠道　全天候服务客户

国网客服中心自 2012 年成立以来,充分发挥“窗口”作用,持续畅通服务渠道,从 10 年前的单一电话服务,拓展到 95598 供电服务热线、网站、微信、“网上国网”App、短信等全渠道服务,全天候受理各类客户诉求,让客户足不出户即可享受 7×24 小时不间断供电服务。

2021年7月,河南省遭遇历史罕见特大暴雨,国网客服中心第一时间派遣大客户经理团队赶赴电力抢修一线,利用客户数据资源,协助筛查64个未复电小区,保障小区快速送电;北京2022年冬奥会期间,国网客服中心成立特别保电小组,组建外语座席等专业服务队伍,为外籍客户提供来电业务咨询20余次;2023年7月以来,部分省份出现持续极端高温干旱天气,国网客服中心设置专家座席解答客户用电问题,保障客户诉求得到快速处置……

作为全球规模最大、服务人口最多、功能最全的电力客户服务中心,国网客服中心坚持为客户提供最优质的服务,用听得见的真诚提升服务价值,实现客户服务"零投诉"。

做优线上服务平台　惠民便企暖人心

2018年3月,国网客服中心在公司的部署下,着手打造客户聚合、业务融通、开放共享的统一互联网线上服务平台——"网上国网"App,逐步实现全业务线上办理、全天候"一站式"服务,解决服务资源分散、业务线上化不足等问题。

"网上国网"App线上业务涵盖办电、交费等传统电力业务及新能源汽车服务等新兴业务,打造不见面办电、企业大额交费、"转供电费码"等多个特色场景。"网上国网"App累计注册用户数达2.5亿,月活跃用户数超4850万,日均交费超100万笔。

在线上服务平台打造过程中,国网客服中心强化数据连通,推动政企平台数据共享,实现了"网上国网"App办电全过程信息公开透明、线上办理流程实时交互。"网上国网"App让"数据多跑路、群众少跑腿",免去了客户证件整理、上传、核对等流程,办电效率显著提升。

创新信息系统建设　推动服务智能化

"您家中的电费余额已不足50元,请及时进行电费充值。"这是大家经常收到的95598智能外呼电话提醒。从营业厅实地交费,到随时随地一键交费,10年来,智能化、个性化的用电方式早已融入人们的日常生活。

2014年,国网客服中心用时两年建成了当时公司系统内覆盖面最广、集成度最高、实时数据交互量最大的一体化服务平台,涵盖95598呼叫平台、基础支撑平台、业务支持系统,以及运营管理系统等,实现客户诉求统一接入、集中受理,达成全网一个95598的服务目标,为全网全业务集中运营提供支撑。

2018年,国网客服中心开展智能客服建设,次年上线95598电话服务智能语音机器人。如今,智能语音机器人已成为客户服务不可或缺的一部分。在现有的95598话务工单里,电费、账单信息查询等基础业务占60%以上。智能语音机器人在话务峰涌期间可以有效分流这些基础业务,将有限的人力资源释放出来,使其投入到客户诉求更复杂、更急迫的业务上。

2019年,国网客服中心盘活"业务＋技术"服务资源,支撑电力营销服务智能化升级,与国网天津市电力公司、国网山东省电力公司等八家试点单位开展电费催收、档案校核等智能外呼服务,累计外呼91.29万户客户,24小时电费结清率50%以上,较短信催费高23个百分点。该中心还利用客户服务数据资源,打造大数据能力平台,汇聚客户服务、天气、计量等数据185太字节,建成共享数据超市,形成客户画像、客服专员画像等七大核心能力产品,提升精准服务能力。

心中有客户,服务无止境。国网客服中心坚持用心用情优服务,全心全意办实事,不断满足人民美好生活用电需要。

资料来源:任立国,王雅云,范椒琪.以创新优化服务 为客户创造价值[N].国家电网报,2022-09-22.

项目小结

　　服务是具有无形特征却可给人带来某种利益或满足感的可供有偿转让的一种或一系列活动。与有形商品相比,服务具有无形性、不可分离性、差异性、不可储存性、所有权的不可转让性等特点。从本质上看,服务与有形产品之间并无严格界限。按照顾客对服务推广的参与程度,可将服务分为高接触性服务、中接触性服务和低接触性服务三大类;按照服务的时序,可将服务分为售前服务、售中服务和售后服务;按照服务的地点,可将服务分为定点服务和巡回服务;按照服务的次数,可将服务分为一次性服务和经常性服务;按照服务的技术,可将服务分为技术性服务和非技术性服务;按照服务的费用,可将服务分为免费服务和收费服务。服务的作用包括:服务已经成为市场竞争的焦点;服务已经成为机构形象的窗口;服务是争取和保持客户的重要手段;服务已经成为影响机构经营效益的关键。服务业是以提供服务来获取报酬的产业。

　　服务营销是指服务企业为了满足顾客对服务商品带来的服务效用的需求,实现企业预定的目标,通过采取一系列整合的营销策略而达成服务交易的商务活动过程。成熟的服务企业的营销活动一般经历了销售阶段、广告与传播阶段、商品开发阶段、差异化阶段、顾客服务阶段、服务质量阶段、整合关系营销阶段七个阶段。

　　服务营销学是一门涉及面广泛的学科,它是市场营销学系列中别具特色的学科,它与姊妹学科有一定的关联,各学科彼此补充、互相衔接,各自独立而又浑然一体。

巩固练习

　　1. 简述服务的作用。
　　2. 简述服务营销演变的七个阶段。

项目 1 即测即评

实训课业

一、技能训练

　　(1) 国际旅行社等旅游服务公司在销售旅游服务时,一般都会以传单或网上广告等形式向顾客详细介绍景点的位置、特点、行程、时间、费用等情况,请用学过的服务特征的有关理论分析这样做的原因和意义。

　　(2) 在春节和大中院校放寒暑假期间,国内著名旅游景点经常会出现服务供不应求的现象,请用所学的服务特征的有关理论分析其原因并提出解决问题的对策。

　　(3) 旅游公司不仅要加强对内部员工的管理,而且要加强对顾客的管理,并且连锁公司的各个分公司的管理水平要尽可能一致,请用所学的服务特征的有关理论分析这样做的原因和意义。

　　(4) 请结合自己今后就业或创业的计划谈一谈学习服务营销学的重要意义。

二、实训项目

服务特征理论的应用

　　1. 实训内容

　　组织学生学习所在院校制定的新的发展规划。

2．实训目的

学生在深入了解所在院校新的发展规划内容的基础上，能应用所学的服务特征理论，分析所在院校教学服务中存在的问题及原因，并提出解决问题的对策建议。

3．实训要求

（1）以班级为单位组织学生对所在院校的新的发展规划进行讨论，讨论题目是《从服务特征的视角谈一谈提高我校教学服务水平的思路与对策》。

（2）每位学生以上述讨论题目为题，写一篇论文作为实训成果，成绩分为优、良、中、及格和不及格五档。

项目 2

服务消费行为

知识目标

1. 了解服务消费的发展趋势。
2. 了解消费者购买动机的类型。
3. 了解服务消费购买的决策过程。
4. 理解服务消费者的购买心理。
5. 掌握影响消费者购买行为的主要因素。

能力目标

1. 能够准确分析消费者的服务消费心理和行为。
2. 能够根据消费者的服务消费购买心理、购买行为和决策规律,为企业制定服务营销战略和策略,提供有针对性的建议和对策。

素养目标

1. 树立科学的消费观,以科学求实的态度对待消费。
2. 贯彻以人为本的服务思想,培育并践行社会主义核心价值观。

○ 案例导入

西安大唐不夜城的魅力三字诀

在老西安眼里,向外地人推荐西安的打卡地名单,近两年增加了一个必选项——大唐不夜城步行街。大唐不夜城步行街的火爆程度能从一个数据中得到充分说明:2023 年 6 月以来,大唐不夜城日均客流量高达 30 万人次。数字的背后,则是西安曲江新区为文化旅游深度融合注入的新思路——把脉旅游产业发展趋势,做活历史文化资源,做火"吃住行游购娱"等旅游老要素和"商学养闲情奇"等旅游新要素,从而让游客获得更多新体验。让"活""火""获"成为城市品牌营销的新亮点。

活:让历史资源变文旅资产

"从'武后行从'的盛唐气派,到怀素、张旭、颜真卿的意气风发和孙思邈、僧一行的严谨博大,看了这些雕塑群,感觉离唐朝真的很近,马上就有精气神了。"流连在大唐不夜城,来自四川的游客刘女士难掩激动。雕塑只是唐文化的一个缩影,飞檐斗拱的建筑群、古装表演的胡汉斗舞、仕女武士组成的巡逻队伍、憨态可掬的唐元素文创、独具特色的非遗表演……这样的"造境"努力,让大唐不夜城成为唐文化展示的一个大舞台,台上魅力四射,台下如痴如醉。

在西安人的记忆中,拥有亚洲最大喷泉广场和最大水景广场的大雁塔北广场,曾是当之无愧的城市骄傲。经过十余年发展,位于大雁塔南的大唐不夜城在 2018 年经过基础设施提升、商建立面提升、街区亮化提升、街区氛围提升、商业业态调整后,迎来了"井喷":2019 年"中国年",超 400 万人次游览街区,同比增长 235%。以大雁塔为轴心,一个唐文化旅游集群已经形成。

"让历史文化资源'活化'成旅游资产,能融则融,宜融尽融,形成乘数效应,我们在提升大明宫和城墙遗址方面积累了一些经验。"对于大唐不夜城的变化,曲江新区相关负责人表示,以文旅商深度融合为导向,打造唐文化浓厚的现代时尚街区,最终实现从浅层"到此一游"到深度文化体验,提高文化附加值和旅游品质,提升西安丝绸之路起点城市的世界价值,推动中华文化的国际传播。

"历史不再尘封在博物馆和史书里,不再是冷冰冰的过去,变得有温度、更亲近。"这是学者对大唐不夜城的评价。大唐不夜城也让很多游客快速"路"转"粉"。从小就是历史迷和"长安控"的美国"90后"小伙泰勒,在逛完街区后,连自己的网络头像都换成了大雁塔,表达他对西安的喜欢之情。

火:求新求知求乐,在这里成为可能

从"不倒翁小姐姐"到"李白对诗",再到如今的"盛唐密盒",大唐不夜城近年来持续推出的文化类互动节目,一直稳居当地文旅界的"顶流"。许多外地游客来西安旅游的目的,由过去的"想跟不倒翁小姐姐握手"变成"想跟'房谋杜断'组合答题拍照",大唐不夜城已成为古城西安的一张魅力名片。

这样的热闹景象,在步行街上几乎随处可见:喊泉、个性秋千、华服快闪、花车斗彩、行为艺术、音乐舞台、投壶游戏……总能在不经意间让人眼前一亮。

如果说街头表演送出的是快乐,那么文创智慧则会让人叹为观止。微缩版的胖唐马巴掌大小,纹路精致;大雁塔形状的台灯,还有蓝牙播放功能;微胖的"唐小美"人偶就算躲在角落里也能脱颖而出……玩具、文具、生活用品、伴手礼,这些扩大着一个城市文化的影响半径。

作为国家级文化产业示范区,曲江新区近年来在影视戏剧等方面屡获大奖。发挥长项,步行街的演艺集群,为游客送出更多精神食粮的同时,也为丝路文化交流贡献力量——由国内一流团队打造的《再回长安》实景演出,穿越到如梦如幻的大唐长安;陕西大剧院自制歌剧《图兰朵》《弄臣》等常演不息,《图兰朵》指挥、意大利著名指挥家里科·萨卡尼对西安交响乐团高度赞赏,称他们"年轻但已具备世界级演出水准"……

多措并举,增加对游客的黏性,让他们"停下来"变成顾客,最终让流量转化为消费力,大唐不夜城的愿景,正在走进现实。作为一头连着历史,一头连着未来的大唐不夜城,近几年融通大文化、大旅游创新理念,不但契合游客关切,也为旅游产品多样化供给做出好示范。

获:换位思考,送出更多定制化服务

中粮·大悦城、银泰城等商圈与时尚有个约定;"书吧＋茶吧"的个性生活元素,打造"书店之都"西安的样本区;"独立咖啡节",一天卖出 5 万杯咖啡……对于以建设国际化大都市为愿景的西安来说,大唐不夜城就是西安对接世界潮流的一个接口,在这里感受最潮的脉动,收获更多的个性化服务。

"我们很在乎年轻人的精神感受,所以我们一直在换位思考,寻找能把他们引得来、留得住的办法。"曲江新区管委会负责人说。街上挂的灯笼不要大红色,要粉一点,因为年轻人喜欢浪漫;街上的台阶要干净得可以席地而坐,因为年轻人觉得这样自在;网络要做到全覆盖,因为年轻人随时要发抖音、玩游戏……在这里,量身定制的服务,让来自全球的游客收获被理解的幸福感。

资料来源:张哲浩,杨永林.西安大唐不夜城的魅力三字诀[N].光明日报,2020-04-27(09).

【分析提示】 中国文化旅游融合发展,要不断创造和生产新产品,催生发展新业态,这样才能更有利于产业结构优化升级,推动区域经济更好更快发展。大唐不夜城抓住契机,制订精准营销方案,创新服务营销方式,体现了对消费者旅游体验的高度重视。

2.1 服务消费与购买心理

微课:服务消费
与购买心理

2.1.1 服务消费的发展趋势

1. 服务消费的含义

消费既有商品消费,也有非商品性的服务消费。服务消费是人们为了满足某种需要而有目的地消耗服务产品的行为。广义的服务消费包括生产服务消费和生活服务消费两大部分,而狭义的服务消费仅指生活服务消费。生活服务消费具体包括饮食服务、衣着服务、医疗保健服务、交通通信服务、教育文化娱乐服务、居住服务、家庭服务、维修服务和租房费、水电燃气费及杂项服务支出等。

2. 生活服务消费的发展趋势

改革开放以来,中国经济持续高速增长,居民收入水平不断提高,并由此带来了居民消费结构的深刻变化,服务消费逐年上升。从量与质两方面看,服务消费呈下述发展趋势。

(1)服务消费快速增长。随着经济的发展,社会分工越来越细,社会公共服务和公共设施越来越多,消费者花钱"买享受、买轻松、买时尚、买健康"等已成为消费的新趋势。与温饱型消费不同,小康型消费的消费结构、高生活质量的需求日益旺盛,服务性消费支出占居民消费性支出的比重逐年上升。

(2)服务消费需求趋向多样化。服务消费已经不仅仅局限于购买产品的过程或之后所享受的种种待遇,也不只停留在传统的服务业所提供的消费,而是扩大到社会各种领域,包括社会文化娱乐、人际交往、社会组织系统、高新科技领域等。从目前来看,服务消费需求主要集中在以下几大类。

第一类,日常生活基本服务需求。如洗衣、理发、小区物业管理、餐饮、邮电通信、交通、家政服务、医疗保健、基础教育、配送等多项服务。上述服务与居民生活息息相关,也是人们经常消费的服务项目。

第二类,具有现代生活方式的中高收入人群的服务需求。具有一定支付能力的消费者,其服务消费需求的范围更大,种类更多。如休闲娱乐服务、保险和法律咨询服务;多种多样的网上服务;心理咨询服务以及各种私人服务等。

第三类,特殊人群的服务需求。一是老年人与幼儿的服务需求。如养老院、幼儿园、保健站、老年人活动站等。二是青少年健康成长中道德、理想、科学、艺术兴趣培养的服务需求,如博物馆。三是城市中一些弱势群体的服务需求,如收容场所、福利院等。

(3) 服务消费市场潜力巨大,服务消费品种不断创新。如同实物消费品生产需要不断开发新产品一样,服务消费品也在不断创新。凡是老百姓感到不方便、不称心,或需要提供帮助的地方,都是服务消费的潜在市场,只要认真加以开发,就能创造出许多新的服务品种。

(4) 服务消费整体水平不断上升,个性化消费比例增大。随着人们收入水平的上升和文化素质的提升,以及科技的飞速发展,对服务消费整体水平有了新的要求。比如,以前人们进餐馆只是为了填饱肚子,而现在人们会更多地注重就餐环境是否舒适、服务态度是否友善等。在现代社会,消费者的个性日益突出,面对同一服务会产生多种需求,企业经营者应以消费者的个性需求为导向,增强服务弹性和应变能力。

同时,服务消费正在向追求名牌的境界发展。物质产品要创名牌,服务产品也提倡创名牌。许多企业正借鉴国内外服务企业的先进管理经验和经营方式,努力提高从业人员的素质,逐步形成一批服务规范、信誉好、消费者信得过的名牌服务企业,以推动整个服务消费市场向更高境界发展。

3. 决定服务消费水平的因素

(1) 收入水平与分配。服务消费水平受多种因素的影响,其中最主要的是收入水平。首先收入是消费的基础和前提,在其他条件不变的情况下,人们的可支配收入越多,对各种商品和服务的消费量就越大。与生活必需品消费相比,服务消费多是更高层次上的消费需求。根据消费者需求层次理论,消费支出里面,首要满足物质方面的需求,剩余的才能用于服务和精神方面的支出。其次是总收入的分配与使用。收入可分为两部分:一部分用于积累;另一部分用于消费,两者的比例取决于消费者的消费心理和对未来的预期。比如,年轻人倾向多消费,少积累。当人们对未来收入增长与消费支出的不确定性上升时,人们会不断地压缩不必要的消费,从而增加储蓄,其中最先抑制的往往是服务消费。

(2) 人口数量与构成。不同规模的家庭有着不同的消费特征和需求。人口的年龄与性别、职业与受教育程度、个性与生活方式、生活环境等,都会影响服务消费水平。在消费金额确定的情况下,人口的数量与消费水平成反比,人口数量大,增长速度快,人均消费水平就低;人口数量小,增长速度慢,消费水平就会高。

(3) 物价水平。物价水平会影响人们的购买能力。一般来说,物价上涨,消费者用于物质方面的支出比例就会增加,用于服务等方面的消费就会下降。对于我国大多数居民来说,服务消费比起生活必需品来说还是一种需求弹性较大的消费。

(4) 服务设施与便利程度。当服务消费随着居民收入水平的不断提高逐渐成为人们生活必需的消费时,就要求服务设施与人口的分布相一致,特别是居民消费频率较高的服务,其设施规模和网点数量应与居民的服务需求相一致。最终决定居民服务消费水平的只能是生产的发展,因为只有发展生产,人们的收入水平才能提高,物价才能稳定。

2.1.2　服务消费者的购买心理

1. 服务消费者的购买心理过程

传统上有经验的营销者都会发现:在消费者刚开始购买产品与服务时,很难得到他们的好感。这是因为消费者的购买心理需要经历一个发展过程,通常需要经历如图 2-1 所示的八个阶段。

| (1) 注意 | (2) 兴趣 | (3) 联想 | (4) 需求 | (5) 比较 | (6) 决定 | (7) 实行 | (8) 满足 |

图 2-1　消费者购买心理的八个阶段

（1）注意。一切商品或服务的销售和购买都是从注意开始,这个阶段企业要尽可能多地提高商品或服务的曝光度,让更多的消费者注意到自己的商品或服务。

（2）兴趣。消费者对商品产生好奇,才愿意了解更多信息。这个阶段企业可以通过强调核心卖点、增加互动体验等方式,让消费者对商品或服务产生兴趣。

（3）联想。联想是指消费者将产品与自身生活、情感或身份认同联系起来。在这个阶段,企业可以通过使用场景化营销将产品或服务融入消费者日常生活,以增强其体验感和购买欲望。

（4）需求。这个阶段消费者会产生强烈的购买欲望,认为商品或服务可以解决其问题或满足其欲望。企业可以通过展示销量数据、用户好评等,增强商品或服务的可信度。

（5）比较。这个阶段消费者开始对不同的商品或服务进行权衡比较。企业可以通过与竞品对比,突出自身优势,强调商品或服务的差异化优势。

（6）决定。这个阶段消费者会做出购买决策,某些因素仍可能会对其购买产生影响。企业可以通过提供包邮、七天无理由退换等承诺,降低消费者的心理压力,进而产生购买决定。

（7）实行。消费者完成支付,进入交付阶段。这个阶段企业要注意要时时关注消费者的支付信息和支付流程,适时给予帮助。

（8）满足。消费者使用商品或服务后,会对其进行评估,看是否满足了自己预期的需求。在这个阶段,企业除完善自己的商品或服务之外,还要加强售后服务,努力培养忠诚的消费者。

其中,只有保证前四个阶段的成功,才有机会使销售成功。只有当消费者对产品表示出好感或兴趣时,才会在营销者的刺激下激发购买的欲望,直至付款完成购买行为。

在数字经济时代,上述过程的设计可根据大数据完成,服务消费者越来越多地在网络上完成大部分消费过程。

2．服务消费者的个性倾向分析

消费者各有各的特点、习惯、具体情况,如男性与女性、年老的与年少的、讲究实惠的与讲究时髦的、热衷于大众化的与讲究人性化的,其购买心理各有不同。

（1）求美心理。顾客在选购商品时完全不是以使用价值为目的,而是特别注重品格和个性。其动机的核心是讲究"装饰"和"漂亮",至于商品的价格、性能、质量和服务等方面的因素都排在次位。主要消费对象是城市年轻女性。

（2）求名心理。消费者在选购商品时,特别重视商品的威望和象征意义。商品要名贵,牌子要响亮,以此来显示自己地位的特殊,或炫耀自己的能力非凡,其动机的核心是"显名"和"炫耀",同时对名牌有一种安全感和信赖感,觉得质量信得过。主要消费对象是成功人士和城市的青年男女。

（3）求实心理。消费者在选购商品时不在意商品的美观悦目,而十分注重朴实耐用,其动机的核心就是"实用"和"实惠"。主要消费对象是家庭主妇和低收入者。

（4）求新心理。消费者在选购商品时特别追求款式和流行样式，追逐新潮。对于商品是否经久耐用，价格是否合理，不大考虑。这种动机的核心是"时髦"和"奇特"。主要消费对象是追求时髦的青年男女。

（5）求廉心理。消费者在选购商品时，特别计较商品的价格，喜欢物美价廉或削价处理的商品。其动机的核心是"便宜"和"低档"。主要消费对象是农村消费者和低收入阶层。

（6）攀比心理。消费者在选购商品时，根本不是由于急需或必要，而是仅凭感情的冲动，存在着偶然性的因素，总想比别人强，要超过别人才好，以求得心理上的满足。其动机的核心是争强好胜。主要消费对象是儿童和青少年。

（7）癖好心理。消费者在选购商品时，根据自己的生活习惯和爱好，倾向比较集中，行为比较理智，可以说"胸有成竹"，并具有经常和持续性的特点。他们的动机核心就是"单一"和"癖好"。主要消费对象是老年人和某一方面的爱好者。

（8）猎奇心理。所谓猎奇心理，就是对新奇事物和现象特别注重和产生偏爱的心理倾向，俗称好奇心。在猎奇心理的驱使下，顾客大多喜欢新的消费品，寻求商品新的质量、功能、花样、款式、享受、乐趣、刺激等各种新奇的特性。主要消费对象是儿童和青少年。

（9）从众心理。女性在购物时最容易受别人的影响，例如许多人正在抢购某种商品，她们也极可能加入抢购者行列，或者平常就特别留心观察他人的穿着打扮，别人说好的，她很可能就下定决心购买，别人若说不好，则很可能放弃。主要消费对象是女性。

（10）情感心理。一般来说，女性比男性具有更强的情感性。女性的购物行为很容易受直观感觉和情感的影响，例如清新的广告、鲜艳的包装、新颖的式样、感人的气氛等，都能引起女性的好奇，激起她们强烈的购买欲望。

（11）儿童心理。儿童由于其生理和心理的特点，在购物时具有以下显著的特点：①特别好奇，凡是新奇有趣的东西都能对他们产生强烈的诱惑力；②稳定性差，儿童的消费纯属情感性的，对一种事物产生兴趣快，失去兴趣也快；③极强的模仿性，小伙伴有什么，自己也想要。

知识链接：消费者
购买心理

（12）求速心理。求速心理是指消费者在购买时，希望得到快速方便的服务而形成的购买心理。这种顾客对时间及效率特别重视，厌烦挑选时间过长和过低的售货效率。

2.2 　服务消费与购买行为

微课：服务消费
与购买行为

2.2.1 　服务消费行为的特征

1. 顾客个体特征影响显著

一般而言，顾客消费需求和购买行为均会因顾客个体特征的差异而呈现出不同特点，如性别、受教育水平、职业，以及生活方式等，均会影响顾客的消费行为。对服务消费行为而言，顾客个体特征的影响更为显著。

服务消费行为具有高度的顾客参与性,服务型企业的服务营销管理涉及管理企业与顾客、企业与员工、员工与顾客,甚至是顾客与顾客的相互关系。因此,相较于有形产品消费而言,服务消费行为更容易受顾客个体特征的影响。例如,消费酸奶产品的既可以是老人也可以是孩子,既可以是高级知识分子也可以是普通装修工人。但是,服务消费过程存在高度的顾客嵌入,因而顾客个体因素,如受教育水平、性格特征以及态度及心情等,都会显著影响服务消费过程,从而使服务消费行为更多地体现出顾客个性特征。

2. 顾客参与互动水平较高

由于服务消费本质上是一种过程消费,因而服务的消费过程需要更多的顾客参与和互动。享受交响音乐会的过程,顾客会直接参与到服务的创造和传递过程,同时,顾客的参与水平和表现,如是否保持会场秩序、文明聆听等,还会影响服务的质量。因此,相较于有形产品消费而言,服务消费行为具有更高水平的顾客参与互动。

服务消费行为具备更高水平的顾客参与互动,也给企业的服务营销管理活动带来挑战,如何在服务过程中有效管理顾客参与互动的水平,是决定企业服务质量和顾客消费体验的关键环节之一。

3. 顾客消费决策难度较大

顾客购买有形产品的消费决策,即是否购买特定产品,是基于对特定产品的关键参数(如功能、外观、价格等)的客观评价,以及与竞争产品关键特性的横向比较。然而,由于服务的无形性、异质性和不可储存性等特征,使顾客在消费决策前无法对服务的具体功效和品质等进行直观评价,使服务消费的风险加大,进而增加了顾客消费决策的难度。

在进行服务消费决策时,顾客的服务信息收集和服务方案选择都面临诸多困难,需要更多外部线索,如顾客口碑、服务场景、服务人员专业性等因素帮助进行决策。这些都给服务型企业的服务营销管理带来巨大挑战。例如,在教育培训服务中,由于潜在顾客事先无法判定培训后的可能效果,因此在进行消费决策时,面临诸多困难,这就为教育培训服务机构向顾客有效传递服务价值提出了更高的要求。

2.2.2　消费者购买服务的动机

1. 购买动机的含义

购买动机是使消费者做出购买某种商品或服务决策的内在驱动力,是引起购买行为的前提。

2. 消费者购买动机的类型

消费者购买动机一般有以下两类。

1)生理性购买动机

生理性购买动机是由消费者基本生理需求而产生的,是最基本的本能动机。如肚子饿了会产生对食物的需要,口渴了会产生对水的需要。

2)心理性购买动机

心理性购买动机是人们通过复杂的心理过程而形成的动机,可塑性比较强,它会因市场营销刺激而发生改变。本书所讲的就是心理性购买动机,一般可分为以下三种类型。

(1)感情动机。感情动机就是由人的感情需要而引发的购买欲望。可以细分为两种情况:一种是情绪动机;另一种是情感动机。情绪动机是由于人们情绪的喜、怒、哀、乐的变化所引起的购买欲望。情感动机是由人们的道德感、友谊感等情感需要所引发的动机。比如说,为了友谊的需要而购买礼品,用于馈赠亲朋好友等。在购买过程中表现出注重新颖、追求时尚、注意造型、讲究格调、与众不同等特征。

(2) 理智动机。理智动机就是消费者对某种商品或服务有了清醒的了解和认知,在对这个服务比较熟悉的基础上所进行的理性抉择和做出的购买行为。拥有理智动机的往往是那些具有比较丰富的生活阅历、有一定的文化修养、比较成熟的中年人。他们在生活实践中养成了爱思考的习惯,并把这种习惯转化到商品或服务的购买中。理智动机在购买过程中表现出注重质量、讲究效用、注重性价比、希望有可靠的服务保障等特征。

(3) 信任动机。信任动机就是基于对某个品牌、某个产品或者某个企业的信任所产生的重复性购买动机,也叫惠顾动机。比如,治疗烧伤××军区医院最权威、治疗心脑血管疾病××专科医院最好、××教授最权威等。这种信任可能来源于消费者的亲身经历,也可能来自社会公众的口碑评价。

具体而言,在现实经济生活中,这三种动机还呈现出一些不同的表现形式,如求实、求新、求同、求美、求名、求便等。这些不同的购买动机带来不同的购买行为,企业应该根据消费者的动机来了解其购买行为,在此基础上进行营销决策。

2.2.3　消费者购买行为的类型

任何两个消费者的购买行为都是存在差异的。研究消费者的购买行为,不可能逐个分析,只能大致归类研究。

1. 根据消费者购买目标的选定程度划分

(1) 全确定型。此类消费者在购买前已有明确的购买目标,包括产品的名称、商标、型号、规格、样式、颜色,以及价格,对服务的总体期望都有明确的要求,可以毫不迟疑地购买。

(2) 半确定型。此类消费者在购买前,已有大致的购买目标,但具体要求还不太明确。这类消费者进入商店后,一般不能向营业员明确清晰地提出对所需产品或服务的各项要求,只有大致的购买目的,需要经过较长时间的比较和评定阶段。

(3) 不确定型。此类消费者在购买前,没有明确的或坚定的购买目标,进入商店一般是漫无目的地看,或随便了解一些产品的销售情况,遇到感兴趣的产品也会购买。

2. 根据消费者性格划分

不同的人有不同的性格,不同的性格就有不同的消费习惯,根据消费者性格可以把消费者购买行为大致划分为以下类型。

(1) 习惯型购买行为。习惯型购买行为是由信任动机产生的。消费者对某种品牌或对某个企业产生良好的信任感,忠于某一种或某几种品牌,有固定的消费习惯和偏好,购买时心中有数,目标明确。

(2) 理智型购买行为。理智型购买行为是理智型消费者发生的购买行为。他们在做出购买决策之前一般经过仔细比较和考虑,胸有成竹,不容易被打动,不轻率做出决定,决定之后也不轻易反悔。

对于企业服务人员,一定要真诚地提供令消费者感到可信的决策信息,如果你提供的信息可信,消费者会因为对你产生信任而再度光临。如果你提供的信息不可信,那么下次他可能会对你敬而远之。

（3）经济型购买行为。此类消费者特别重视价格，一心寻求经济合算的商品，并由此得到心理上的满足。这种消费者在购买时表现为犹豫不定，货比三家，对价格信息非常敏感，容易受促销影响。作为服务人员，在促销中要使之相信，消费者所选中的商品是最物美价廉的、最合算的，要称赞他是很内行的顾客。

（4）冲动型购买行为。冲动型消费者往往是由情绪引发的。年轻人居多，血气方刚，容易受产品外观、广告宣传或相关人员的影响，决定轻率，易于动摇和反悔。市场营销刺激对这种消费者的影响非常大，是在促销过程中可以大力争取的对象。

（5）想象型购买行为。想象型消费者往往有一定的艺术细胞，思想活跃、兴趣广泛、想象力和联想力特别丰富，常以自己丰富的想象力去衡量商品的好坏。针对这种行为，可以在包装设计和产品的造型上下功夫，让消费者产生美好的联想，或在促销活动中注入一些内涵。要努力让消费者产生联想，消费者实现了联想，你就达到了目标。

（6）不定型购买行为。不定型消费者表现为两方面：一是那些没有明确购买目的的消费者，表现形式常常是三五成群，步履蹒跚，哪儿有卖东西的就往哪儿看，问得多，看得多，选得多，买得少。他们往往是一些年轻的、新近开始独立购物的消费者，易于接受新的东西，消费习惯和消费心理正在形成中，缺乏主见，没有固定的偏好。二是指消费者对购买对象的性能知之甚少，想购买又怕决策失误，犹豫不定。

3. 根据消费者行为的复杂程度和所购商品本身的差异划分

（1）复杂型购买行为，是消费者初次购买差异性很大的服务产品时发生的购买行为。购买这类商品时，通常要经过一个认真考虑的过程，广泛收集各种有关信息，对可供选择的品牌反复评估，在此基础上建立起品牌信念，形成对各个品牌的态度，最后慎重地做出购买选择。

（2）和谐型购买行为，是消费者购买差异性不大的服务产品时发生的一种购买行为。由于商品本身的差异不明显，消费者一般不必花费很多时间去收集并评估不同品牌的各种信息，而主要关心价格是否优惠，购买时间、地点是否便利等。因此，和谐型购买行为从引起需要、产生动机到决定购买，所用的时间比较短。

（3）习惯型购买行为，是一种简单的购买行为，属于一种常规反应行为。消费者已熟知商品特性和各主要品牌特点，并已形成品牌偏好，因而不需要寻找和收集有关信息。

（4）多变型购买行为，是为了使消费多样化而常常变换品牌的一种购买行为，一般是指购买牌号差别虽大但较易于选择的商品，如罐头食品等。同上述习惯型购买行为一样，这也是一种简单的购买行为。

2.2.4　影响消费者购买行为的主要因素

顾客的服务消费行为作为个体复杂的社会经济行为，不仅受到个体因素的影响，如年龄、性别、受教育程度和生活方式等，同时还受到外部环境因素的影响，如参照群体、社会阶层，以及服务场景、服务人员等。本书从个体因素和社会因素两方面来解构服务消费行为的关键影响因素。

1. 影响服务消费行为的个体因素

根据消费者行为学的基本观点，影响消费行为的个体因素主要包括生理因素、心理因素、经济因素、生活方式等。考虑到服务与有形产品之间存在的诸多差异，本书主要从以下三个方面阐述影响服务消费行为的个体因素。

1）顾客的人口统计学因素

人口统计学因素包括性别、年龄、健康状况、职业、受教育程度、婚姻状况、收入水平等方面指标。在服务消费中,顾客的人口统计学因素均会对消费行为产生影响。

（1）收入水平。经济因素是消费行为的基础决定因素,它决定是否发生以及发生什么档次的消费活动,服务消费也不例外。顾客的收入水平决定服务消费行为的需求类型、发生频率以及消费档次和规模。特别是针对一些享受型和发展型服务,如文体娱乐、继续教育、出境旅游等,顾客收入水平的影响更为显著。

（2）受教育程度。受教育程度对服务消费行为的影响主要体现在两个方面。一方面,受教育程度影响顾客的服务需求类型,即顾客在寻求满足特定需求的服务时,受教育程度的差异会造成服务选择的不同。例如,在满足休闲娱乐需求的决策过程中,受教育程度较高的顾客更可能选择外出旅游、看电影、听音乐会等娱乐服务,而受教育程度相对较低的顾客则更可能选择棋牌、看电视等娱乐服务。另一方面,受教育程度影响服务过程中顾客参与程度和互动水平。服务活动的高参与性和互动性,意味着顾客的知识、技能和意愿对服务过程和质量具有重要影响。一般而言,受教育程度越高的顾客,越容易理解和掌握顾客参与及互动所需的知识和技能,进而具备更强的参与意愿和能力。

（3）性别与年龄。与产品消费行为一样,服务消费同样受顾客性别与年龄的影响,不同性别的顾客具有不同的服务消费行为。总体而言,女性的服务消费行为更为感性,男性的逻辑思维能力更强,购物决策更为迅速。同样,不同年龄段顾客的服务需求也不尽相同。顾客在青年期、中年期和老年期,针对同类型需求,如个人健康服务,也具有不同的服务需求特征和服务产品选择。

2）顾客的认知因素

认知是个体由表及里、由现象到本质反映客观事物的特性与联系的过程,可以分为感觉、知觉和记忆等阶段。认知因素是具有高度主观能动性的心理因素,它在顾客服务消费的整个过程中都发挥重要影响。

（1）感觉。感觉是人的大脑对直接作用于感觉器官（视觉、听觉、嗅觉、味觉和触觉）的客观事物形成的个别属性反应。感觉是顾客对服务需求、服务产品以及服务过程和效用的感受,是掌握基本信息的重要方式。例如,顾客对服务型企业的广告传播、服务场景以及服务人员专业素养的感觉,影响着顾客的服务消费行为。

（2）知觉。知觉是人的大脑对直接作用于感觉器官的客观事物形成的整体反应。知觉与感觉的区别在于：①知觉反映整体属性,是对事物综合、全面的认知,感觉反映个别属性,是对事物部分、具体的认知；②感觉仅仅是对当前刺激的反映,而知觉包含运用以往经验对当前认识的理解。因此,知觉具有整体性和选择性。这意味着顾客对服务信息的收集和理解需要通过多个渠道和方式进行,同时,顾客更容易保留那些与自己态度和信念相符的服务信息。

（3）记忆。记忆是人的大脑存储曾经历过的事物以备将来使用的过程。顾客对过往服务消费经历的记忆会影响今后服务消费的选择和参与过程。例如,顾客曾接受过某种服务,这种服务经历会给顾客留下一个整体印象,当再接触类似服务时,过去的经历就会重现,成为引导顾客进行服务消费决策的重要依据。鉴于服务具有无形性等特征,以往接受服务的经历则会成为影响后续服务消费决策的关键因素。

3）顾客的生活方式

从消费行为的角度讲,生活方式是指顾客选择支配时间和金钱的途径,以及如何通过个人的消费选择来反映价值取向和品位。生活方式营销的观点认为,在现代商品社会,消费是"一种操纵符号的系统行为",顾客对商品的消费已经从对商品使用价值的消费转移到对商品符号价值的消费。

生活方式是由顾客的社会阶层、消费态度和消费偏好决定的,同时又通过顾客的生活观念、消费观念、传播观念等体现出来。生活方式会显著影响顾客的服务消费行为,具有不同生活方式的顾客群,在满足同种需求的服务选择上具有很大差异。例如,崇尚自由生活方式的顾客,在工作之余会将时间和金钱更多地投入到参与户外活动、潜水等文体娱乐服务中。

2. 影响服务消费行为的社会因素

影响服务消费行为的社会因素,是指外部世界中影响顾客服务消费行为的所有社会要素的总和,如消费文化、参照群体、社会角色等。社会因素反映人与人之间社会意义上的直接与间接作用,因而对顾客的服务消费行为具有重要的影响。

1）消费文化

消费文化是指在一定经济社会背景下,人们在消费活动中表现出的消费价值观、行为,以及消费环境的总和。消费文化是社会文化在经济领域的重要表现形式,处在特定消费文化中的个体均会受到影响。消费文化是引导和约束顾客消费行为和偏好的文化规范,顾客的消费举止主要受文化环境和氛围的影响。消费文化对顾客服务消费行为的影响主要体现在以下两个方面。

（1）消费文化影响顾客的服务消费观念。不同的经济社会发展状况,孕育着不同的消费文化,从而推动服务消费行为的变迁。例如,随着国民收入水平提升,顾客更强调自我发展和生活享受,使发展型和享受型的服务消费,如继续教育、文体娱乐、个人康养等服务的开支比重越来越大。

（2）消费文化塑造顾客的服务消费方式。不同的消费文化使顾客具备差异化的服务消费方式。例如,享乐型和体验型的消费文化,决定顾客在服务消费中更强调细致入微的服务过程和身心愉悦的消费体验;符号型的消费文化,顾客的服务消费更突出自我表现和身份展示,甚至是炫耀型服务消费。

2）参照群体

参照群体也被称为参考群体,是指个体在认知与情感形成过程和行为实施过程中用来作为参照标准的其他个体或群体。在服务消费过程中,顾客所选择或设定的参照群体会影响顾客的服务消费决策。根据参照群体的功能,将影响服务消费行为的参照群体分为规范群体和比较群体。

（1）规范群体是为顾客消费提供榜样,树立规范的群体,它为顾客服务消费行为提供了基本范例和规则。例如,家庭成员、朋友,以及寝室、俱乐部等群体,对群体所属人员的消费心理和行为具有较强的规范作用,能够左右成员的服务消费选择。

（2）比较群体是为顾客消费提供外在比较标准,以衡量个体消费行为尺度的群体,它为顾客服务消费行为提供了发展和变化的方向。例如,时尚人群、"驴友"等群体对顾客的消费行为具有吸引和引领作用,那些希望成为该类群体的个体更倾向于选择符合该类群体规范的消费行为。

　　3) 社会角色

　　角色身份论认为,个体的自我随着所处环境的不同而改变,在不同的环境中扮演着不同的社会角色,具有不同的行为,塑造不同的自我。在特定时间内特定的社会角色将占据主导地位,进而对包括消费行为在内的所有社会行为产生影响。

　　每个特定的社会角色需要特定的产品和服务来塑造;服务消费可以起到塑造自我、强化自我的作用。例如,企业高管在工作之余的娱乐消费可能是打高尔夫、境外旅游等,而一般员工的娱乐消费可能是看电影、自驾游等。因此,不同的服务消费被用来彰显社会角色的不同;反过来,不同类型的服务消费又在塑造不同的社会角色。

　　见微知著

科学消费观

　　科学消费观与科学发展观、建设资源节约型和环境友好型社会以及社会主义和谐社会具有内在的统一性。

　　(1) 理性消费。人们的消费行为始终受到消费心理的影响,如从众心理、攀比心理等会引起不理性消费。要坚持从个人实际需要出发,理性消费,避免盲目从众和情绪化消费。

　　(2) 用之有度。要坚持适度消费,做到消费支出与自己的收入相适应;在自己经济能力范围之内,提倡积极、合理的消费,发挥消费对生产的带动作用。

　　(3) 绿色消费。要从自身做起,保持人与自然的和谐发展,进行绿色消费,即节约资源,减少污染;绿色生活,环保选购;重复使用,多次利用;做一名绿色消费者。

　　(4) 勤俭节约、艰苦奋斗。要物尽其用,不铺张浪费,做到循环消费、可持续消费。

2.3　服务消费与购买决策过程

2.3.1　消费者参与购买决策的角色

　　决策参与者是由参与和影响购买决策的有关人员构成的群体。有些消费品的购买决策单位很小,通常只有一个人,如购买简单、价格较低的日常生活用品往往如此;在购买较为复杂的服务产品时,如聘请律师、教育培训等,由于消费者对各种专业性服务领域的具体情况不了解,信息不对称,于是需要从其他人那里寻求相关的信息,减少购买过程中的不确定性。影响消费决策的人在购买决策过程中扮演了不同的角色,发挥着特定的作用。

　　(1) 购买发起者,即首先提出或者想到购买某种服务的人。

　　(2) 购买影响者,即对最后购买决定具有某种影响的人。

　　(3) 购买决策者,即对怎么购买、是否买、买多少、何时买、何处买做出最终购买决策的人。

　　(4) 购买实施者,即购买过程的实际操作者。

　　(5) 使用者,即接受或使用服务的人。使用者可以是购买决策者、购买实施者,也可能是其他人。

▪▪▪ **同步案例**

"因您而变"的服务理念

招商银行始终秉持"因您而变"的服务理念。近年来,招商银行投入了大量资源进行营业厅环境改造,为顾客提供优良和人性化的环境,营造舒适的氛围。如提高装修水平,设置服务标识,配备饮料,提供报纸、杂志,安装壁挂电视。改善排队叫号器设置,在叫号器界面上设立不同业务种类,客户按照银行卡的种类取号,分别在不同的区域排队等候,减少了相互干扰,保证营业厅秩序等。同时安排大堂经理在营业厅巡视,主动热情地解答客户的问题,帮助客户处理业务,提高业务处理的效率,赢得了客户的赞誉。

资料来源:http://189315.com/news/detail-9.html,2013-05-06.

2.3.2　消费者购买服务的决策过程

消费者对某项服务的购买一般会经历一个渐进的系统过程:消费者首先感知到自身对某项服务的需求,然后寻找各种可实现的方案并进行对比,选择最适合自己的服务进行购买,使用后再对这项服务进行自我评价。这一过程大致可归纳为三个阶段:购前阶段、消费阶段和购后阶段。

1. 购前阶段

购前阶段是指消费者在购买服务行为之前的一系列准备的阶段。在这一阶段,消费者先是意识到自身需求,随后进行相关的购买前准备工作。为了购买到令人满意的服务,消费者在这一阶段所用时间相对较多。

(1) 需求认知。消费者产生购买欲望的原因是发现自己存在相关服务的需求,需要购买和使用服务来满足自己的需求。需求有外部刺激和内部刺激两种来源。外部刺激是指引起消费者需求的自身因素以外的刺激,比如地铁上的宣传海报、门户网站上的广告或者是闲聊中朋友对某一服务品牌的称赞等。内部刺激是指引起消费者需求的自身因素,如为了纪念自己的大学生活,在毕业时产生拍摄校园写真的需求等。

◉ **知识链接**

马斯洛需求层次理论

关于消费者的需求,马斯洛提出了被广泛接受的需求层次理论。他认为人的需求可以分为生理需求、安全需求、爱与归属的需求、尊重需求和自我实现需求五类。前两类属于低级别的需求,接下来两类属于较高级别的需求,最后一类的级别最高,是一种衍生性需求。

(2) 信息收集。随着消费者购买服务的需求越来越强烈,他们开始着手收集与所需服务相关的有效信息。第一步,消费者会在自己的已有认知和记忆中搜寻这种服务的相关经验,如果之前已经购买过类似服务,消费者就可以根据上次的服务购买后评价来决定是重复购买还是转而尝试别的品牌。如果此前并没有相似购买行为,消费者就会寻求其他方式。这时进入第二步,也就是外在信息收集,主要信息来源包含三种渠道:个人来源(邻居、亲人、同学、朋友、同事等)、公共来源(电视、广播、网络、报刊等)、商业来源(广告、宣传海报、推销人员等)。

（3）可选方案评价。在对预期购买服务进行信息收集并充分了解后，消费者可能面临多种选择，最终会选择最适合自身情况的方案。这就需要消费者对不同方案的优缺点进行比较和评估。传统观点认为，服务的引发集（可供选择方案）小于有形商品的引发集，但互联网技术的飞速发展改变了这一观点，消费者通过网络能够同时对比多种品牌的同类服务，只需按照自己的购买偏好执行购买决策即可。

2. 消费阶段

由于服务具有生产与消费的不可分离性，即顾客购买和消费服务的过程也就是企业或服务人员提供和传递服务的过程，服务消费阶段的步骤相对比较简洁，各步骤的边界不明显。总体而言，顾客的服务消费阶段主要包括顾客初步接触和服务消费体验两方面。

（1）顾客初步接触。当顾客形成初步消费决策时，就会通过各种渠道与企业进行初步接触或联系，以进一步获取信息并确认消费决策。例如，顾客事先到服务门店考察，通过电话或网络工具与服务型企业的客服人员进行初步沟通等。因此，对服务型企业而言，充分认识和利用与顾客接触的关键时刻非常重要。关键时刻是指在特定的时间或特定的地点，服务型企业抓住机会向顾客展示服务的关键特征及其质量。一旦关键时刻出现失误，已经激发出的顾客服务需求就可能会退回到一种原始状态。

在顾客初步接触过程中，服务型企业及服务人员所采取的技巧和行为会极大影响顾客期望，塑造顾客对未来服务品质的潜在标准。因此，充分利用和管理与顾客接触的若干关键时刻，是企业有效管理顾客期望，并最终影响顾客满意度的重要手段。

（2）服务消费体验。服务消费体验是顾客接受企业或服务人员提供或传递服务的环节。从表现形式上看，顾客的服务体验阶段即服务人员的服务提供阶段。

顾客的服务消费体验，既由服务本身的品质决定，又受服务人员和顾客两因素的影响。一方面，不同的服务人员，由于素质、能力、态度等方面的差异，导致提供的服务不同质；即使是同一个服务人员，由于自身因素（如心理状态）的影响，也不一定能以始终如一的标准和水平提供服务。另一方面，顾客具备的不同知识水平、兴趣特征和个人倾向，也会影响服务消费体验的水平。例如，同一场交响音乐会会因听众的音乐素养和欣赏能力的不同，而呈现出不同的视听效果。

见微知著

"点餐提醒"值得提倡

近年来，随着文明城市和节约型社会建设的持续深入推进，"光盘行动"掀起了一股餐桌新风，唤起了人们珍惜粮食、避免浪费的意识，也让良好的饮食观、消费观回归人们的生活。然而，尽管如此，在现实生活中，还有不少人做不到"光盘"。究其原因，一方面是请客人"要面子"的思想，在请客吃饭时，不多点几个菜显得不够尊重，而将剩菜打包更是"不好意思"，怕别人说自己小家子气。另一方面是一些商家为了多赚钱，客人多点菜自然是求之不得，因此往往很少主动提醒顾客少点菜。

事实上，落实"光盘行动"，虽然主要靠消费者自觉，但他人的善意提醒也至关重要。因为很多不"光盘"行为，可能是无意识的。比如，消费者到了陌生餐馆就餐，不清楚饭菜的实际分量，无意中就会点多，难免会剩下大量饭菜。尤其是对于外出旅行者，如果遇到这种情况，选择"打包"几乎不可能，只能浪费。这种情况下，商家的及时提醒就很有必要。更何况，商家主动提醒少点菜,不仅体现了对顾客的诚意和尊重,也能体现出践行"光盘行动"的责任担当,树立良好的口碑。

由此可见,点餐提醒好处多多。广大餐饮企业应当积极推行提醒服务,引导顾客理性消费,用实实在在的行动为文明餐桌贡献一份力量。

资料来源:https://www.gdzjdaily.com.cn/p/2774482.html.

3. 购后阶段

在服务接触阶段结束后,顾客对接受的服务进行评估并与自身之前对于该服务的种种期待进行对比,从而决定对服务的满意度以及未来的决策。

但是,服务产品的消费过程有别于有形产品的消费过程,后者一般包括购买、使用和评价三个环节,而且这三个环节的发生遵循一定的顺序并有明确的界限。服务产品的消费过程则有不同:一方面,在服务产品交易过程中并不涉及产品所有权的转移,因此,服务的消费过程也就没有明显的环节区分,这些环节都融合在顾客与服务人员互动的过程中;另一方面,服务产品无形性的特点,使评价的过程并不独立。服务产品的购后评价是一个比较复杂的过程,它在顾客做出购买决策的一瞬间就开始了,并延续至整个消费过程,从而顾客的评价就不仅受到前述因素的影响,一些来自社会和环境方面的因素也会起很大作用。从某种意义上说,顾客的评价取决于企业能否善于管理顾客与顾客、顾客与雇员、顾客与企业内部环境,以及雇员与内部环境之间的关系。

2.3.3 消费者购买服务决策的相关理论

购买服务的决策理论,包括风险承担论、心理控制论和多重属性论。这些理论是西方学者于 20 世纪 60 年代陆续提出的,为服务营销决策和消费者购买服务的决策行为提供了一些理论依据。

1. 风险承担论

在购买产品或服务的过程中,消费者行为具有一定的风险,消费者的任何行动都可能造成自己所不希望或不愉快的后果,具有风险性。因此,这种后果只能由消费者自己承担,消费者在进行购买服务的决策中要尽可能规避风险或降低、减少风险。消费者作为风险承担者要面临四个方面的风险,即财务风险、绩效风险、物质风险和社会风险。

(1)财务风险是指由于消费者决策失当而带来的金钱损失。

(2)绩效风险是指现有服务无法像以前的服务一样能够达到顾客的要求水准。

(3)物质风险是指由于服务不当给顾客带来肉体或随身携带的用品的损害。

(4)社会风险是指由于购买某项服务而影响到顾客的社会声誉和地位。

风险承担论认为,购买服务的风险大于购买商品的风险的原因,来自服务的不可感知性、不可分离性和服务质量标准的难以统一等。消费者购买服务,一要有承担风险的心理素质;二要有规避风险的意识。消费者规避风险或降低风险主要采取以下策略。

(1)忠于品牌或商号。根据自身经验,消费者对购买过程中满意的服务品牌或商号不随意更换,不轻易否定或背离自己认为满意的服务品牌或商号,不贸然承受新的服务品牌带来的风险。

(2)口碑是影响消费者做出购买决策的重要因素。优质服务企业往往会形成好的口碑,口碑是社会消费群体对企业服务的评价。好的口碑即是企业信誉度和美誉度的体现。消费者无法测定企业的信誉度和美誉度,但可借助消费群体的口碑判断其服务风险的大小。好的口碑,尤其是从购买者的相关群体获得的信息,能够增强购买者的信心,为购买者提供有价值的参考和意见。

(3)对于专业技术性服务,要多方面了解。购买者降低风险要从内部和外部两个侧面降低购买的不确定性及其后果,要通过加强调查研究、借助试验、大量收集服务企业的内部和外部的信息等方式避险。

风险承担论一方面客观地正视了消费者购买服务的风险性的事实;另一方面明确地为消费者规避、减少、降低风险提供了依据。这一理论为密切服务企业与消费者的关系,化解在服务购买过程中可能出现的矛盾具有理论指导意义。

2. 心理控制论

心理控制论是指现代社会中人们不再为满足基本的生理需求,而要以追求对周围环境的控制作为自身行为的驱动力的一种心理状态。这种心理控制包括对行为的控制和对感知的控制两个层面。

(1)行为控制表现为一种控制能力。在服务购买过程中,行为控制的平衡与适当是十分重要的。如果控制失衡就会造成畸形,损害一方利益。如果消费者的控制力强,则服务企业的经济地位可能受到损害,因为消费者讨价还价能力强,则意味着企业利润的相对减少;如果服务人员拥有较多的行为控制权,则消费者会因为缺乏平等的交易地位而感到不满意,对于服务企业而言,其经营效率会随之下降。

在服务交易过程中,并不只表现为行为控制层面,还要从深层次的认知控制加以分析。服务交易过程中的行为控制是交易双方通过控制力的较量和交易,以消费者付出货币和控制权而换得服务企业的服务为目标。交易双方都在增强自己的控制力,在彼此趋近于平衡的状态下成交。但由于交易双方对服务质量标准的认知不一致,导致交易双方对交易结果难以获得十分满意的最佳感受。这是感知控制层面所要解决的问题。

(2)感知控制是指消费者在购买服务过程中对周围环境的控制能力的认知、了解的心理状态。消费者对周围环境及其变化状态感知控制越强,则对服务的满足感越强,对企业的满意度也就越高。

服务交易过程既是交易双方行为控制较量的过程,也是感知控制竞争的过程。从本质上讲,服务交易的成败,顾客满意度的高低,主要取决于服务企业对感知控制的能力和举措。企业服务人员的感知控制能力与其工作的满意度具有正相关关系,也与消费者的满意度具有同样的正相关关系。

心理控制论尤其是感知控制对于企业服务和服务企业具有重要的管理意义。这一理论要求企业在服务交易过程中,应该为消费者提供足够的信息量,尽可能让购买者对服务提高认知度,使购买者在购买过程中感觉到自己拥有较多的主动权和较大的控制力,充分地了解服务过程、状态、进程和发展,以减少风险忧虑,增强配合服务过程完成的信心。例如,在民航服务活动中,如若飞机误点,航空公司应该及时解释飞机为何误点、何时起飞、食宿安排等相关问题,以使乘客能提高认知控制能力,减少埋怨,配合服务。

3. 多重属性论

多重属性论被广泛应用于市场营销研究领域。它的基本思路是,消费者在选购服务产品时,需要考察服务产品本身的一系列属性,并根据这些属性的重要程度进行综合判断与决策。

服务产品的属性一般可分为明显性属性、重要性属性和决定性属性三类。

（1）明显性属性是引起消费者选择性知觉、接受和储存信息的属性，是反映事物特征的、能把不同事物区分开的、容易被人觉察的那些属性。例如，旅馆的明显性属性有旅馆的店址、建筑物的特征、独特的品牌名称或标志等。这些属性虽然明显，但对某些消费者来说可能并不重要。

（2）重要性属性是表现服务业特征和服务购买所考虑的重要因素的属性。重要性属性对消费者意味着关键的利益，消费者非常重视。例如，旅馆在客人心目中的重要性属性有安全、服务质量、客房设备、餐饮质量、声誉、形象等。重要性属性不一定就具有明显性，例如，有 A、B、C、D 四个航空公司，如果在飞机的安全性方面水平一样，那么安全性在此时就不能成为消费者区别 A、B、C、D 四个航空公司的明显的标志，它不具有明显性，也不能成为消费者选择航空公司的决定性属性。另外，属性的重要性也会因人而异。

（3）决定性属性是决定消费者选择结果的那些属性，这些属性与消费者偏爱和实际购买决策关系最为密切。决定性属性一般是企业与众不同的某种属性，通过此属性将某企业和竞争者区分开来。例如，旅馆的决定性属性可能为服务质量、安全、安静程度、预订服务、总服务台、客房及浴室的状况、形象、令人舒适愉快的物品、高档服务、食品与饮料的价格及质量、地理位置、声誉、建筑艺术、保健设施和客房特点等。

决定性属性一定是明显性属性，但对某项服务而言不一定是最重要的属性，重要性属性不一定是决定性属性。服务的决定性属性是选择服务企业的最主要属性，其权重要高，重要性属性是消费者选择服务的重要因素，其权重虽略低于决定性属性但不能拉开距离过大。消费者对服务的选择就是依据多重属性论对服务属性进行综合考察而得出最佳选择，从而建立多重属性模型。

多重属性模型的具体应用。假定要测量旅客对 A、B、C、D、E 五家旅馆的评价。每家旅馆都用五个属性（或标准）进行衡量：安全性、声誉、价格、客房及浴室的设备、地理位置。假设在旅客心目中这五个标准的权重分别为 0.3、0.3、0.2、0.1、0.1。然后，通过调查，让旅客给这五家旅店打分，以 100 分为最好，得到的结果如表 2-1 所示。

表 2-1　五家旅店多重属性模型

属　　性	旅　　馆					权重
	A	B	C	D	E	
安全性	100	90	90	80	80	0.3
声誉	100	80	70	60	80	0.3
价格	90	100	100	100	100	0.2
客房及浴室的设备	100	100	90	80	70	0.1
地理位置	90	90	100	60	100	0.1

根据表 2-1，可计算出旅客对每一家旅馆的评价，具体计算如下：

$$A = 100 \times 0.3 + 100 \times 0.3 + 90 \times 0.2 + 100 \times 0.1 + 90 \times 0.1 = 97$$
$$B = 90 \times 0.3 + 80 \times 0.3 + 100 \times 0.2 + 100 \times 0.1 + 90 \times 0.1 = 90$$
$$C = 90 \times 0.3 + 70 \times 0.3 + 100 \times 0.2 + 90 \times 0.1 + 100 \times 0.1 = 87$$
$$D = 80 \times 0.3 + 60 \times 0.3 + 100 \times 0.2 + 80 \times 0.1 + 60 \times 0.1 = 76$$
$$E = 80 \times 0.3 + 80 \times 0.3 + 100 \times 0.2 + 70 \times 0.1 + 100 \times 0.1 = 85$$

测算结果,A旅馆综合评分最高,应为首选对象。

见微知著

让客户满意,就是对初心的忠诚坚守

自从2000年参与筹建河北联通客服呼叫中心,中国联通智慧客服北方一中心(以下简称"北一中心")党支部书记、主任陈静就把共产党人矢志为民的初心镌刻在了客服岗位,22载春华秋实,见证了她执着的坚守。2013年,她凭借超前的管理理念和扎实的专业技能,率先将全省11个地市呼叫中心整合为两个省级客服呼叫中心。"每一通来电背后,都是客户的'急难愁盼'。"陈静给客服工作划定了底线、标线和高线三条线,"底线是要保证客户打得通,我们能讲得清、办得快,这是基础;标线是针对不同客户的需求,提供差异化服务;高线是聚焦高品质服务,打造卓越口碑。"17分钟为高考生开通行程码绿色通道,给紧急求助的客户垫付话费,面向老年人、货车司机等群体推出10010直达人工服务,主动提醒老年客户增强反诈意识……让客户满意,就是对初心的忠诚坚守。

2020年,中国联通开启智慧客服集约化运营,作为全国四大集约化区域呼叫中心之一的北一中心应运而生。一年多时间,陈静带领团队陆续承接了河北、内蒙古、北京、吉林、山西五个省份的10010热线服务工作。在陈静的带领下,北一中心闯过一道道难关,客服热线接通率由集约初期的95.2%提升到99.4%,客户满意率由95.6%提升到98.3%,在工信部开展的热线满意度测评中保持着高水平。

星光不问赶路人,二十余载默默坚守,陈静获得了"全国劳动模范""河北省青年文明号先进个人""中国联通公司劳动模范"等荣誉称号。河北联通客服呼叫中心也从一个30多人的小团队,发展壮大到拥有2000多人的多省业务一体化运营的大型呼叫中心,获得中国联通2021年度热线集约运营最佳贡献单位、河北省"青年文明号"等多项荣誉称号。

在陈静看来,一支有凝聚力、有战斗力、有担当的客服队伍,离不开团队文化建设。"我一定加倍努力,为客户提供更优质的服务、创造更多价值,带领团队用心打造中国联通'近悦远来'的服务口碑。"在陈静看来,践行"以人民为中心"就是让客户满意,在矢志为民的路上,她将初心不改、逐梦前行。

项目小结

服务消费是人们为了满足某种需要而有目的地消耗服务产品的行为。广义的服务消费包括生产服务消费和生活服务消费两大部分,而狭义的服务消费仅指生活服务消费。从量与质两方面看,服务消费呈现服务消费快速增长、服务消费需求趋向多样化、服务消费市场潜力巨大及服务消费品种不断创新、服务消费整体水平不断上升及个性化消费比例增大等趋势。决定服务消费水平的因素包括收入水平与分配、人口的数量与构成、物价水平、服务设施与便利程度。服务消费者的购买心理过程包括注意、兴趣、联想、需求、比较、决定、实行、满足八个阶段。

购买动机是使消费者做出购买某种商品或服务决策的内在驱动力,是引起购买行为的前提。消费者购买动机的类型包括生理性购买动机和心理性购买动机。按消费者购买目标的选定程度可以分为全确定型、半确定型、不确定型;根据消费者性格可以划分为习惯型购买行为、理智型购买行为、经济型购买行为、冲动型购买行为、想象型购买行为、不定型购买行为；根据消费者行为的复杂程度和所购商品本身的差异可以划分为复杂型购买行为、和谐型购买行为、习惯型购买行为、多变型购买行为。影响消费者购买行为的主要因素素有消费者个人因素、社会因素、企业和产品因素等。

服务消费购买的决策过程包括三个阶段和五个过程，即购前阶段、消费阶段和购后阶段，确定需求、搜索信息、货比三家、购买与购后评价五个过程。

巩固练习

1. 简述影响消费者购买行为的主要因素。
2. 简述服务消费购买的决策过程。

项目 2 即测即评

实训课业

一、技能训练

（1）从本项目案例导入中可以看出，目前我国服务消费占居民消费支出的比重超过40％，其中旅游、文化、体育、养老、家政这些服务消费十分活跃。结合当前社会发展分析其中的原因。

（2）对国内电信运营商进行深入了解，分析其不同特征的消费市场目标人群的消费心理。

（3）收集本班同学的月消费支出项目，统计服务消费所占比例，分析同学之间的服务消费行为的差异。

（4）结合你的一次愉快的服务消费经历，谈谈不同的购买阶段，即购前阶段、消费阶段和购后阶段，你的消费行为特点。

二、实训项目

某一消费者群体服务消费行为和消费心理研究

1. 实训内容

选定你所在学校某一个专业班级的学生，调查与分析影响该班级学生餐饮消费的主要因素，并撰写一份调研报告（设计可行的调查问卷或访谈题目）。

2. 实训目的

了解、分析和总结某一消费者群的服务消费购买心理特点和规律，并以此为根据为某一服务行业设计营销策略。

3. 实训要求

（1）组织学生以 6～8 人为一组，以团队形式，由组长负责利用方便的时间，到所在学校的某一个专业班级进行问卷调查。

（2）以小组为单位组织学生座谈和撰写调研报告。

服务营销理念

1. 理解客户满意理念和超值服务理念的内涵。
2. 了解客户满意度的含义和调查方法。
3. 掌握提高客户满意度的策略。
4. 理解服务流程再造的内涵。
5. 掌握服务流程再造的方法和策略。

能力目标

1. 能够在企业的营销管理实践中创造较高的顾客满意度,为企业赢得更多的忠诚客户。
2. 能够准确分析企业的服务现状并找出影响企业服务质量的关键因素,设计更加科学的服务流程。
3. 能够在不同的企业环境中,结合不同业务及客户类型,对超值服务的方法进行创新。

素养目标

1. 践行绿色发展理念,弘扬社会主义核心价值观。
2. 强化诚信意识、责任意识、规则意识。

◉ 案例导入

阿芙,用极致思维为客户制造惊喜

精油品牌阿芙运用极致思维,将从吸引客户购买、发生购买行为、收货到二次购买这一购买过程中的客户服务与客户体验做到了一个新的高度。

1. 借助口碑营销,吸引客户购买

在阿芙上线的最初阶段,其利用口碑营销宣传精油产品的功效、宣传品牌,借助具有网络发言权的博客达人的推荐带动了网友自发进行转发讨论。低成本的口碑宣传给阿芙带来了高质量的流量,阿芙的最初一批客户开始聚集。

2. 具有特色的客户服务

在客户购买产品的过程中,阿芙的客户服务人员起到了关键作用。他们 24 小时无休轮流上班,使用窗口切换更加方便、快捷的便携式计算机工作,以便快速对客户的询问进行回应。

阿芙还将客户服务人员分为"淑女组""小清新组"等不同风格的组别。客户服务人员可以根据自己的性格特点选择不同组别,客户也可以根据自己喜欢的性格类型来挑选客户服务人员。这样的分组设定也更容易达成阿芙客服部一直追求的"和客户成为朋友"的目的。更具有特色的是,阿芙的每个客户服务人员都配备视频设备,他们可以远程看到客户的皮肤状态,从而为他们提供销售建议,这一举措彻底打破了网购的距离感,改善了客户体验。

3. 刺激客户二次购买

在刺激客户二次购买的环节,阿芙对客户体验的关注更是做到了极致。

(1) 试用品。购物体验是电子商务的短板,这在化妆品行业中表现得尤其突出。客户在网上购买化妆品时无法试用,缺乏良好的客户体验。为了克服这一缺点,阿芙会在发给客户的包裹中放入各种小型试用装。即使客户只买一款产品,小型试用装也多达五六个。客户免费获得小型试用装,不仅会感到满意,还能通过试用装尝试其他产品,进而引发二次购买。

(2) 惊喜赠品。除了随包裹寄给客户试用品,阿芙的客户服务人员还会在包裹中加入各种让客户惊喜的赠品,如手套、面部小按摩锤等。这些颇费心思的小赠品都成为阿芙的间接营销工具,吸引客户再次购买。

(3) 道歉卡。为了降低网购中因快递延误给客户带来的不满,阿芙的包裹中常常还有一封"心碎道歉信"。实际上,在网上买东西难免会遭遇快递延误这种让客户不舒服而商家又无力控制的问题,而阿芙却以一番小心思赢得了客户的好感。

4. 设置惊喜官

除了购买过程中极致的客户体验,阿芙还设置了"惊喜官"。他们每天在客户留言里寻找有价值的客户,猜测哪个客户可能是一个潜在的推销员、专家或者联系人,找到之后惊喜官就会询问客户的地址并向他们寄出包裹,为这个可能的"关键意见领袖"制造惊喜,进而使阿芙获得更大的曝光量和更高的推荐概率。

【分析提示】　在当今日趋激烈的市场竞争中,企业想要立于不败之地,固然受到很多因素的影响,但客户满意在其中发挥着至关重要的作用。客户满意是企业持续发展的基础,是企业战胜竞争对手的有力手段,是实现客户忠诚的基础。在完全竞争的市场环境下,没有任何一家企业可以在客户不满意的情况下获得发展。对企业来说,做好客户满意度管理对企业的健康成长至关重要。

3.1　顾客满意理念和超值服务理念

微课:顾客满意理念

和超值服务理念

3.1.1　顾客满意理念

1. 顾客满意理念的概念

顾客满意理念即 CS 理念(customer satisfaction),是指企业全部经营活动都要从满足顾客的需要出发,以提供满足顾客需要的产品和服务为企业的责任和义务,使顾客满意是企业的经营宗旨。

2. 顾客满意理念的内涵

顾客满意理念的内涵丰富,它包括横向和纵向两个层面。

1) 横向并列层次

(1) 企业的经营理念满意,是指企业经营理念带给顾客的满足程度。具体包括经营宗旨、经营方针、经营哲学和经营价值观等方面,以及各个不同阶段的具体理念等。

(2) 营销行为满意,是指企业的运行状态带给顾客的满足程度。包括企业的行为机制、行为规则、行为模式和行为实施程序等方面的满意。

(3) 外在视觉形象满意,是指企业具有可视性的外在形象带给顾客的满足程度。包括外在视觉形象标志、标准字、标准色、企业外观设计、企业环境和企业的各种应用系统等的满意。

(4) 产品满意,是指企业的实物产品和服务产品载体带给顾客的满足状态。包括实物产品的质量、功能、设计、包装、品位、价格和服务产品载体相应因素的满意。

(5) 服务满意,是指企业服务带给顾客的满足状态。包括绩效满意、保证体系满意、服务的完整性和方便性满意、情绪和环境满意等,并从时间的节约性和文化氛围的高品位等方面体现出来。

顾客满意理念是以培养和提高顾客的忠诚性为目标的。顾客忠诚是指顾客对某一企业、某一品牌的产品和服务形成偏爱并长期持续重复购买的行为,是企业以满足顾客的需求和期望为目标,有效地消除和预防顾客的抱怨和投诉,不断提高顾客满意度,在企业与顾客之间建立起一种相互信任、相互依赖的"质量价值链"。

2) 纵向递进层次

(1) 物质满意层次,即顾客对企业服务产品的核心层,如服务产品的功能、品质、品种和效用感到满意。

(2) 精神满意层次,即顾客对服务方式、环境、服务人员的态度、提供服务的有形展示和过程感到满意。

(3) 社会满意层次,即顾客对企业产品和服务的消费过程中所体验的社会利益维护程度感到满意,充分感受到企业在维护社会整体利益时所反映出的道德价值、政治价值和生态价值。

3. 企业塑造顾客满意理念的客观必然性

企业的经营理念是企业在经营运作中的信仰、宗旨和准则,它是企业所处外部环境的必然产物,也反映了企业自身生存发展的需要。

(1) 服务产品市场供给大于需求。在服务产品供给大于需求的市场环境下,消费者拥有充分的权利选择服务企业和服务产品。只有坚持顾客至上,努力使自己的产品和服务满足顾客的需求,企业才能赢得顾客的心,进而在市场竞争中处于优势地位。

(2) 市场竞争异常激烈。随着市场竞争越来越激烈,顾客满意度成为企业发展的"瓶颈",不断提高顾客满意度将成为企业竞争的焦点。

(3) 消费者越来越挑剔。消费者的需求多种多样,其发展是无止境的。随着社会经济的发展和人们收入及生活水平的不断提高,消费者对产品和服务的质量要求越来越高。在这种情况下,企业生产的产品和提供的服务只有满足顾客不断增加的品种与质量需求,他们才会购买,才有可能成为忠诚的顾客。反之,企业就会始终处于追逐新顾客的危险境地。

4. 顾客满意理念指导下的企业营销策略

现代企业实施顾客满意的服务理念的根本目标在于提高顾客对企业生产经营活动的满意度,而要真正做到这一点,必须制定和实施以下关键策略。

1) 在企业中树立"以客为尊"的经营理念

"以客为尊"的企业服务经营理念,是服务顾客最基本的动力,同时它又可引导决策,联结公司所有的部门共同为顾客满意目标而奋斗。企业的一切营销活动要从顾客的需要出发,以提供满足顾客需要的产品或服务作为企业的责任和义务,全心全意为顾客服务。要把为顾客服务、提高顾客满意的理念作为企业每一项工作的指导思想和每一名员工的自我要求。

2) 不断创新,开发令顾客满意的产品

企业必须熟悉顾客,了解用户,要调查他们现实的和潜在的需求,分析他们购买的动机和行为、能力、水平,研究他们的消费传统和习惯、兴趣与爱好。同时,顾客的需要是发展变化的,顾客的满意度也是发展变化的。因此,企业还要不断创新,千方百计利用新技术、新工艺、新材料、新设计、新发明来开发顾客喜欢的新产品和新服务。

3) 健全顾客服务体系,提供令顾客满意的服务

企业的服务质量直接关系到顾客的满意度和忠诚度。企业要不断完善服务系统,以便利顾客为原则,用产品本身的魅力和一切为顾客着想的实际行动去感动顾客。服务的具体内容和形式,应根据顾客需求和商品特性而展开。售前、售中和售后服务是企业生产经营者接近消费者直接的途径,所以企业要建立专门的机构和设专人负责售前、售中和售后服务工作,接待和处理顾客投诉,加强与顾客的联系和沟通,倾听顾客的不满,不断纠正企业在营销活动中的失误和错误,及时挽回给顾客造成的损害。

4) 掌握竞争对手情况

一个追求顾客满意的企业,不仅要了解顾客的需要,还要了解竞争对手的情况。在市场竞争愈演愈烈的条件下,只有比竞争对手做得更好的企业,才有希望在市场竞争中获得成功,才有机会获得不断发展。

企业服务理念满意系统的建立,其核心在于确立以顾客为中心的企业理念,它应具体地体现和反映在企业的经营宗旨、经营方针和经营哲学上,并贯穿于企业的质量观念、服务观念、社会责任观念和人才观念等诸多经营观念中。

在顾客满意的服务理论中,为建立顾客满意系统而进行的顾客满意度调查,以及检验顾客满意系统的运作及其结果,需要通过顾客满意级度和顾客满意指标进行测量和评价。顾客满意级度是顾客在消费了企业的服务之后所产生的满足状态的等级。通常分为七个级度,即很不满意、不满意、不太满意、一般、较满意、满意和很满意。顾客满意指标是指用以测量顾客满意度的项目因子或属性。企业服务的顾客满意指标,可概括为五项:绩效、保证、完整性、方便性和情绪环境。

3.1.2　超值服务理念

1. 超值服务的概念

超值服务就是用爱心、诚心和耐心向消费者提供超越其心理期待(期望值)的、超越常规的全方位服务。

2. 超值服务系统

超值服务以顾客为导向,向用户提供最满意的服务,其贯穿科研、生产、销售全过程。超值服务是由售前超值服务、售中超值服务和售后超值服务三个子系统构成的服务体系。这三个子系统相互关联、互为条件,共同完成超值服务的任务。

1) 售前超值服务

售前超值服务是指按严格的要求和规范做好售前调研、售前培训、售前准备和售前接触四大环节的工作。其中,售前调研是前提,要调查消费者的现实需求和潜在需求;售前培训是对员工的培训,不仅包括服务技能的培训,更重要的是对员工的服务理念、服务道德、服务态度、服务意识的培训;售前准备包括服务开始前的心理准备和技术准备两个方面;售前接触是首先在小范围内与消费者接触,在征求消费者意见的同时了解消费者最新消费动向,及时改进服务。比如,在售前接触中邀请各方代表进行的"消费者模拟定价"活动,是新服务品种价格形成的重要因素。

2) 售中超值服务

售中超值服务是指服务人员与客户或用户进行交际、沟通和洽谈的过程。其主要包括操作规范、语言规范和姿势规范。此外,售中超值服务更重要的是服务人员应本着让顾客获得超值服务的原则,随时根据顾客的需求调整服务程序,增大服务流程弹性。

3) 售后超值服务

售后超值服务包括服务制度、用户沟通制度、员工服务规范、员工培训制度和奖惩制度等一系列服务规定。具体内容如下。

(1) 服务制度由免费服务制度、全天候服务制度等要素构成。

(2) 用户沟通制度由服务网点制度、用户访问制度、用户档案制度、用户投诉制度等要素构成。

(3) 员工服务规范包含员工语言规范、员工行为规范和超值服务纪律等要素。

(4) 员工培训制度坚持对服务人员技能和素质进行经常的培训,以保证超值服务的有效实施。

(5) 奖惩制度包含激励机制和处罚机制的各项细则,通过奖优罚劣促进竞争,以推动超值服务水平的不断提高。

3. 顾客附加价值与顾客满意度

(1) 顾客附加价值也称让客价值、让渡价值,它是顾客总价值与顾客总成本之间的差额,即

$$顾客附加价值＝顾客总价值－顾客总成本$$

服务品种的顾客总价值包括服务品种本身的价值,企业为顾客提供的服务(即额外服务价值),服务品种对顾客具有的某种特殊意义的价值(即个人价值),服务品种的购买行为给顾客形象带来的价值(即形象价值)等。服务品种的顾客总成本,是顾客获取此服务品种所付出的总代价,它包括货币成本和非货币成本,非货币成本又包括顾客为获得此产品所付出的时间代价(即时间成本)、所花费精力的代价(即精力成本)和心理代价(即心理成本)等。因此,顾客附加价值理论可以用下面的等式作一形象表达。

$$服务品种的顾客附加价值＝服务品种的顾客总价值－服务品种的顾客总成本$$
$$＝(服务品种价值＋额外服务价值＋个人价值＋形象价值)$$
$$－(货币成本＋时间成本＋精力成本＋心理成本)$$

　　这里的所有价值和所有成本,都是针对某一个特定顾客购买某一特定服务品种而言的。因为不同顾客购买同一服务品种其价值项目和成本项目中的大部分都是各不相同的,而且不同的服务品种或同一服务品种对不同的顾客价值也不一样,例如,一幅历史名画对古画收藏家来说是无价之宝,但对买肉的老太太来说可能分文不值。因此,这里所说的服务品种的顾客附加价值是服务品种对顾客的相对价值。

　　(2) 顾客附加价值理论的基本假设是:顾客是理性的经济人,他总是追求"顾客附加价值"。这一理论的启示:服务品种对顾客附加价值越大,顾客满意程度越高;当顾客为获取该服务品种所付出的顾客总成本超过所得到的顾客总价值,也就是服务品种对顾客附加价值为负值时,客户就会不满意。因此厂家只有努力提高其服务品种的顾客附加价值,才能提高顾客的满意度。

　　从竞争角度考虑,企业应该努力向顾客提供其顾客附加价值高于竞争对手的顾客附加价值。该理论也表明,企业可以从三个思路来提高服务品种的顾客附加价值,提高顾客满意度:①增加服务品种的顾客总价值,包括服务品种价值、额外服务价值、个人价值和形象价值等;②降低服务品种的顾客总成本,包括货币成本、时间成本、精力成本和心理成本等;③双管齐下,既努力提高服务品种的顾客总价值,又努力降低服务品种的顾客总成本。

见微知著

蚂蚁森林

　　2016 年 8 月,支付宝推出"蚂蚁森林"功能,用户可以通过绿色出行、减纸减塑、在线办事等低碳行为积攒绿色能量,在手机里认养一棵虚拟的树。支付宝用户每养成一棵虚拟树,"蚂蚁森林"和公益伙伴就会在荒漠化地区种下一棵真树,以培养和激励用户的低碳环保行为。

　　"蚂蚁森林"项目带动 5 亿人参与低碳生活,并将积累的绿色能量转化为种植在荒漠化地区的 1.22 亿棵树,累计碳减排 792 万吨,2019 年 9 月,联合国环境署宣布,该项目获得当年"地球卫士奖"的"激励与行动奖"。

　　在第 5 周年,蚂蚁森林已经影响了 6 亿人积攒绿色能力,并联合公益伙伴,在全国 11 个省份,种下 3.26 亿棵树。作为互联网大变革时代的产品,站在五周年节点上的蚂蚁森林,之所以能持续圈粉年轻一代、牢固用户认知,最重要的,是将"倡导绿色生活"真正落实在大众生活中,自然对应着达成全社会的"绿色生活"。一方面,蚂蚁森林通过每一份绿色能量都需要用户自己去获取的模式,引导用户践行绿色低碳生活。另一方面,蚂蚁森林社会责任的承担与践行,为用户提供了更多践行绿色生活的动力。

　　企业责任感和大众力量的双向赋能,最终造就了蚂蚁森林的"绿色"底色,也让蚂蚁森林成为大家践行绿色生活方式时的第一联想对象。

3.2　顾客满意度策略

微课:顾客满意
度策略

　　顾客满意度策略是指企业为了使顾客能完全满意自己的产品或服务,综合而客观地测定顾客的满意程度,并根据调查分析结果,从企业整体的角度来改善服务及企业文化的一种经营战略。

3.2.1　顾客满意度的含义

顾客满意度可以简要定义为"顾客接受服务的实际感受与其期望值比较的实际程度"。这里既体现了顾客满意的程度,也反映出企业(供方)提供的服务满足顾客需求的成效,顾客满意度是对顾客满意程度的衡量指标,是企业永恒追求的目标。顾客满意度包含以下两方面内容。

1. 顾客感知

顾客感知是指顾客在购买和享受服务后,对实际效果的感受和认知。顾客对服务的感知一般是根据服务质量及其在服务过程中所体验到的总体满意程度来感知的。由于服务的特殊性,顾客对服务质量的感知还包括:在服务过程中对交互质量的感知;在服务过程中对有形环境质量的感知;对服务结果质量的感知。

事实上,顾客对服务质量、价格、环境因素以及个人因素的感知都会对顾客满意度产生影响。

2. 顾客期望

顾客期望是指顾客在购买决策前对其需求的产品或服务所寄予的期待和希望。消费者一旦对某种事物产生了需求,期望便随之产生。

服务期望是顾客对所接受的服务质量水平的预期,顾客在评价服务质量时,会把对服务绩效的感知与服务期望进行比较。所以,了解顾客期望和顾客期望的产生对服务营销人员很重要,顾客的期望正是企业希望通过服务营销去达到的。

顾客对服务期望的高低会影响其对服务绩效的评估,从而影响顾客的满意程度。顾客对服务的期望可以分为理想服务和适当服务。理想服务是顾客期望得到的最高水平的服务,是顾客在购买某项服务时所希望实现的绩效水平,如果没有这些期望,顾客可能不会购买这个服务。但是,顾客希望达到的服务期望又常常被认为是不可能的,因为这个原因,顾客可能愿意接受服务的一个较低水平的服务期望,这个低水平的期望就是适当服务,即顾客可接受的服务水平。适当服务水平远低于理想服务水平,它表示顾客最低可接受的期望,即消费者可接受服务绩效的最低水平。

由于服务的异质性,不同的服务提供商、同一服务提供商的不同服务人员,甚至相同服务人员提供的服务都会有差异。同样,顾客对服务的期望也不是一成不变的,不同的顾客对相同服务的期望也是不同的。比如,对快餐店的理想服务期望是清洁、卫生、便捷和可口的食物;对餐厅的理想服务期望是优雅的环境、亲切的雇员、良好的服务、美味精致的食物。

顾客满意与否,取决于顾客接受产品或服务的感知与之前的期望相比较后的体验,通常有三种感受状态。

(1)不满意。当感知低于期望时,顾客会感到不满意,甚至会产生抱怨、投诉;如果对顾客的抱怨和投诉采取积极措施并妥善解决,顾客的不满意可能会转化为满意,并最终成为忠诚的顾客。

(2)满意。当感知接近期望时,顾客会感到满意。

(3)很满意。当感知远远超过期望时,顾客有可能由满意产生忠诚。

也可以把顾客的感受状态分为很满意、满意、基本满意、不满意、很不满意五档,并分别给予分值,比如可定为 1.0 分、0.8 分、0.6 分、0.4 分、0 分。

所以,顾客满意度是指顾客事后可感知的效果与事前的最低期望之间的一种差异函数。感知效果是指顾客购买和享受服务后可以得到的利益总和。期望值是指顾客在购买服务品种之前对服务品种所能提供利益的预期。

顾客满意度＝感知效果－期望值

目前,很多企业都倾向于使顾客高度满足或很满意。实践证明,当更好的服务品种出现时,那些正好满意的顾客很容易改变购买行为,而那些很满意的顾客很少改变购买行为。事实上,高度满足能使品牌对顾客产生情感上的吸引力,而不是理性化的偏好,从而建立高度的顾客忠诚。

知识链接

影响客户期望的因素

1. 客户以往的消费经历、消费经验、消费阅历

客户在购买某种服务之前往往会结合他以往的消费经历、消费经验,对即将要购买的服务产生一个心理期望值。例如,客户过去理发需 20 元,那么他下次再去理发可以接受的价格,即对理发的价格期望值也是 20 元。也就是说,客户以往的消费经历、消费经验会影响他下次购买的期望。而没有消费经历和消费经验的客户如果有消费阅历(即目睹别人消费),也会影响其期望——如果看上去感觉不错就会形成较高的期望,如果看上去感觉不好则会形成较低的期望。

2. 客户的价值观、需求、习惯、偏好、消费阶段

不同的客户由于身世、身份及消费能力等的差异会产生不同的价值观、需求、习惯、偏好——是与世无争,还是斤斤计较;是蓝领、白领,还是学生——不同的客户面对同样的产品或者服务会产生不同的期望。

同一个客户在不同的阶段也会产生不同的期望。例如,上一次消费时客户对服务提出了意见或建议,那么下一次他对该服务的期望就较高。如果他提出意见或建议的服务没有改进,就会令他不满意。

3. 他人的介绍

如果客户身边的人极力赞扬,说企业的好话,那么就容易让客户对该企业的服务产生较高的期望;相反,如果客户身边的人对企业进行负面宣传,则会使客户对该企业的服务产生较低的期望。

例如,某客户的朋友告诉客户,某宾馆的服务好极了,自然该客户对该宾馆的期望值就会很高;如果朋友告诉客户,某宾馆的服务糟糕透了,该客户自然对该宾馆的期望值就会很低。

4. 企业的宣传

企业的宣传主要包括广告、员工的介绍和讲解等,根据这些,客户会对企业的服务会在心中产生一个期望值。

如果企业肆意夸大宣传自己的服务,会让客户产生过高的期望值,而客观的宣传,就会使客户的预期比较理性。此外,如果企业预先提醒客户可能需要等待的时间,也会使客户有一个心理准备,产生一个合理的期望。一些研究表明,那些预先获得通知需要等待的客户会比那些没有获得通知需要等待的客户满意。

5. 价格、有形展示的线索等

客户还会凭借价格、环境等看得见的有形展示线索形成对服务的预期。例如,如果餐厅环境污浊,服务人员穿着邋遢、不修边幅,显然会令客户将其定位为低档消费场所,认为其根本不可能提供好的服务。相反,较高的价格、舒适高雅的环境等可使客户产生较高的预期。

3.2.2 顾客满意度调查的方法

一般来说,打算购买或利用某种服务的人,必然怀着一种期待,希望它能很好地满足自己的需要。顾客的满意程度取决于他们对企业所提供服务的事前期待与实际效果之间的比较。也就是说,如果购买后在实际消费中的效果与事前期待相符合,消费者就会感到满意;超过事前期待,消费者会很满意;如果未能达到事前期待,消费者会感到不满意或很不满意。因此,企业要定量而准确地测量出顾客的满意度,才能改善企业经营,使顾客达到完全的满意。

服务企业在调查顾客满意度时,应按照以下几个步骤进行设计和实施。

1. 设计专业的问卷

企业的顾客满意度调查如果偏离真实的结果,只会给企业带来苦果,要想达到真正的效果,就不能在问卷中带有很强的情绪与暗示,其内容也应科学合理。因此,对于一般服务企业来说,顾客满意度调查最好从设计开始就聘请专门的调查公司来进行。

2. 改进满意度测定内容

服务企业对顾客满意度测定内容应该随企业经营的情况适时做出改进,不要指望出现"百分百满意"的情况,除非顾客对问卷十分敷衍,或是企业的问卷设计得太差。

即使被调查者对企业在服务方面的改进给予了肯定,问卷调查的范围也不能局限于少数领域。顾客在市场上的选择、信息的流通、期望值的不断提升都决定了企业必须不断地推出新举措,满足新期望。因此,顾客满意度调查的内容设计也需要不断改变,真正调查出顾客的完整需要与感觉。

3. 确定满意度调查因素和权重

企业测定顾客满意度是为了改善顾客的服务体验。一个企业的资源有限,不可能立刻将所有问题全部解决,因此应分出轻重缓急,在一段时间内重点解决重大问题。

4. 利用多种手段进行调查

客户满意度调查可以利用多种手段进行,例如上门、邮件、电话、网站、服务现场表格等。此外,企业还可以利用呼叫中心进行客户满意度调查。

主动呼叫可以有效地保证样本选择的代表性,对质量的控制及问题的发现都有较大保障。如果结合经常性的客户接触活动,更能让客户感受到企业的重视与关怀。

5. 进行结果分析

企业对调查结果进行分析时,首先要考虑期望值对顾客满意度的影响。一般来说,期望值的高低会影响顾客对服务的评价,如果客户的期望值较高,那么即使企业服务优质也很难得到客户认可;客户表现出的满意,并不一定是因为企业优异,而是因为客户没有经历过优质服务,没有比较。

　　此外,有时客户在被调查时的反应还受到某些主观因素的影响,在回答多种问题时不一定会做出最客观的评价。因此企业在收集了较长时期的数据后,可以做一些深入的分析,如问客户"您估计在座席代表接起您的电话前您大概等候了多久",将客户的回答与系统里的实际数据作比较,将得出的数值与客户的其他满意程度放在一起考量,可以帮助企业找出影响"主观数据"的相关因素。

　　企业还可以采用其他评价服务的方式,这要与客户满意评价服务的方式进行协调。因为其他评价方式如果应用得当,选择合理,将为顾客满意度调查带来较大的改进与收益。

6. 满意度调查的后续工作

　　设计顾客满意度调查不应到分析报告出炉为止。除了企业内部需要采取改进举措外,还应当给被调查者足够的反馈,至少是对其参与表示感谢。企业在执行满意度调查这件事上,就已经能反映出服务质量的高低。因此,企业在调查完之后,在顾客参与的反馈方面一定要做好做实。

3.2.3　提高顾客满意度的策略

知识链接:
顾客满意度调查表

1. 明确理念

　　企业要明确提出、阐述和广泛宣传"以客为尊"的经营理念,并通过实际行动,联络公司所有的部门,共同为顾客满意的目标奋斗,让消费者对企业产生依赖情结,建立起忠诚的合作关系。如海尔集团,以"海尔——真诚到永远"为企业经营理念,让消费者购买海尔,确保"零烦恼"。

2. 提供顾客利益

　　站在顾客的角度,给顾客提供更多的利益。顾客的购买首先是一种利益选择,企业若能从更多方面持续地满足顾客需要,顾客每一次购买的良好体验就会以记忆形式保留下来,顾客在以后的购买中就会优先考虑原来的选择对象。在为顾客提供利益时,企业必须考虑以下两方面。

　　(1) 利益的适应性。应不断推出符合时代潮流的新产品、新服务,紧紧抓住顾客心理,防止顾客因需求变化或有更好的选择而转向其他企业。

　　(2) 利益的保护。企业应主动维护消费者的合法权益,尽量以补偿性办法调节与顾客的关系,让企业所有人员都充当企业信誉的"卫士"。

3. 加强沟通

　　企业通过传送各种信息对顾客的心理和思想施加重大影响,不仅有助于保持与现有顾客的关系,还有助于吸引新顾客。加强与顾客的沟通,不仅能提高顾客素质以适应企业产品,还能通过免费培训和试用增进双方感情;通过显示新服务品种的用途乃至新的生活方式,可以激发顾客的潜在需求或改变某种消费观念,从而使新老顾客成为或继续成为企业一系列新服务品种的用户。

4. 与顾客建立有形的关系纽带

　　通过利益满足和沟通所结成的纽带基本上还是无形的,若能建立一些有形利益的纽带、情感纽带,则更利于长期地保持双方关系,如发行会员卡、建立俱乐部及产品发烧友等。这些有形的关系纽带,会改变商业交往中那种冷冰冰的纯功利关系。实践证明,这些有形的纽带均能给企业带来良好的效益。

5. 建立消费者数据库

企业通过消费者数据库的建立，选择和收集大量的现有顾客和潜在顾客数据，了解这些消费者的状况，从而进行有针对性的沟通，提供比竞争者更好的产品和服务，提高顾客满意度。

6. 运用情感营销策略

运用此策略把充满情感色彩或人情味的有形产品和无形服务送给消费者。

7. 增加消费者剩余

顾客在购买服务品种时感觉到的消费者剩余越大，消费者获得的满意度就越高。实际品种接近或超过顾客心目中的理想，顾客就会对企业的服务品种以及企业本身产生格外的信任，从而成为满意顾客，进而变成忠诚顾客。增加消费者剩余的方法有两类：①降低顾客期望值。企业宣传自己的服务品种时应采取适度促销或低促销姿态。在促销中要增强责任感和道德感，不能采用夸大不实或闪烁其词等容易让人误解的，甚至是虚假的欺诈性广告，更不能只是口中说"顾客是上帝"，一旦顾客采取购买行为后，却来个 180°大转弯，置顾客利益于不顾，那样，必定会引发顾客的极大不满。②提升服务品种和服务企业形象，增大企业或服务品种的美誉度。

8. 及时、妥善地处理顾客的抱怨，挽回不满意顾客

顾客与企业的纠纷与矛盾是不可避免的，如何挽回不满意的顾客，对企业来说相当重要。因为如果能妥善处理顾客提出的投诉，这些顾客中的 70%还会再次购买该企业服务品种；如果能当场听取顾客的投诉并给他们一个满意的答复，那么至少有 90%的顾客会成为你的回头客。而每个满意而归的顾客，又定会把你的做法告诉其他五个人，这样，企业就可坐享免费广告的收益。及时、妥善地处理顾客的抱怨，应注意以下问题。

（1）尊重顾客的人格，专心对待顾客。

（2）从顾客角度出发，分析顾客的实际问题，尽可能多地找出解决问题的途径，同时请顾客参与选择解决问题的最佳途径，给顾客一定的自主权。

（3）对顾客的损失给予一定的补偿，同时增加顾客对未来交易的期望值，使顾客保持与企业的长久联系。

📖 **知识链接**

影响客户满意度的因素

1. 企业因素

企业是服务的提供者，其规模、效益、形象、品牌、公众舆论等内在或外在因素都会影响消费者的判断。消费者一般都不会购买形象不好的企业的服务。

2. 服务品种因素

（1）服务品种与竞争者同类服务在功能、质量、价格方面的比较。服务品种与竞争者同类服务品种相比，如果有明显优势或个性化较强，则容易获得客户认可。

（2）服务品种的消费属性。一般情况下，客户对高价值服务品种要求比较苛刻，因此这类服务品种一旦得到客户认可，客户的忠诚度就会很高。而客户对价格低廉的服务品种要求相对较低。

（3）服务品种包含额外服务的多少。如果服务品种包含的额外服务较多，销售人员做得不够,就难以让客户满意。

3. 沟通因素

良好的沟通可以让客户更好地了解服务品种,获取更多的相关信息,这是提高客户满意度的重要因素。企业的营销与服务体系是否一致、简洁,能否为客户带来方便,售后服务时间的长短,服务人员的态度、响应时间,投诉与咨询的便捷性等都会影响客户的满意度。客户都希望消费过程能顺利进行并且企业能够遵守承诺,若这种愿望未能得到满足,客户就会产生不满和失落。公司实施高标准的服务,甚至超过客户对服务供应的期望,就会取得令人羡慕的竞争优势,客户就会信赖这个公司。

4. 情感因素

从客户调查中获得的很多证据表明,某些影响客户满意度的因素与服务的质量并没有关系。实际上,客户可能对服务提供商及其员工中的大多数人员都感到满意,但只是因为一位员工的某些话或者其他一些小事情没有做好而使该客户的情感受到了影响,从而使企业失去了这个客户,而员工们则忽略了这些事情,当然客户也会因为销售人员的一些暖心行为而对公司大加赞赏。

5. 环境因素

服务场所的环境因素直接影响客户的心情,客户的期望和容忍度会随着环境的变化而变化。例如,对一般消费者来讲,入住五星级酒店希望大堂宽敞高雅、客房设施齐全、床垫和枕头柔软舒适、健身设施齐全等,而入住一般的经济型酒店就不会有过多的要求,期望值也不会太高。对员工来说,认识到环境中存在的这些区别,对提供高质量的服务和提高客户满意度是很重要的。公司员工可以通过与客户的沟通交流掌握并分辨出面对的情况,花费时间和积累经验读懂客户,创造适宜客户的可选择场景,赢得客户满意。

3.3　服务流程再造

3.3.1　服务流程再造的含义

1. 流程概述

《牛津词典》里,流程是指一个或一系列连续有规律的行动,这些行动以确定的方式发生或执行,促使特定结果的实现;而国际标准化组织在 ISO 9001—2000 质量管理体系标准中给出的定义是:流程是一组将输入转化为输出的相互关联或相互作用的活动。

流程有六要素:资源、过程、过程中的相互作用(即结构)、结果、对象和价值。把一些基本要素串联起来:流程的输入资源、流程中的若干活动、流程中的相互作用(例如,串行还是并行。哪个活动先做,哪个活动后做,即流程的结构)、输出结果、顾客、最终流程创造的价值。不论用什么样的语言来表达,一个完整的流程基本包括这六个要素,即更多的是从执行的角度把个人或组织确定的目标去执行到位,而不考虑或者改变组织的决策,在决策确立之后,流程要解决的就是怎样更好地实现决策的目标,而不是改变决策的目标。

按照以上两种权威的流程定义,流程对我们来说并不陌生。如生病了要去医院看病,要吃药或打针,然后康复,就构成了图 3-1 所示的流程。

挂号 → 诊断 → 开方 → 付款 → 取药 → 服药 → 康复

图 3-1 患者到医院就诊流程图

由此可见,流程实质上就是工作的做法或工作的结构,抑或事物发展的逻辑,它包含事情进行的始末,事情发展变化的经过,既可以是事物发展的时间变动顺序,也可以是事物变化的空间过程。

2. 服务流程的含义

比较有代表性的服务流程的定义如下。

(1)美国服务营销专家斯蒂文·阿布里奇对服务流程的定义是:服务流程是从顾客的角度观察事物,实质上是指顾客享受到的,由企业在每个服务步骤和环节上为顾客提供的一系列服务的总和。

(2)流程再造的创始人哈默和钱皮特对企业流程的定义:服务流程是服务企业或部门把一个或多个输入转化为对顾客有用的输出的活动。

(3)美国著名流程再造专家 T. H. 达文波特关于流程的论述:服务流程是跨越时间和地点的有序的服务工作活动,它有始点和终点,并有明确的输入与输出。

(4)H. J. 约翰逊对企业流程的定义:服务流程是把服务输入转化为输出的一系列相关活动的结合,它增加输入的价值并创造出对服务接受者更为有用、更为有效的输出。

3. 服务流程的分类

1)根据服务流程的形式分类

(1)线性流程。在线性流程作业方式下,各项作业活动按一定顺序进行。服务是依据这个顺序而产生的。

(2)订单流程。订单接受过程,是使用不同活动的组合及顺序,而制造出各种各样的服务。这类服务可以特别设计和定制,以适合顾客的各种需要,以及提供事先预定的服务。

(3)间歇性流程。间歇性流程是指各服务项目独立计算,做一件算一件或属于非经常性重复的服务。

2)根据服务流程中与顾客接触的程度分类

(1)服务工厂。有些服务流程的劳动密集程度较低(因此服务成本中设施设备成本所占的比重较大),顾客接触程度和顾客化服务的程度也很低。这种服务类型可称为服务工厂。运输业、饭店、休假地的服务运作是这种类型的例子。此外,银行以及其他金融服务业的"后台"运作也属于这种类型。

(2)服务车间。当顾客的接触程度或顾客化服务的程度增加时,服务工厂会变成服务车间,就好像制造业企业中进行多品种小批量生产的工艺对象专业化的车间。医院和各种修理业是服务车间的典型例子。

(3)大量服务。大量服务类型有较高的劳动密集程度,但顾客的接触程度和顾客化服务程度较低。零售业、银行的营业部、学校、批发业等都属于大量服务。

(4)专业型服务。当顾客的接触程度提高或顾客化服务是主要目标时,大量服务就会成为专业型服务。例如,医生、律师、咨询专家、建筑设计师等提供的服务。

4. 服务流程再造

（1）服务流程再造的含义。服务流程再造是指服务企业或服务部门，从顾客需求出发，以服务流程为改造对象，对服务流程进行根本性的思考和分析，通过对服务流程的过程要素进行重新组合、重新设计，从而使服务真正做到以最终消费者的需求为导向，让服务全方位贴近消费者。

（2）在理解服务流程再造时，应着重注意以下几点。

① 服务流程再造的出发点：消费者需求。以消费者需求为导向必须使服务企业的各级人员都明确，企业存在的理由是为消费者提供价值，而价值是由流程创造的，只有改进为消费者创造价值的流程，服务活动才有意义。以消费者为导向，意味着企业在判断流程绩效时，是站在消费者的角度思考问题，尽管这样做常常与企业的其他需求发生冲突。

② 服务流程再造的最终目的：消费者满意。一个企业的成功必须赢得顾客满意，尤其是服务产品，无论多么优秀，得不到消费者喜爱的企业，只能眼看着其他企业欣欣向荣。今天的市场竞争，在很大程度上是对顾客的竞争。一家能充分满足消费者需要的服务企业，必然是一家令消费者满意的企业。

③ 服务流程再造的对象：企业的整个服务过程。企业的服务过程是指企业为完成某一服务目标而进行的一系列相关活动的有序集合。

3.3.2　服务流程再造的目标

1. 提供能够满足消费者需求的服务产品

将"一切为了客户"的理念植根于企业员工的心目中。这里所说的"客户"是一个广义的概念，不仅指最终的消费者，而且对于上一道服务工序而言，下一道工序就是"客户"。这一概念看似简单，但如果每一位企业员工都以这样的"客户"来规范自己的工作，"提供能够满足消费者需求的服务产品"就不再是一句口号。

2. 降低服务产品成本，让利消费者

流程再造给企业带来的最大好处是企业绩效的增加，服务流程绩效的改善则涉及企业中其他各部门运营绩效的提高。对服务产品而言，衡量绩效改善的一个重要指标就是服务产品成本的降低，要做到这一点，主要依靠对服务流程的再设计。

3. 增强市场反应灵敏度，缩短服务产品创新周期

服务流程再造就是要在企业所有员工中贯彻"消费者满意"理念，让每一位员工在服务过程中注意消费者需求的变化，并及时反馈到企业决策层。另外，流程再造尽量减少不能带给消费者满意度增加的活动和机构，缩短服务传递过程，让服务企业组织结构扁平化，灵敏地反映市场信息，及时做出服务产品决策。

4. 以提高顾客忠诚度为核心目标

大多数消费者在首次消费某种服务产品时，都是抱着试一试的心态，而当他再次光临时，说明他对你的服务已经基本满意，并且对你的服务有了基本的期望。如果此时你通过服务流程再造，提供给消费者更加完善、更加舒适的服务产品，在消费者心目中就会留下深刻的印象，从而提升顾客满意度，进而形成高的忠诚度。

3.3.3 服务流程再造的方法

1. 流程图法

流程图法包括蓝图法(在设计一个已想好或者已修正的程序以及描述它应该如何运作时)和服务图法(在描述一种当前的状况时)。

1) 蓝图法

G.林恩·萧斯塔克(G. Lynn Shostack)提出服务过程的蓝图概念。根据服务蓝图模型,一项服务所需的每项工作及各工作时间的相互关系都将在蓝图中画出。蓝图中还需要指出该服务的所有步骤和变化点。详细程度应符合特定的目的和要求,特别是共有服务和竞争性服务的区分要在蓝图中指出。蓝图中还应该指明可能出现的错误以及破坏被感知的服务质量的失误点,以便在设计服务流程时采取预防措施。从服务蓝图中可以分析出资源的动态变化是如何影响服务过程及其结果的。

在绘制蓝图时应注意以下关键步骤。

(1)明确制定流程图的目的:关于何种类型的服务,会涉及什么样的顾客及在何种条件下使用,以及你需要了解什么。

(2)编写一张包括相关顾客经历的所有活动的清单。其中首先应对这些活动进行汇总。比如,不要把"登机"分解成"把登机牌交给服务人员,走下登机桥,进入机舱,找到座位,把随身携带的行李放好,坐下"。

(3)根据正常情况下接触发生的先后顺序,把顾客经历的每一步画成框图。

(4)把为每一个前台活动提供支持的后台活动画成框图(这个工作对检查服务质量问题和制订针对后台工作人员的内部营销计划特别有价值)。

(5)证实你的描述——从顾客那里得到支持,确保相关服务人员的参与(每个人对过程都有自己的理解,一个开放的讨论可能有助他们之间的相互关系)。确保清楚地界定不同的角色。同时,画流程图没有唯一正确的方法,两种不同结构的描述都可能同样好地为你的目的服务。

关注主要顾客和服务人员对过程中某一个点上发生问题的抱怨,因为这些问题为你在哪些地方应当关注细节的问题,在哪些地方想把"登机"这样的大步骤分解成更具体的部分提供了很好的线索。

2) 服务图法

J.K.布伦戴奇提出服务图的概念。与蓝图不同,服务图的首要目标是从顾客的角度来安排企业的活动,确保服务的方方面面都能增加顾客享受服务时的价值,同时找到服务体系可以分解的转折点,防止为顾客创造的价值达不到预期目标。

服务图既可以简化,也可以复杂化,这需要视具体情况而定。图 3-2 是一张简单的服务图,列出了医院的几个流程,如诊断、登记、入院、手术等。

图 3-2 的左半部分列出了过程的参与者,水平方向列出了过程所涉及的各个步骤。在设计服务图时,一般需要企业多位成员的参与,以集思广益。图中粗线上方的活动代表顾客可以看到的活动,通常也是顾客参与程度比较高的活动。这些活动要求员工以顾客认可的方式来进行。设计服务图的最后一步是识别可能出现失误的环节,通常包括:①服务过程中的有些步骤不能增加顾客享受服务时的价值,这些步骤在大多数情况下都是重复的。

图 3-2　就医流程

②在提供服务前未能有效地调整顾客的期望。③有些步骤中顾客的参与和合作非常重要，但顾客却没有认识到这一点。④有些步骤过分强调员工个人的判断能力。⑤服务提供系统本身在某些环节上设计欠佳，或者缺乏可靠性。医院应尽量避免这些情况。例如，医生在患者住院后会不断与其沟通，外科手术要严格按照规定的技术进行，以减少个人的判断。复杂的服务图需要测量整个过程中每一步骤的时间和成本。但不管简单与复杂，设计出正确、实用的服务图是成功的基础。

2. 流水线法

流水线法的服务程序设计源于制造业的生产活动。众所周知，由于操作工人各自在流水线上完成一定程序的操作，因而效率很高，并且不易出错。根据这一思想，有的服务企业也采用类似的方法来指导顾客服务。这种流水线法要求为顾客提供标准化的、程序化的服务。为此，企业需要制定详细的制度、规范和服务内容，使服务人员做到有章可循。采用流水线法一般采用以下做法。

（1）对工作任务进行简化。

（2）明确劳动分工。

（3）尽量用设备代替服务人员的工作。

（4）尽可能减少服务人员的决策权。

（5）建立系统的服务制度和工作内容并使之标准化。

流水线法具有高效率、低成本、交易量大的优点。由于工作有章可循，工作内容已经标准化，工作方式制度化，因此，工作比较容易进行。同时，由于经常进行重复性的工作，因而服务人员在演示、操作时损坏设备的概率就会降低，大大降低了工作成本。当工作规范时，其交易量也会因效率高而增加。此外,流水线法比较容易培训员工,而且给顾客一种工作比较规范的感觉。

3. 授权法

20 世纪 90 年代,授权法越来越受到推崇。这种通过赋予服务人员一定权力、发挥他们主动性和创造性的方法,被认为是治疗低品质和低效率服务的一剂良药。它强调对服务人员的尊重,重视"人性"的内核。授权法认为制度、规章、工作程序等许多细节性的规定是对服务人员自尊的一种轻视和贬低,该方法把服务人员从细枝末节的严格规定中解放,让他们自己寻找解决问题的方式和方法,并对自己的决定和行动负责,以唤起他们的工作投入感、责任感和对顾客的真切关怀。

1) 授权法的实施

成功地在顾客服务中实行授权法,看起来是一件很简单的事情,实际上是一项复杂的系统工程。不仅要求企业在理念上做出转变,而且要在制度、组织结构和行动上采取实质性的举措。研究表明,企业只有从以下四个方面采取行动,才能成功实现授权。

(1) 在组织内适当分权。

(2) 组织内信息共享。

(3) 组织内知识共享。

(4) 组织成员共享组织的报酬。

以上四个方面必须都实现,授权法的作用才能发挥。可以用"授权公式"来表示四者之间的关系。

$$授权效果＝分权×信息共享×知识共享×报酬共享$$

需要注意的是,公式中用的是乘号,而不是加号,因而不管其他因素努力程度有多大,只要有一个因素是零,授权效果就为零。比如,有的管理者虽然给予员工一定的权力,但却没有提供给他们足够的信息,或者在报酬方面不公平,都会导致授权法起不到预期的作用。

在分权方面,企业要给予员工自由处理日常工作的权力,特别是在一些需要顾客参与的服务中,因为顾客不但直接受到服务错误的影响,而且观察服务员工是否改正。给予服务人员这种自由和权力有两个好处:①及时更正服务中的错误。尽管在服务中杜绝失误是不可能的,但如果员工能及时改正错误,不但会使顾客感到真正的关怀,而且可以减少以后类似错误的发生;②超过顾客期望,使顾客快乐。如果服务人员不但解决了服务过程中的失误,而且提供一些顾客需要的特殊服务,那么就会使顾客感到惊喜。

当然,企业在分权时,绝不能忘记让员工共享信息、知识和报酬。这是因为,员工不但提供给顾客本职内的服务,还要担任顾客的向导,给顾客提供想要了解的其他方面的信息和知识。因而,企业应当使员工更多地了解顾客期望、顾客反馈以及顾客服务方面的信息和知识。同时,企业也要根据服务人员的服务质量和企业财务业绩,让他们共享企业的收益,如发放股利、利润共享等,以激励他们。

2) 授权法的效果评价

企业在权力、信息、知识和报酬四方面做出改变后,"授权"是否起到了作用?员工是否拥有了"授权"观念?顾客是否比以前更满意?这些问题都需要调查和评估。除了经验性的判断之外,企业还可以通过以下方法获得信息资料的支持。

（1）询问员工。最简单、最直接的方法就是询问企业员工是否被授权，然后评估授权状况。

（2）调查顾客。企业可以通过调查顾客的方式来评估员工是否被授权。当然，这种顾客感受可以与顾客满意度结合在一起考察。

（3）追踪被授权员工的比例变化。假如有一个企业，其中一部分员工可以获取顾客反馈的信息，并享受利润分配计划。显然，如果这部分人数发生变化，那么企业的"授权"状况和效果也会发生变化。企业应当考察"授权"员工比例变化与顾客满意度变化之间的关系。

（4）组织结构的变化。一般来说，管理层次的减少和管理幅度的增大也是授权成功的重要标志。

3.3.4　服务流程再造的策略

1. 变职能中心为流程中心

在传统的服务企业中，员工属于不同的职能部门，各司其职，员工的任务是将自己的工作干好，而不管这项工作对提高企业整体绩效有什么帮助，职能部门之间的工作相互独立。在以流程为中心的服务企业中，企业的基本组成单位是不同的流程，不存在刚性的部门。在传统服务企业中，服务流程隐含在每一个部门的功能体系中，没有人专职对完整的流程负责，任务和任务间经常脱节和冲突，而在以流程为中心的企业中，每一个流程环节都由专门的流程负责人控制，由各类专业人员组成团队负责实施。比如，在服务业盛行的"首问负责制"实质上就是以流程为中心的管理模式，消费者有什么要求，自始至终只需要与一个人联系，接下来的任务就是等着享受满意的服务。

以流程为中心的服务企业，还意味着企业形态的弹性特征，流程是直接面对消费者需求的，随着市场需求的变化，流程也应相应变化。

2. 打造以人为本的自我管理的服务团队

传统企业面对的是相对静止的市场环境，企业中除了领导人外，其他人思考问题的出发点是如何把本职工作做好，其他的事情用不着他来考虑。如服务产品开发工程师只需要关注他的设计方案，至于消费者将有什么反应，市场前景如何，那是别人的事。而在激烈的市场竞争中生存的服务企业，必须以流程为中心，每一位员工都要既关心过程又关心结果。

进行团队式管理，不是现代管理者随意的选择，也不是企业领导者任意发挥，这是流程组织所担负的任务所决定的。让全体员工从"要我做"变为"我要做"，这是服务企业流程再造的最高境界，也是打造服务团队的精髓所在。

3. 顾客导向策略

顾客导向策略实质上就是要企业管理者和企业员工实现思考中心的转移，即从以企业自身为基点的思维方式转向以顾客为基点的思维方式。这就要求我们在进行一切服务活动的时候，都不仅要考虑顾客的利益，而且要从顾客的角度来考虑问题。这与人们常说的"顾客是上帝"的价值表述是完全不一样的。在实际服务过程中，应从以下几个方面开展工作，让顾客导向的价值观融入企业员工的服务行为体系中。

（1）将这一价值观在企业发展战略和远景规划中充分表述，并植根于员工的心目中。只有让员工主动地、自觉地去完成这个以顾客为中心的价值体系建设，服务流程再造才能得到真正的贯彻。

（2）以顾客满意为目标，自上而下地改进服务体系。首先，领导的以身作则必然会导致上行下效；其次，将优质服务的思想贯彻于企业文化建设中；最后，打破职能界限，对服务过程进行流程式改造。

（3）创造具体的优质服务目标。通过明确的制度使顾客导向这一理念明晰化为对员工的行为期望。例如，企业规定在接到顾客要求服务的电话后，必须在一定时间内服务到位；再如，星级酒店对客房服务人员的服务规范等。

（4）训练员工从顾客的角度去理解和体谅顾客。顾客的满意度在很大程度上取决于需求的满足程度和感觉的良好程度。前者主要通过服务过程获得满足，而后者是顾客的主观感受，服务人员良好的服务态度和服务意识，无疑会给消费者相当大的满足。

（5）给予员工宽松的自主决策的行为空间。服务过程就是服务产品的接受过程，在同一服务过程中，消费者的需求和感受千差万别，管理者不可能在之前对所有的情况都规定清楚，员工也不可能事事请示汇报，企业必须授予员工自主解决问题的权力。要想赢得一位新顾客必须付出一定代价，但留住满意的顾客却无须花钱，而要想赢回不满意的顾客，就要付出高昂的代价。所以危险并不在于员工向顾客承诺太多，而在于他们不敢承诺任何事情——只因为他们害怕违反规定。

同步案例：
酒店核心业务
服务流程

项目小结

顾客满意理念是指企业全部经营活动都要从满足顾客的需求出发，以提供满足顾客需要的产品和服务为企业的责任和义务，使顾客满意是企业的经营宗旨。顾客满意理念包括横向和纵向两个层面。超值服务以顾客为导向，向用户提供最满意的服务。它是贯穿科研、服务、销售全过程的。超值服务是由售前超值服务、售中超值服务和售后超值服务三个子系统构成的服务体系。这三个子系统相互关联、互为条件，共同来完成超值服务的任务。

顾客满意度即顾客接受产品和服务的实际感受与其期望值比较的实现程度。顾客感知是指顾客在购买和使用产品或服务后，对实际效果的感受和认知。顾客期望是指顾客在购买决策前对其需求的服务所寄予的期待和希望。服务企业调查顾客满意度的步骤包括设计专业的问卷、改进满意度测定内容、确定满意度调查因素和权重、利用多种手段进行调查、进行结果分析、满意度调查的后续工作。提高顾客满意度的策略包括明确理念、提供顾客利益、加强沟通、与顾客建立有形的关系纽带、建立消费者数据库、运用情感营销策略、增加消费者剩余、及时妥善处理顾客的抱怨从而挽回不满意顾客。

根据服务流程的形式可将服务流程划分为线性流程、订单流程、间歇性流程；根据服务流程中与顾客接触的程度可将其划分为服务工厂、服务车间、大量服务、专业型服务。服务流程再造是指服务企业或服务部门，从顾客需求出发，以服务流程为改造对象，对服务流程进行根本性的思考和分析，通过对服务流程的过程要素进行重新组合、重新设计，从而使服务真正做到以最终消费者为导向，让服务全方位贴近消费者。服务流程再造的方法包括流程图法、流水线法、授权法。服务流程再造的策略包括变职能中心为流程中心、打造以人为本的自我管理的服务团队、顾客导向策略。

巩固练习

1. 简述服务企业客户满意度调查的步骤。
2. 简述服务流程再造的目标。

项目3 即测即评

实训课业

一、技能训练

（1）如果你是一家餐饮店的老板,你将如何树立服务理念,并具体在哪些方面展现你的理念？

（2）请选择你家附近的一家饭店,帮助其策划如何能给消费者带来更多超值服务的措施。

（3）如果你是一家医药公司的销售代表,请按照工作的客观内容简单列出一张销售流程图。

二、实训项目

服务营销理念的应用

1. 实训内容

要求每名学生选择一家知名企业,认真查阅其相关资料,了解其市场营销理念,特别是服务营销理念。

2. 实训目的

通过学生对企业文化的了解,深刻认识服务营销理念对于企业增强核心竞争力,尤其是可持续发展的重要作用。

3. 实训要求

以分组讨论的方式分析以下问题。

（1）企业的核心价值观是什么？

（2）企业的服务营销理念是什么？企业是如何在实际工作中贯彻执行其服务营销理念的？其效果如何？

项目 ④

服务营销战略

知识目标

1. 了解服务营销规划的含义、过程和内容。
2. 理解制定服务营销战略的总体思路。
3. 掌握服务营销战略的分析方法、基本类型和形式。
4. 了解服务营销组合的七要素。

能力目标

1. 能够应用服务营销战略分析方法为企业选择和制定服务营销战略提供分析报告。
2. 能够结合企业实际情况，为其选择和制定正确的服务营销战略。

素养目标

培育并践行社会主义核心价值观，厚植爱国情怀，提高危机意识和忧患意识。

◎ 案例导入

"三只松鼠"——互联网第一坚果品牌

三只松鼠股份有限公司成立于 2012 年，是中国第一家定位于"互联网＋"食品品牌的企业，三只松鼠开创了中国食品业"互联网＋"线上销售的先河，凭借这种销售模式，在 2012 年"双十一"当天，销售额在淘宝天猫坚果行业跃居第一名，日销售近 800 万元。2019 年全年销售额突破百亿元，成为零食行业首家迈过百亿元门槛的企业。

三只松鼠的快速发展，首先在于其"互联网＋"销售定位吻合了以下趋势：一是年轻人购物方式的改变；二是年轻人消费升级的需求。通过互联网强大的数据获取能力，企业整合优良供应商资源，实现了对生产和运输等环节更严密的控制，更贴近了消费者的需求，最终能快速地为消费者提供更完美的产品。此外，企业在品牌形象、产品包装、品牌互动等方面构建了"萌文化"；通过线上线下、形式创新的广告方式使品牌形象深入人心；创新情感营销，通过随包裹附赠开箱神器"鼠小器"、湿纸巾、密封夹、萌版卡套等小玩意儿，不断追求在细节上提供超出用户期待的消费体验。随后，三只松鼠又在"互联网顾客体验第一品牌"的基础上开设线下门店，迈出全渠道营销的关键一步。线下的三只松鼠投食店强调体验和互动，将以"三只松鼠"为主题的 80 多款 IP 融入店铺的每一个角落，让用户"在消费中娱乐，在娱乐中消费"。

【分析提示】 在网络营销时代，每一个企业都面临着越来越激烈的市场竞争。产品定位和营销策略直接影响企业品牌形象,能否合理使用互联网技术进行品牌推广,也是产品能否占领市场的关键。三只松鼠之所以能够在激烈的市场竞争中脱颖而出,就是在找准自身定位的基础上实施了差异化竞争战略和相应的营销策略。

4.1　服务营销规划

4.1.1　服务营销规划的含义和过程

1. 服务营销规划的含义

服务营销规划是指企业为了达到一定的服务营销目标,在综合分析企业内部资源和外部环境的基础上,制定实现企业目标所需要的战略、策略以及详细计划并实施控制和反馈的整体性活动。

战略、策略和计划是管理上常讲的课题,也是重大的挑战。能否制定出正确的战略、策略和计划,决定着企业竞争能力的强弱和企业的生存与发展。

2. 服务营销规划的过程

(1) 从组织内部和外部环境收集信息,可以运用信息技术和大数据等手段来获取相关信息。

(2) 分析和确认企业内部的优势、弱点和外部的机会与威胁(SWOT 分析)。

(3) 确定成功营销要素的基本假设。

(4) 设定公司的市场目标:主要依据已获得的信息、对各种假设和既定策略进行 SWOT 分析。

(5) 设计、制订详细计划和方案以实现目标。

(6) 衡量完成任务的进度,必要时反思并修正计划。

4.1.2　服务营销规划的内容

1. 企业目标

确定企业目标是企业制定明确战略的第一步,企业有了明确的目标,才会有明确的方向,才会产生内在的驱动力。目标的设置包括以下方面。

1) 市场定位

(1) 服务的销售额。

(2) 企业所占的市场份额。

(3) 服务质量应达到的水平。

(4) 服务拓展的可行性。

2) 创新目标

(1) 服务营销理念创新。

(2) 服务营销方式创新。

(3) 服务营销手段创新。

3）生产率水平

（1）服务劳动效率。

（2）资本产出率。

4）资源开发利用

（1）建筑物、设备的利用率。

（2）技术开发目标。

（3）原材料和部件成本的减缩。

5）利润率

（1）利润及利润率的预期。

（2）利润的使用与扩大投入。

（3）风险奖励。

（4）吸引新资本。

6）管理者的业绩和发展

（1）管理者业绩的目标与具体指标。

（2）管理者培训、学习和晋级。

（3）管理者的职业发展。

7）职工的业绩和态度

（1）职工业绩的目标和指标。

（2）职工服务态度规范。

8）公共责任

（1）企业对国家的责任以及对社会发展和公益事业的贡献。在社会主义阶段,这是制定企业目标的根本。

（2）对社会生态环境保护的贡献。

企业目标有的可以通过量化的方法来体现。例如,一个银行表述的企业目标如下所述。

① 利润——到 2028 年赢利翻一番。

② 增长——到 2028 年年收入增加一倍。

③ 创新——每三年开发一个新的服务项目,而且,它将占用规划启动三年内至少 10% 的全部销售年收入。

④ 形象——提升知名度和美誉度,到 2028 年知名度提升 50%,美誉度提升 30%。

⑤ 服务——增加咨询和延伸服务的附加值,到 2028 年年总收入由 15% 增长到 25%。

⑥ 员工——新增员工 20%,综合素质提高 20%。

2. 态势考察

态势考察是对企业的内在条件、外部环境和发展态势的评审和分析。

1）营销评审

营销评审的目的是收集所有必要数据,从而确定如何在所选择参与竞争的每个营销环节获得成功。数据收集包括两类:企业外部环境的评价和内部评估。这些数据与现有情况和未来发展趋势相关联。营销评审主要包括环境分析、市场分析、竞争分析和企业分析四个方面的综合全面和系统的考察与分析。在每一个方面还可以再划分为若干个细目。例如,经济变量可以划分为通货膨胀、收入、价格、存款和贷款限制等。

　　(1) 环境分析：包括政治、经济、金融、法律、文化、技术、宗教、社会、全球等方面的环境分析。

　　(2) 市场分析：包括规模、增长、市场需求、购买行为、中间商等方面的分析。

　　(3) 竞争分析：包括竞争对手的目标、市场份额、定位与增长、服务质量、营销组合等方面的分析。

　　(4) 企业分析：包括企业目标、市场份额、定位与增长、服务质量、营销组合等方面的分析。

　　营销评审既要全面，又要抓住重点。按照帕累托原则，20％的数据将给出一个满意的营销评审所需的80％的信息。例如，在中国运营的银行可能与宗教没有什么关系，但一个在北爱尔兰运营的银行就可能与宗教有关。

　　2) SWOT 分析

　　SWOT 分析的目的是把营销评审中有意义的数据分离出来，从而发现如何管理才能最佳地满足每个市场的各个环节内顾客的需要，识别那些对企业营销战略形成和实施有潜在影响的趋势、力量和条件。

　　3) 关键假设条件

　　关键假设条件是从态势考察角度辨别那些对营销战略的成败至关重要的因素。具体包括以下内容。

　　(1) 国内生产总值的变化。

　　(2) 经济形势。

　　(3) 预计需求水平。

　　(4) 通货膨胀率。

　　(5) 利率变化等。

　　对关键假设条件的变化，企业要制订应急方案，以保证原有规划的顺利实施。

3. 战略选择

　　战略选择是营销决策中最重要的决策，本项目 4.2 将详细阐述服务营销的战略选择问题。

4. 营销组织

　　为了适应营销环境的变化，实现服务营销目标，必须对营销组织进行科学设计。

5. 方案实施

　　方案实施是对企业实施营销规划的具体时间安排，以及每一阶段要达到的目标及相关策略支持的原则和要点的统筹性、纲要性方案。

4.2　服务营销战略选择

4.2.1　服务营销战略的总体思路

1. 服务营销战略的含义

　　服务营销战略是指服务企业为了谋求长期的生存和发展，根据外部环境和内部条件的变化，对企业所做的具有长期性、全局性的计划和谋略。服务营销战略是企业在组织目标、资源和各种环境机会之间建立与保持一种可行的适应性的管理过程。营销战略被认为是最佳管理七要素(战略、结构、系统、作风、技能、人员和价值观)之首,是企业竞争与成长的利器,制定营销战略实质上就是根据情况选择做最恰当的事,"做恰当的事比恰当地做事更为重要"。

2. 制定服务营销战略的总体思路

制定服务营销战略的总体思路:要在科学分析企业内部资源、能力和企业外部环境的基础上,制定出一个使企业目标、资源、能力和环境相互协调、相互适应的市场竞争战略。

1) 科学分析企业的内部资源和能力

制定服务营销战略是为了在特定的竞争环境中,使企业的资源与顾客的需求达成一致,充分发挥企业业务优势,构建企业的核心竞争力。换言之,制定服务战略是为了在企业已有资源的基础上,形成自身的核心能力。企业资源理论认为,企业是一个资源集合体,它是构成企业经济效益的基础。由于企业的许多资产和能力是长期积累起来的,因此企业的战略选择必然受到现有资源存量以及获取或积累新资源增量速度的限制,这就造成了不同企业之间的战略差异。在资源差异必然产生效益差异的假定下,企业资源理论认为企业之所以赢利,是因为企业内部有形资源、无形资源以及积累的知识在企业间存在差异,而企业可以利用这些资源差异形成低成本优势或差异化优势,从而由资源优势产生企业竞争优势。

根据资源优势产生和支撑企业竞争优势的论断,企业必须对自己的资源进行评估,弄清楚哪些资源是优势资源,哪些资源是劣势资源,通过加强和扩大优势资源使其成为企业持续竞争优势的源泉。一般来说,资源大体上可以分成三大类,即有形资产、无形资产和组织能力。而作为战略性的资源,通常具有三个重要属性:①能为顾客创造价值,而且能比竞争对手更好地满足客户需求,否则这种资源就失去了市场的认可和市场价值;②稀缺性,不为众多企业所拥有,否则就不是战略性资源;③可获得性,这种资源必须是企业现有,或能通过其他途径获得的,否则对企业来说只是空谈。因此,企业的战略资源就是指具有独特价值的、不易模仿和替代的、能够产生竞争优势的资源。

企业能力理论认为,企业是一个能力体系或能力团队,能力是企业生存的前提,它具体表现为行为流程或潜在特点的智力资本、资源等。因此,企业的目标就是改善企业内部的能力配置,形成异质性核心能力,在市场竞争中获取优势。但是,并不是企业所有的资源、知识和能力都能形成持续的竞争优势,只有当这些资源、知识和能力具有稀缺性、价值性、异质性、难以模仿性等特性时,它们才能构成企业的核心能力。由于核心能力的上述独特性,它能够大幅度地增加价值或降低成本,并转化成企业的竞争优势。因此,它是企业竞争优势的源泉,也是企业战略竞争制胜的关键。

资源理论和能力理论是紧密联系不可分割的。企业战略资源是形成企业核心能力的基础和前提条件,同时,企业战略资源在运动过程中,通过借助企业的吸收能力、创新与整合能力、延伸能力等将企业资源转化成为核心能力,从而将战略性资源转化成了企业的战略性能力,即核心能力,或称为核心竞争力,这也是服务企业战略管理的宗旨。

2) 科学分析企业的外部环境

企业的外部环境包括宏观环境和市场环境等,应认清企业发展面临的机会和威胁,并制定出有针对性的、有效的市场竞争战略。

　　20 世纪 80 年代以来,以迈克尔·波特为代表的哈佛学派提出了以企业竞争者、购买方、供应方、替代产品、潜在竞争者五种产业结构力量为元素的竞争力量模型。该理论认为,企业制定战略与其所处的市场环境高度相关,而企业所处的产业环境最为关键。对于不同产业而言,上述五种竞争力量的综合作用是不同的,这导致了不同产业或同一产业在不同发展阶段具有不同的利润水平,进而影响了企业战略的制定。

　　该理论将产业组织理论引入企业战略管理研究领域,侧重从企业所处的行业环境切入,将竞争分析的重点放在企业的外部环境上,认为行业的吸引力是企业赢利水平的决定性因素,即市场结构是决定行业内部和行业间绩效差异的主导力量,市场结构分析是企业制定竞争战略的主要依据。因此,服务企业的竞争优势也来源于服务企业所处的行业结构,以及由此而来的服务企业的具体战略行为。

　　总之,一方面,服务行业的结构限定了服务企业的行业条件;另一方面,服务企业的资源和能力决定了企业可能采取的战略主张。上述两方面共同决定了企业的战略决策,进而决定了服务企业相对于竞争对手为顾客所创造的不同价值。正是这两方面决定了服务企业的竞争优势,这两方面也就构成了服务企业战略制定的总体思路,见图 4-1。

图 4-1　服务企业竞争战略制定框架

4.2.2　服务营销战略的分析方法

　　服务营销战略分析是制定营销战略的重要组成部分和先决条件。根据服务营销战略制定的总体思路,其分析方法可采用 SWOT(strength、weakness、opportunity、threat),此法即是对服务企业的内因分析(优势 S、劣势 W)、环境分析(机会 O、威胁 T),从而确定应选择的战略方针的方法。

　　1. 优势、劣势分析

　　优势是指能使企业获得战略领先并进行有效竞争,从而实现自己的目标的某些强而有力的内部因素和特征;劣势则与其相反。服务企业的优劣势分析一般围绕下述问题展开。

　　(1)企业在行业中的地位。

　　(2)企业的资本状况及融资渠道。

　　(3)企业的目标市场顾客的信赖度、忠诚度。

　　(4)企业服务进入市场的难易度。

　　(5)企业竞争对手的状况。

　　(6)企业决策者、管理者、员工素质。

　　(7)企业与社会有关部门的关系。

　　(8)企业服务开发空间的大小等。

2. 机会、威胁分析

机会是指企业营销行为富有吸引力的领域,在这一领域中,该企业将拥有更多的发展空间和优势;威胁则是指环境中对企业不利趋势所形成的挑战,面对这些挑战企业若不采取趋利避害的营销决策,则会导致企业市场份额被侵蚀。服务企业的营销机会与威胁分析一般围绕以下问题展开。

(1) 是否有新的商机或新的竞争对手入侵。

(2) 是否创新替代服务或被替代服务所取代。

(3) 国际、国内市场的变化是否有利于服务企业。

(4) 各类环境的变化对服务企业的发展是利还是弊。

(5) 企业的定位是否得当等。

3. 服务营销对策分析

服务企业制定营销对策时,可将企业的内因(优势、劣势)和外因(机会、威胁)进行综合分析,形成图 4-2,分别表示不同的对策选择。

(1) SO 战略,即扩张性对策。这时企业内部拥有优势,而环境又提供了机会,这是理想的最佳状态。扩张性对策可以采取以下具体措施:①外延扩张式,即扩大目标市场范围和领域,增设服务网点,拓宽服务渠道,扩大营销队伍;②内涵积累式,即通过技术改进、成本降低,以追求高收益率;③资本营运式,即通过资本营运,实行特许经营、兼并、联合等方式加以扩张。

图 4-2　服务营销对策分析图

(2) WO 战略,即防御性对策。这时内部条件已处于劣势,但外部环境尚有机会,企业要趋利避害。防御性对策最主要的举措是不断利用环境提供的市场发展机会,引入创新机制,不断推出新的服务,淘汰陈旧过时的服务。

(3) WT 战略,即退出性对策。这时企业内部处于劣势,而外部又处于威胁状态,要果断撤离。

(4) ST 战略,即分散性对策。这时企业内部拥有优势而外部则受到威胁,关键是善于运作。分散性对策主要是指多元化对策,多元化对策包括同心多元化、水平多元化、跨领域多元化等。分散性对策的目的在于分散营销风险,是采取关联性多元化还是非关联性多元化要依据企业的情况而定。

📝 **见微知著**

华为的芯片之路:从危机到突破的创新故事

芯片是核心电子产品,也是科技创新的关键要素。没有芯片,就没有智能手机、计算机、互联网、人工智能等现代科技。目前,全球芯片产业链主要由三个环节组成:设计、制造和封装测试。其中,设计环节主要由美国、中国等国家和地区的企业主导;制造环节主要由韩国、中国台湾等国家和地区的企业主导;封装测试环节则比较分散,有多个国家和地区参与。

华为在芯片设计方面有着不俗的实力,然而,在芯片制造方面,华为却受制于人,因为它没有自己的芯片制造厂，而是依赖于外部供应商，如台积电、三星等。这些供应商使用的设备和材料大多来自美国或受美国控制。因此，当美国对华为实施制裁和断供时，华为就陷入了困境。

2018 年，美国对华为进行芯片断供限制和打压。2018 年 4 月 16 日和 5 月 6 日，美国商务部发布公告要求美国芯片供应商禁止向中兴和华为提供相关产品和相关技术。

限制政策出台当晚，华为迅速启用其秘密研发已久的"麒麟"芯片和"鸿蒙"操作系统来对抗美国芯片及技术断供，"备胎计划"立刻转正。在各方努力下，当年华为经营业绩基本未受到影响，实现净利润 593.5 亿元，销售增长率接近 20%，收入和利润相比上年均实现稳定增长。

华为在此次美国断供危机下的表现，证明了信息高科技企业应对断供危机需要未雨绸缪的长期研发投入准备。

企业危机意识是指企业对紧急或困难关头的感知及应变能力。"破窗效应"告诫人们：在不良事件发生之初若不加以重视，这些起初看似"无关痛痒"的小事最终可能会导致无法挽回的后果。由此可见，树立危机意识，在风险发生之初就加以遏制不仅是企业保持持续经营的前提，更为其未来的多元化发展提供了保障。

不仅企业要有危机意识和忧患意识，作为新时代青年，面对波谲云诡的国际形势、复杂敏感的周边环境、艰巨繁重的改革发展稳定任务，更应该居安思危，认清国家安全形势、增强危机忧患意识、树立国家安全观念，在风险挑战中磨炼本领，共同夯实国家安全的社会基础与物质基础。

4.2.3　服务营销战略的基本类型和具体服务形式

1. 成本领先战略

1）成本领先战略的含义

成本领先战略是指服务企业通过降低服务总成本，使其以低于竞争对手的服务总成本吸引更多的顾客，实现企业赢利。成本领先战略逻辑体现在两方面：①大规模可以带来规模经济效应，这将有效降低服务总成本；②低成本的服务，可以有效降低顾客的服务支出。

企业在整个行业中的成本结构及其地位，取决于企业的价值链效率。因此，服务企业要实施低成本战略，就必须提高企业的价值链效率。一般来说，价值链效率可通过以下两条途径实现：①从宏观上改善整条价值链；②在价值链基本不变的前提下，对单个价值活动的效率予以改善。因此，成本领先战略的具体实施方式主要有以下两种。

（1）重组价值链。所谓重组价值链，是指企业对现有价值链进行大幅调整或重新设计，使其以不同于竞争对手的方式更高效地设计、生产或销售。重组价值链的方向：①使价值活动的组合与排序更为合理；②对价值活动的内容及性质做出大幅度的合理调整。例如，春秋航空公司就是通过对价值活动内容的重新界定显著降低了成本，一举成为 2023 年中国最赚钱的上市航空公司。

（2）控制价值链中的部分环节。所谓控制价值链中的部分环节，就是瞄准占总成本比例较大或比例在不断增长的价值活动，并对其进行有效改善。企业价值链中的成本，主要受到一些结构性因素的影响，这些因素也就是成本驱动因素。因此，企业要控制价值链部分环节，就是要对相关成本驱动因素，特别是对企业价值活动成本影响较大的驱动因素进行有效控制,削减各成本驱动因素对企业价值活动的不利影响。表 4-1 列举了价值活动与主要成本驱动因素之间的对应关系,企业可以对这些价值活动中相应的成本驱动因素加以关注和分析,并适时采取相应的成本控制措施。

表 4-1 价值活动与主要成本驱动因素之间的对应关系

价 值 活 动	主要成本驱动因素
内部后勤	地理位置、供应的纵向联合程度
生产管理	学习、规模经济、技术政策、购买资产的时机选择
外部后勤	订货规模、同企业内其他经营单位的关系、地理位置
市场和销售	广告规模、市场大小、销售人员利用率
服务	服务网络规模、同企业内其他经营单位的关系
企业基础建设	地理位置
人力资源管理	人力资源政策
技术开发	纵向联合程度、与其他经营单位的联系、企业内部政策
采购	采购政策、纵向联合程度、购买规模

实施总成本领先战略必须具备三个基本前提条件:服务产品的品质相同;企业资金实力雄厚;服务功能相同。

实施总成本领先战略还可以采取以下途径:调整企业资产结构和服务品种结构;压缩费用,减少支出;改善分销渠道和促销措施;在高成本、劳动密集型的活动中实现自动化、智能化等。

2) 成本领先战略的具体服务战略形式

成本领先战略的具体服务战略形式是服务成本与效率战略,该战略形式是指企业通过降低服务成本和提高服务效率,从而降低服务价格水平和顾客的支出成本,使顾客满意,使企业占有较高的市场占有率。采取何种形式有效降低服务成本和提高服务效率是该战略能否实现的关键,可供选择的具体形式如下。

(1) 采用非现场服务。服务的一个明显特性就是服务生产与顾客消费通常是同时进行的,这势必增加服务现场中企业与顾客间的互动,从而提高了企业的服务成本。根据顾客与服务组织之间相互作用的性质,可以将服务分为顾客到服务场所、上门服务和远程服务三大类。由于电信技术和交通设施的发展,企业与顾客间的联系已经非常方便,这使企业有可能将一些服务的交易过程和作业过程分离,从而减少顾客的参与和互动。例如,京东推出了自营"安心洗护"服务,京东快递员上门取件后将衣物包裹送至京东指定的中央洗护工厂提供洗护服务,这样就避免了顾客参与服务过程。将服务交易与服务作业分离,就使服务企业的运作像工业那样可以在后台高效率地进行,进而降低了服务成本。

(2) 减少服务过程中人员的互动。这是与服务标准化相对应的,服务标准化的目的之一就是减少服务人员与顾客之间的互动。如手机银行和网上银行的普及,使顾客不必到银行与银行职员进行面对面的接触,这样既便利了顾客,又降低了银行业务的交易成本。一般来说,这类服务形式适用于低接触性的服务需求,而对高接触性需求的顾客是不合适的。同时,企业需要尽量降低顾客使用的技术门槛,便于顾客的使用。

(3) 实施标准化服务。服务标准化是与服务个性化相对的,其目的就在于通过服务运作和传递的工业化技术,减少服务过程中服务人员与顾客之间的互动,从而降低企业的服务成本。

　　随着技术的进步,不少服务企业都尝试应用服务的工业化和标准化技术。例如,西贝通过对供应链端的深刻变革和创新,实现了菜品的全面标准化。在环境与服务上,西贝把工作拆分成从前厅到后厨2000多个工作节点,由此实现了人员服务的统一和标准化。从产品到服务到环境,西贝对“标准化”的极致追求,让其实现了统一和高效,加快实现全国性高速扩张。

　　(4) 寻找低成本顾客。服务企业可以从以下几个不同角度识别和寻找低成本顾客。

　　① 考察顾客服务需求的特性。如果顾客没有特殊的服务需求,企业就可以为他们提供大众化的服务,这样就可以有效降低企业的服务成本。如一些大型超市,沃尔玛、家乐福、麦德龙等国际零售企业,其服务定位就是那些愿意批量购买、追求实惠、不需特别服务的顾客,这类顾客的服务成本较低,这也是沃尔玛、家乐福、麦德龙等国际零售企业得以实现低成本服务战略的重要依据。

　　② 考察顾客服务的预订程度。如果顾客经常使用企业的服务预订系统,那么就等于顾客将自己的服务需求交由服务企业管理,这将有利于服务企业对总体服务的供需平衡进行有效管理,通过疏导顾客服务需求的时间安排,尽量避免某一时段服务过分拥挤的现象,这样既可以避免在服务高峰期发生部分顾客因为拥挤和排队而流失的后果,也可以避免服务企业为了应付某一需求高峰期可能增加服务人员和设施投入而增加的企业成本。

　　③ 考察顾客在服务中的参与程度。如果顾客参与服务程度较高,就可以减少服务人员的投入,降低服务成本。如瑞典的宜家家具超市,鼓励自助型(do it yourself,DIY)的顾客,让他们自己组装家具,搬运家具,从而降低了服务成本,同时又使顾客从中获得了价格优惠。

　　④ 考察顾客的风险程度。如人寿保险企业经常会把年轻人作为目标顾客,因为与老年人相比,年轻人身体健康,发病、死亡的概率更低,企业可以降低保险成本。

▣ 同步案例

春秋航空降低服务成本战略

　　春秋航空是国内首家低成本业务模式的航空公司,从2005年开始运营三架飞机,到目前已拥有100多架飞机。最广为人知的是,原价1800元的机票,在春秋航空只需要几百元;即使各个航空公司的机票都会打折,春秋航空仍然会比其他航空公司便宜;运气好一点还会遇到99元甚至9.9元的特价票。即使票价这么低,2012年,春秋航空的投资回报率却高达12.5%,是东航同期的5倍,其中的成本优势更为突出。

　　这是因为春秋航空采取了“两高两低两单两控”的战略措施。“两高”就是高上座率、高周转率,“两低”就是低成本、低价格,“两单”是单一经济舱飞行和单一机型,“两控”是控制销售费用、控制管理费用。

　　春秋航空公司的短途飞行,普遍不提供免费餐食,换前排座位需要付费,免费携带的行李少;春秋航空不设商务舱、头等舱,只设置单一的经济舱位,较其他公司提供的座位数通常采用两舱布局的A320飞机,高15%~20%,有150~160个座位,有效摊薄单位成本;春秋航空只有A320这一种中型机型,且在集中采购和维修过程中,成本降到最低。

　　除此以外,春秋航空还会在飞行过程中卖货,比如,带有公司标志的丝巾等,以此增加收入,提供差别服务。

　　春秋航空的目标客户是价格敏感人士、节俭型人士、基层商务人士以及学生。客户虽然不认为春秋航空为其提供了很好的服务,但因为低廉的票价,对欠缺的服务具备更大的容忍度。

所以,所谓战略必是有所为,有所不为。

2. 差别化战略

1) 差别化战略的含义

差别化战略是指企业针对顾客的独特需求,设计和创造个性化的服务,以赢得顾客的消费偏好,提高服务传递价值和顾客感知价值,从而实现企业赢利。随着社会的进步和经济的发展,一方面,由于技术的成熟和管理的完善,以及这些技术与管理在不同企业之间的迅速扩散,致使企业降低成本的空间日渐缩小;另一方面,消费者收入水平的提高,对服务质量的要求也日益提升,非价格竞争的因素在争夺顾客中所起的作用越来越重要。因此,差别化战略应用日益广泛。

差别化战略的目标是发现顾客的独特需求,并设法满足。因此,差别化战略的实施可以从以下四个方面考虑。

(1) 认识独特性的来源。独特性的来源极其广泛,它可来自价值链上的每一个环节、每一个方面。企业在某种价值活动中的经营差别取决于一系列基本驱动因素。企业只有辨认这些具体的驱动因素,才能从中创造经营差别化的新形式。

(2) 识别顾客的购买标准。服务的差别化,最终依赖于顾客的感知和认可。差别化不是简单的标新立异,而是建立在顾客需要的基础上,它只能是符合顾客购买标准的标新立异。因此,实施差别化战略,非常重要的一点就是识别顾客的购买标准。顾客的购买标准可分为使用标准和信号标准,前者是指企业在满足顾客需求过程中创造价值的具体尺度,后者是指顾客借以判断产品是否符合其使用标准的一组信号。服务企业应该充分理解和深入分析这两方面的标准,并以此作为企业生产、提供和传播的准则。

(3) 获取满足顾客需要的独特性。企业所提供的服务只有符合顾客的独特需要,才具有买方价值与市场价值,才能转化为企业的生产力。因此,服务企业必须在符合顾客购买标准的前提下,才能获取满足顾客的独特需求,这正是服务企业进行有效服务和提供价值的基础。

(4) 使顾客感知并认同企业所提供服务的独特性价值。由于服务的无形性、异质性等特点,顾客评价服务的难度比评价有形产品更大,相比而言,顾客将面临更大的购买风险。为此,顾客希望服务企业能提供一些简单明了的信息帮助其做出购买决策。服务企业在保证服务独特性、满足顾客使用标准的同时,要注重信号标准的建立与宣传,使顾客更容易感知服务的独特价值,提高企业服务的独特性价值。

实施差别化战略的企业必须具备以下前提条件:创造性的眼光;强大的市场营销能力;服务方面享有盛誉;拥有传统的优质技能;销售渠道的合作伙伴强有力的合作。

2) 差别化战略的具体服务形式

(1) 服务定制化与个性化战略,是指服务企业通过对顾客服务需求的差异化进行分析,为不同的顾客提供不同的服务,提高顾客的感知服务质量,进而提高顾客的利益所得,达到顾客满意,使企业占据稳定的市场份额的战略。因此,服务定制化与个性化战略的核心,就是采取何种形式形成企业的服务差别化。

随着人们收入水平的提高,顾客越来越要求有个性化的服务以满足自己的需求。由于信息化技术的发展,顾客可以更加方便地与企业进行沟通,共同设计服务。同时,企业柔性生产能力得到提高,企业有能力根据顾客的个性化需要调整服务计划,为顾客提供定制化的服务品种。于是出现了大规模定制化,即在大规模基础上,定制化服务的开发、运作、营销和传递。大规模定制化将大规模化的效率、低成本和顾客定制化的差异优势有机结合起来,如汉堡王推行"点后再做"的定制策略与麦当劳的标准化服务相比就形成了明显的差别化特征。

大规模定制化要求服务企业真正树立起顾客关系管理观念,倾听顾客的声音,满足顾客内心的真实需求。互联网的发展,便利了顾客与企业之间的直接沟通,这也是未来顾客定制化的一个重要平台。服务定制化的方法和形式主要包括以下几种。

① 模块组合定制化服务,是指服务企业根据自己所处行业的特点及不同的顾客需求,开发不同的服务模块,这些独特的服务模块可以进行不同的组合,最终形成不同的服务品种,供顾客选择。旅游公司可以为游客提供不同的服务组合,如不同的饭店、航班、停留时间等,旅游者可以根据自己的实际情况选择不同的组合,设计自己的旅行计划。

② 交付地点定制化服务,是指服务企业根据顾客的需要,按照顾客指定的地点进行服务。如家教服务、医疗服务等,服务人员就可以到顾客的住所、单位等指定地点服务。

③ 自我设计定制化服务,是指服务企业根据顾客自己的设计需求,提供相应的服务。例如,通过互联网提供的网上购物服务、自动票务系统等,顾客可以根据自己的需求,在手机上进行操作,输入特定的指令,手机就会为顾客提供相应的个性化服务,如订票服务系统等。

④ 非核心定制化服务,是指服务企业在核心服务之外,为顾客提供一些附加但对顾客有重要意义的选择性服务。例如,宾馆通常提供的标准化的核心服务是为旅客提供相应档次的住宿服务。除此之外,宾馆可以提供不同类型的客房,如允许吸烟的房间和不允许吸烟的房间,或者提供尺寸大小不同的床铺,为商务旅客提供笔记本电脑或传真服务等,以吸引不同需求的顾客。

▨ 同步案例

海底捞的差异化服务战略

餐饮业是一个主要由产品质量和服务质量决定企业竞争力的行业,在产品种类和质量大致相同时,不同的服务决定着顾客不同的满意度。对于餐饮企业来说,这种战略的应用主要表现在餐厅服务的差异化。海底捞的餐厅服务差异化的鲜明特点是深度的、人性化的、全程化的超值服务,具体表现如下。

1. 餐前服务

当客人开车来时,有免费的停车位,免费为客人洗车;走进里面,如果人很多,客人可以坐在那里享受免费的瓜子、甜品、水果、饮料;还有儿童专区。如果有很多客人在等待,服务员还会主动送来扑克、跳棋等桌面游戏供大家打发时间。或者趁等位的时间到餐厅上网区浏览网页,还可以来个免费的美甲和擦皮鞋,使本来很无聊的等餐过程变成了一种愉悦体验。

2. 餐中服务

待客人坐定点餐时,围裙、热毛巾已经一一奉送到眼前了。服务员还会为长发的女士递上皮筋和发夹,以免头发垂落到食物里;戴眼镜的客人则会得到擦镜布,以免热气模糊镜片;服务员看到客人把手机放到台面上,会不声不响地拿来小塑料袋装好,以防油腻……每隔15分钟,就会有服务员主动更换客人面前的热毛巾;如果客人带了孩子,服务员还会帮客人喂孩子吃饭,陪他们在儿童天地里做游戏;抽烟的人,他们会送上一个烟嘴,并告知烟焦油有害健康;为了消除口味,海底捞在卫生间准备了牙膏、牙刷,甚至护肤品;过生日的客人,还会意外得到一些小礼物……如果客人点的菜太多,服务员会善意地提醒客人已经够吃;如果随行的人较少,他们还会建议客人点半份。每张位子边至少一名服务员,几乎满足客人的所有要求。

3. 餐后服务

餐后,服务员马上送上口香糖,一路上所有服务员都会向客人微笑道别。孕妇会得到海底捞服务员特意赠送的泡菜,分量还不小;如果某位顾客特别喜欢店内的免费食物,服务员也会单独打包一份让其带走……

这就是海底捞的粉丝们所享受的"花便宜的钱买到星级服务"的全过程。毫无疑问,这样贴身又贴心的"超值服务",经常会让人流连忘返,一次又一次地不自觉地走向这家餐厅。这种超出顾客期望的、令人感动的、深度、人性化的、有别于其他竞争者的超值服务就是海底捞成功的奥秘。

海底捞人深刻地认识到:只有让顾客满意的服务才是成功的服务,那么,怎样做才能使服务让顾客满意呢? 那就是提供人性化的、让顾客想象不到的、令他们感动的超值服务。即使顾客打个喷嚏,海底捞的服务员也会察觉并送来姜汤,这种服务怎能不令顾客感动? 他们的服务是完全超出顾客期望值的、是意想不到的,而且他们明白,这种服务在其他餐厅是绝对享受不到的。在海底捞,顾客成了名副其实的上帝。

在当今市场竞争异常激烈的时代,产品质量和服务质量对企业来讲是同等重要的。顾客的品位不同,但他们对服务质量的追求大同小异,所以海底捞凭借独特的服务可以在肯德基、麦当劳称霸的餐饮业占得一席之地。

资料来源:周宪奇.海底捞的服务案例分析.道客巴巴网.

(2) 服务质量战略,是指服务企业力图在服务质量上与竞争对手形成差异,提高顾客的感知质量水平,达到顾客满意,建立顾客忠诚。一般来说,顾客对服务质量的感知主要来自两方面:一是服务结果质量;二是服务过程质量。服务企业对不同质量维度给予不同程度的重视,形成了不同的服务质量战略类型。以结果质量和过程质量为两轴,在不同象限的不同区域构成了不同服务企业的不同战略定位,见图 4-3。

① 服务结果质量战略。服务结果质量是指服务运作过程的结果,它是顾客在服务过程结束后的"所得",是顾客对服务企业提供给他的技术产出的感知。虽然服务是无形的,但对"得到了

图 4-3 服务企业质量战略定位

什么服务",尤其是当某项服务有特定结果时,顾客就能以该结果为基础来判断服务的有效性。由于结果质量主要与技术相关,因此顾客对结果质量的衡量还是比较客观的。为此,服务结果质量又称为技术质量。服务结果质量战略是指服务企业强调在服务结果方面与竞争对手的差异,突出服务中更容易感知的层面的战略。

服务结果质量战略经常应用到搜寻性服务以及经验性服务类型中,因为这两类服务与信任性服务相比,它们具有更强的可感知性。对于搜寻性服务来说,顾客在消费前即可得到

与服务的相关信息；对于经验性服务来说，顾客在消费之后也容易对感知服务质量做出评价与判断。因此，顾客对最终得到了"什么样"的服务更为重视。可见，服务结果质量是强调服务企业的工具性绩效。因此，如果服务企业通过分析确认自身所提供的服务属于搜寻性服务或经验性服务，则可以将战略重点放在服务结果质量战略方面。

②服务过程质量战略。服务过程质量是指顾客接受服务的方式以及在服务运作和服务消费过程中的体验，它是指服务的方式，即顾客是如何得到服务的。顾客通常重视服务企业提供服务的方式，因此，服务过程质量对顾客的感知服务质量评价具有十分重要的影响。为此，服务过程质量又称为功能质量或互动质量。服务过程质量战略是指服务企业强调在服务过程方面与竞争对手的差异，突出服务中不容易感知的层面的战略。

服务过程质量战略经常应用到信任性服务，因为这类服务与搜寻性、经验性服务相比，它的可感知性更低，即使是在消费后，顾客也很难对服务质量做出客观的评价与判断。因此，顾客更重视服务的过程因素，他们往往是通过对服务过程的感知来形成最终的服务质量评价。可见，服务过程质量是强调服务企业的情感性绩效，因此，如果服务企业通过分析确认自身所提供的服务属于信任性服务，则可以将战略重点放在服务过程质量战略方面。

服务结果质量战略与服务过程质量战略二者之间并不是非此即彼的关系。相反，它们是相辅相成的。如果没有一定的服务结果为基础，那么服务过程再好，也无法满足顾客的基本需求；同理，即使企业非常重视服务结果质量，但如果服务过程中顾客抱怨很多，他们也很难对服务质量做出正面的评价，最终会影响顾客对服务结果质量的评价。因此，服务结果质量战略与服务过程质量战略二者应当是任何一项服务的内在组成部分，不可分割。服务企业的战略选择，只是在结果和过程之间寻找一个适当的平衡点。相对而言，是突出服务结果质量还是突出服务过程质量，这取决于企业所提供的服务类型，企业可以从搜寻性、经验性、信任性等不同服务性质方面进行分析和取舍。

（3）服务市场标准，是指顾客对服务行业所提供服务的惯例要求，这种顾客角度的要求往往也成为服务企业参与竞争的标准。

通常顾客在选择服务企业之前，首先会根据自己的基本需求，确定可选的服务企业范围；然后，对这些潜在的可选服务企业进行比较，进一步做出选择；顾客在接受服务之后，如果服务企业在某些方面未能有效满足自己的愿望，顾客可能将该服务企业排除在选择清单之外，这样企业就出现了顾客流失。因此，服务企业应当清晰地了解自己所处行业的服务市场标准，并针对不同的服务市场标准采取相应的措施和对策。

①服务资格标准，是指服务企业要参与某一市场的竞争所必须具备的竞争实力。因为只有具有与其他竞争对手相近的实力时，顾客才会考虑选择该企业的服务，该企业才会进入顾客的选择清单中。换言之，服务资格标准就是服务企业参与行业竞争的起码条件或敲门砖。例如，在宾馆行业，不同的星级就代表了不同宾馆参与不同市场竞争的资格标准，三星级宾馆是无法吸引五星级的目标顾客的，因为它与五星级宾馆处在显著不同的市场定位上。换言之，它们的服务资格标准是不一样的。因此，服务企业必须根据自身的市场定位，了解相应的服务资格标准，这也是企业进入特定市场应该具备的资格条件。

②服务优胜标准，是指服务企业在具备服务资格标准之后，参与竞争赢得顾客的吸引力所在。这种吸引力可能表现在多个方面，如价格、质量、品牌等，它们主要体现为一种差别化特色。服务优胜标准与服务资格标准不同，它通常并没有一定之规；相反，它是权变的，

如在中档的中餐饭店中,不同的顾客之所以选择不同的饭店,顾客可能有不同的理由,这些不同的理由可能就成为相应的服务优胜标准。同样,同一顾客在不同的时间去中档的中餐饭店就餐,也可能有不同的选择,顾客也有其不同的考虑和想法,这些不同的考虑和想法也同样可能成为相应的服务优胜标准。因此,服务企业要深刻掌握不同顾客的需求心理,以及同一顾客的心理变化情况,在不改变企业服务定位的基础上,相应地推出自己的服务特色,吸引更多的顾客,从而成为行业的优胜者。

③ 服务失败标准,是指服务企业在竞争过程中,导致顾客流失的原因。不同行业顾客流失的共同原因是顾客期望没有得到满足,顾客感知服务质量低于其感知成本付出,致使顾客转向接受其他竞争对手的服务。服务失败标准可以有多种表现:它既可能是企业在服务资格标准方面有问题,也可能是在服务过程中的某一细节有问题;既可能是服务结果质量的问题,也可能是服务过程质量的问题。为此,服务企业需要对行业中的服务失败标准进行分析,并尽最大努力避免这些问题在本企业中发生。

服务资格标准、服务优胜标准和服务失败标准三者之间存在着内在的联系,不具备服务资格标准的服务企业,是无法谈论服务优胜标准的;具备服务优胜标准的服务企业,必然具备服务资格标准。一般来说,服务资格标准可以理解为顾客的保障因素,而服务优胜标准可以理解为顾客的激励因素。但随着竞争的加剧,服务企业可能会将某些激励因素转化为保障因素,从而提高行业的服务资格标准。对于服务失败标准来说,克服服务失败标准,显然不是吸引、保留顾客的充分条件,但却是必要条件。在此基础上,服务企业应该不断创新,形成自己的服务优胜标准,努力成为行业中的优胜者。

知识链接:
服务差异化的途径

3. 集中化战略

集中化战略是指服务企业把产业中的一个或一组细分市场作为企业的服务目标,依托企业资源与局部竞争领域的良好适应性创造企业的局部竞争优势。实施集中化战略的企业,既可以在目标竞争领域中寻求成本优势,也可以在目标竞争领域中寻求差别化优势。因此,集中化战略又可以分为成本集中战略和差别集中战略两大类。

服务企业之所以选择实施集中化战略,可能是出于不同的原因与考虑:①由于企业实力较弱,难以在大范围的市场展开竞争,转而在局部区域谋求竞争优势;②由于市场与产业的同质性较弱,存在一些未被占领的细分市场机会,企业趁机进入。一般来说,服务企业可以根据市场细分的步骤,寻找行业中潜在的市场机会,从细分市场的规模与增长速度、细分市场竞争状况,以及企业的资源与能力等方面进行分析和考虑。集中化经营的积极意义在于:资源的相对集中,能保证成本领先优势;活动范围的缩小,促使企业采取科学管理方式;企业经营方向和目标十分明确,风险较小。其局限性在于,企业竞争范围狭窄,企业的应变能力较弱。

集中化战略的实施必须具备以下条件:市场需求具有较大规模并具有明显的不同的顾客群;服务特点适宜于专业化经营;适合于按标准化管理的企业。

4. 多元化战略

多元化战略又称多角化战略,是指一个企业同时经营两个以上行业的服务产品的市场经营战略。多元化经营是在企业内部各项功能高度分化和专业化,并拥有协调方式的情况下而采取的分散风险的战略。

实施多元化战略的前提条件：所有服务品种都处于市场生命周期的同一阶段；所有服务品种都是风险品种或滞销品种；所有服务品种都存在对某种资源的严重依赖。

多元化经营可分为以下几类。

(1) 不相关多元化。一个企业的主要业务收入低于企业全部收入的 70%，而且其他业务与主业务之间不具备相关性。

(2) 相关—关联型多元化，又称同心多元化。主业收入占总收入的比例低于 70%，但与其他相关业务(并不与主业直接相关)总共所占的比例超过 70%。

(3) 相关—延长限制型多元化。主业收入不超过 70%，但与其他直接与主业相关的业务一起所占的比例超过 70%。

(4) 优势垂直型多元化。垂直整合的业务收入占总收入的 70%以上。

多元化战略的利弊都十分明显，成功与失败的案例很多，企业选择此战略应十分慎重。

4.3 服务营销组合

微课：服务营
销组合

4.3.1 服务营销组合的含义

服务营销组合是指服务企业对可控的各种市场营销手段的综合运用。具体地说，就是服务企业运用系统的方法，根据企业外部环境，把服务市场营销的各种因素进行最佳的组合，使其互相协调配合，综合地发挥作用，实现服务企业的战略目标。

4.3.2 服务营销组合的七要素

服务业的营销组合(7P)如表 4-2 所示。

表 4-2 服务业的营销组合(7P)

要 素	内 容
1. 品种	(1)领域；(2)质量；(3)水准；(4)品牌；(5)服务项目；(6)保证；(7)售后服务
2. 价格	(1)水准；(2)折扣(包括折让及佣金)；(3)付款条件；(4)顾客认知价值；(5)质量/定价；(6)差异化
3. 地点或渠道	(1)所在地；(2)可及性；(3)分销渠道；(4)分销领域
4. 促销	(1)广告；(2)人员推销；(3)销售促进；(4)宣传；(5)公关
5. 人	(1)人力配备：①训练，②选用，③投入，④激励，⑤外观，⑥人际行为；(2)态度；(3)其他顾客：①行为，②参与程度，③顾客/顾客接触度
6. 有形展示	(1)环境：①装潢，②色彩，③陈设，④噪声水准；(2)装备实物；(3)实体性线索
7. 过程	(1)政策；(2)手续；(3)器械化；(4)员工裁量权；(5)顾客参与度；(6)顾客取向；(7)活动流程

1. 品种

服务产品是一种特殊的商品。服务品种应考虑服务范围、服务水准、服务质量、服务品牌、服务保证(或承诺)和售后服务等。要提高服务品种的竞争能力，就需要将这些因素有机地组合。

2. 价格

价格方面要考虑的要素包括价格水平、折扣、折让和佣金、付款方式和信用。在区别一项服务品种与另一项服务品种时,价格是一种识别方式,顾客可以从服务品种的价格感受到其价值的高低。价格与质量间的相互关系,是服务品种定价的重要因素。

3. 地点或渠道

提供服务的所在地及其地缘的可及性都是服务营销效益的重要因素。地缘的可及性不仅是实物上的,还包括传导和接触的其他方式。分销渠道的类型及其涵盖的地区范围都与服务的可及性密切相关。

4. 促销

服务促销是为了提高销售,加快新服务品种的引入,加速人们接受新服务品种的沟通过程。促销包括人员促销与非人员促销两大类,而非人员促销又包括广告、销售促进、宣传、公关等营销沟通方式。

5. 人

由于服务过程与消费过程同时进行,服务人员或者在服务企业担任服务(或操作性)角色的人在服务品种的营销过程中扮演着服务实施和服务销售的双重角色,因而,在顾客看来其实就是服务品种的一部分,这在那些经营"高接触度"的服务企业尤其如此。所以,服务企业必须十分重视对服务人员的甄选、训练、激励和控制。

6. 有形展示

有形展示会影响消费者(顾客)对于一家服务企业的评价。有形展示包括的要素有:实体环境(装潢、色彩、陈设、噪声),提供服务时所需要的装备实物(如餐饮企业盛菜用的餐具,出租汽车公司所需要的汽车),以及其他实体性线索(如超市包装用的方便袋)。

7. 过程

服务过程对服务企业是一个十分重要的因素。在服务营销过程中必须重视服务实施和服务的递送。在服务的过程中服务人员表情愉悦、专注和关切对提高顾客的满意度或消除顾客的不满都是有好处的。因此,服务企业的经营管理者必须重视企业整个服务体系的运作政策和程序方法的采用、服务供应中机械化程度、员工裁量权、顾客参与服务操作过程的程度、咨询与服务的流动、订约与等候制度等。

服务营销组合包括七项要素,而不是品种、价格、渠道、促销四项要素(即 4P),其主要原因如下。

(1) 4P 的营销组合是根据制造业的情况确定的。由于服务业的非实体性特征,决定了适用于实物产品的营销组合并不能适应服务业的需要。

(2) 服务业的营销实务从事者认为实物产品的营销组合内容不足以涵盖服务业的需要。在实践中服务业管理者发现,若与制造业公司相比,他们必须要应付一些显然不同性质的问题。例如,维持服务质量的问题;从事服务的人成为"服务"的一部分;服务不能申请专利;服务一般没有库存等。

(3) 越来越多的证据显示,实物产品营销组合的层面和范围,不适用于服务业管理,有一系列的要素(如人员、有形展示和过程)是传统的实物产品营销组合框架所未能涵盖的。

项目小结

服务营销规划是指企业为了达到一定的服务营销目标,在综合分析企业内部资源和外部环境的基础上,对实现企业目标所需要的战略、策略和详细计划制订并进行控制和反馈的整体性活动。服务营销规划的内容包括企业目标、态势考察、战略选择、营销组织和方案实施。

知识链接:4P 营销组合与 7P 营销组合的比较

服务营销战略是指服务企业为了谋求长期的生存和发展,根据外部环境和内部条件的变化,对企业所做的具有长期性、全局性的计划和谋略。制定服务营销战略的总体思路是:要在科学分析企业内部资源、能力和企业外部环境的基础上,制定出一个使企业目标、资源、能力和环境相互协调、相互适应的市场竞争战略。根据服务营销战略制定的总体思路,其分析方法可采用 SWOT,即是对服务企业的内因分析(优势、劣势)、环境分析(机会、威胁),从而确定应选择的战略方针的方法。服务营销战略包括成本领先战略、差别化战略、集中化战略、多元化战略等类型。

服务营销组合是指服务企业对可控制的各种市场营销手段的综合运用。服务营销组合的七要素包括品种、价格、地点或渠道、促销、人、有形展示、过程。

巩固练习

1. 简述服务营销组合的七要素。
2. 简述制定服务营销战略的总体思路。

项目 4 即测即评

实训课业

一、技能训练

(1)国际著名零售企业家乐福是实施差别化战略的典型代表,到图书馆和网上搜集、阅读有关家乐福的资料,分析说明它是如何成功实施这一战略的? 这一战略的优越性是什么?

(2)北京庆丰包子铺等快餐企业在外卖平台推行的"先点后做再送"服务策略,属于什么类型的服务营销战略? 推行这一服务营销战略的客观原因和好处是什么?

(3)消费者利用计算机和手机在网上购物、买火车票、飞机票和电影票等属于服务企业提供的服务差别化战略的哪种具体战略和形式? 这种战略和形式对消费者和服务企业的好处是什么?

(4)旅游公司为游客提供不同的服务组合,如不同的航班、停留时间、旅馆、饭店、景点等,旅游者可以根据自己的实际情况选择不同的组合。请运用所学的有关理论分析旅游公司这样做的原因与意义。

(5)英语教师到消费者家里为其孩子讲授英语课程,医务人员到病人家中提供医疗服务,家政公司服务人员应顾客要求到顾客家里提供家政服务,装修公司服务人员到顾客家里为其装修房子,以上这些服务属于定制化和个性化服务的哪种具体形式? 这一形式对消费者和服务公司或服务人员有什么好处?

(6)银行大量使用 ATM 机属于成本领先服务营销战略的哪种具体形式? 采用这一形式对顾客和银行的好处是什么? 这一形式适用于什么样的消费需求?

（7）人寿保险企业为什么经常把年轻人作为自己的目标顾客？这是企业采取的成本领先战略中的哪种具体战略形式？

（8）中国著名企业集团海尔公司是实施质量战略的典型代表,到图书馆和网上搜集、阅读有关海尔公司的资料,分析说明它是如何成功实施这一战略的？这一战略的优越性是什么？

二、实训项目

服务营销战略的应用

1. 实训内容

教师带领学生到学校所在地区的著名服务类企业实地参观访问,聘请企业的高级管理人员为学生做报告,详细讲解该企业所采用的服务营销战略的实施情况。

2. 实训目的

提高和检验学生应用服务营销战略分析和解决实际营销问题的能力。

3. 实训要求

（1）教师引导学生思考企业实施某一类型服务营销战略的客观原因、具体措施和效果。

（2）课后要求每位学生以《对××企业实施××服务营销战略的系统思考》为题目写一篇论文作为实训成果,成绩分为优、良、中、及格和不及格五档。

服务市场的细分、选择和定位

知识目标

1. 了解服务市场的特征。
2. 了解服务市场细分的依据和步骤。
3. 掌握评估和选择细分市场的方法。
4. 了解目标市场的进入模式和市场覆盖战略。
5. 了解服务市场定位的含义、意义和特点。
6. 理解服务市场定位的原则和层次。
7. 掌握服务市场定位的步骤和工具。

能力目标

1. 能够运用合适的标准和变量对服务市场进行细分并确定目标市场。
2. 能够结合企业长期目标对企业进行市场定位。

素养目标

1. 强化法律意识、数据安全意识,尊重公民的隐私权。
2. 培养数据思维,提高善于运用数据解决问题的能力。
3. 弘扬科学家精神,增强开拓创新意识。

● 案例导入

北京银行深耕三个细分市场

2024 年 4 月 26 日,北京银行主办的"京心筑生态 新质创未来"北京银行新质生产力与组合金融发展大会举行。北京银行相关负责人表示,新质生产力引领时代发展新方向,是产业升级的跃迁方向,是科技创新的价值路径。新质生产力,对应新的经济范式、新的产业质态,将催生新的资产类型、新的融资需求,北京银行深耕三个细分市场,并做好组合金融服务,为新质生产力发展注入源源不断的金融能量。

一是深耕科技金融市场,打造专精特新第一行。新质生产力的核心驱动力是科技创新。北京银行是"最懂科技的银行",坚信"做科技就是做未来,做科技金融就是服务新质生产力"。

二是深耕儿童金融市场,打造儿童友好型银行。发展新质生产力,要培育好一代又一代的少年儿童。北京银行积极响应构建儿童友好环境、建设儿童友好城市的号召,是全国第一家把建设儿童友好型银行作为目标的银行。

三是深耕人才金融市场,打造成就人才梦想的银行。北京银行升级推出了"英才金融2.0",以服务人才为核心,解除人才后顾之忧,助力人才安居乐业、成就梦想。

四是做好组合金融服务,提供优质综合金融服务解决方案。新质生产力的发展,离不开综合化金融服务保障。北京银行的方略是打造组合金融服务模式,将北京银行的组合金融优势转化为新质生产力的能量优势。

【分析提示】 精准的市场细分不仅有助于企业探索市场机会与锁定目标市场,而且有助于企业在市场定位的引导下集中人力、物力、财力为目标细分市场上的顾客提供卓越的服务,进而提高市场运行效率和企业的市场竞争力。为此,企业必须重视服务市场细分和定位。

5.1 服 务 市 场

5.1.1 市场与服务市场的含义

1. 市场的含义

市场是商品经济的产物,人们对市场的认识是随着经济的发展而不断深入的,人们从不同的角度认识市场,对市场的理解也就不一样。人们对市场的解释通常可以概括为以下三种。

(1) 市场是指买主和卖主聚集在一起进行交换的场所。这是传统的市场概念,它强调的是交换的场所或地点。

(2) 市场是商品交换关系的总和。所谓交换关系的总和,是泛指交换某种特定商品的所有买者和卖者的总和。它强调的是商品交换的这一行为或行动,既包括买方,也包括卖方。经济学家将市场表述为卖主和买主的集合。

(3) 市场是指某项产品或服务现实的或潜在的购买者的总体。这是站在企业、卖方和市场营销者的角度来理解市场,它强调的是买方,即购买者,包括现实的和潜在的购买者。在市场营销者看来,卖主构成行业,买主则构成市场。

2. 服务市场的含义

服务市场就是服务商品市场,是组织和实现服务商品流通的交换体系和销售网络,是服务生产、交换和消费的综合体。从其反映的经济关系来看,服务市场是参加服务商品交易活动的所有买者和卖者的集合。而对于一个服务企业而言,它的市场则是其特定的服务对象,即顾客。另外,服务市场也可以指某些有形的交易场所。

5.1.2 服务市场的特征

1. 供给者和需求者直接见面

由于服务一般具有不可分离性特征,这就决定了服务商品的形成和消费是同时进行的,所以,服务市场中服务商品的销售一般不能通过中间商,而必须由服务供给者和消费者直接见面,采用直销的方式。供给者和消费者对服务的效果都会产生影响。

2. 供给和需求分散

由于服务的销售方式在一般情况下只能采取供给者和需求者直接见面的直销方式,而服务的需求者不仅包括人数众多的分散的个人消费者,还包括各类组织消费者,这些消费者的需求各不相同,从而决定了服务需求的分散性。同时,从供给者方面看,服务品种的供给方式也具有分散性特点。因此,服务企业面对的是具有不同需求的分散的消费者,必须提供各种各样分散的服务。

3. 供给和需求弹性大

这一特征集中表现为服务商品的供给能力和购买能力之间的矛盾在通常情况下难以暴露,只有在矛盾激化的时候才能表现出来。其原因:一是服务设施、设备的设计能力与实际能力是不同的量,实际能力大于设计能力。例如,火车的实际运载能力可以通过增加车皮、车次的方法来提高,从而缓解火车载重服务供应不足的问题,化解运输活动中的供求矛盾。二是自我服务和社会服务处于相互转换中,社会服务不足,可转向以自我服务为主;社会服务发展,自我服务可相对减少。例如,各家各户可采用自己耕种、做饭满足自己饮食需求的方式来抵消社会食品供应的不足,从而使食品的供求紧张状态烟消云散。三是服务商品与一般实物商品可以相互替代,也起到了化解服务供求矛盾的作用。例如,对于修理、干洗、整烫等服务活动,消费者可通过购买新的商品而免除对旧商品的整理服务。

4. 需求多样且多变

首先,消费者人数众多,性别、年龄、文化、收入、习惯等不同,又有规模性质不同的社会组织,这一切决定了需求的多样性和差异性。其次,随着社会经济发展和人民生活水平的提高,购买服务的人也在增多,对服务的需求也会发生变化,表现出多变性的特征。

5. 销售渠道单一

由于服务商品具有无形性特点,因此企业销售服务不能像有形产品那样通过陈列、展销的方式供消费者挑选,而只能靠良好的信誉、形象或具有创造性的方式和行之有效的广告宣传等方式来吸引顾客,销售服务产品。

5.2　服务市场细分理论

微课:服务市场
细分理论

5.2.1　市场细分的含义、意义和条件

1. 市场细分的含义

所谓市场细分,是指企业按照一种或几种因素,把整个市场分割为若干个有相似需求和欲望的消费者群,形成子市场的市场分类过程。不同的细分市场之间,消费者的需求差别比较大、相对明显;而在每一个细分市场内部,消费者需求的相似点则比较多。

市场细分理论的提出,是基于以下两个理论基础。

(1)消费者需求的异质性。也就是说,并不是所有的消费者的需求都是相同的,只要存在两个以上的顾客,需求就会有所不同。由于消费者的需求、欲望及购买行为是多元化的,所以其需求满足呈现出差异性。

(2)企业资源的有限性和为了参与市场竞争而突显的企业资源有限的现实性。现代企业由于受到自身实力的限制,不可能向市场提供能够满足所有需求的服务。即使是处于市

场领先地位的企业也不可能在市场营销的全过程中占有绝对优势，因此，为了进行有效竞争，企业必须将市场细分，选择最有利可图的目标市场，集中企业资源，制定有效的竞争策略，以获得或增强竞争优势。

【小问答】 市场细分的实质和出发点是什么？

答：市场细分不是对产品进行分类，而是对顾客的需要和欲望进行分类。如服装的需求市场可以分为老年市场、中年市场、青年市场、少年市场、童装市场、男性市场和女性市场等。不要把自己的产品分类等同于市场细分。市场细分一定要从顾客的特点出发。目光要先盯着顾客，然后再来看自己可能供给的服务品种类型。

2. 市场细分的意义

（1）分析市场机会，选择目标市场。通过市场细分，一方面企业可以了解到不同消费群体的需求情况和目前的满足状况，发现尚未满足或没有完全满足的市场需求；另一方面企业可以掌握细分市场中其他竞争者的营销实力及市场占有情况，使企业避重就轻，选择最适合企业发展的目标市场。

（2）集中企业资源，以小博大。这对广大中小企业来说意义尤为重大。资源和市场经营能力都很有限的中小企业，不可能与大企业展开正面竞争，只能通过市场细分，把握住力所能及的市场机会，选择有利的细分市场，集中人、财、物及信息等一切资源投入该细分市场，以企业的全部对抗大企业的局部，变竞争劣势为竞争优势，使自己在市场竞争中能够生存和发展。

（3）增强市场营销战略的有效性。企业在未细分的整体市场上一般只会采取一种营销组合，但由于整体市场的需求差异性较大，企业的营销活动往往不能取得令人满意的效果，而且由于整体市场的需求变化快，企业难以及时把握，使企业的营销活动缺乏时效性。而在细分市场上，市场需求具有同质性，企业又能密切关注其需求的变化，并相应地及时调整营销战略，从而取得该细分市场的主动权。

3. 市场有效细分的基本条件

将市场细分、形成有效的细分市场必须具备以下条件。

（1）购买者需求的多样性和稳定性。多样性是指顾客对服务存在不同的需求。如果一家旅馆的所有顾客对服务具有相同的要求，就没有必要对他们进行商人和旅游者的细分。稳定性是指一个细分市场的潜在顾客能够在相当长的时间内保持稳定。

（2）可确定性和可衡量性。可确定性是指需要一些标准，能明确辨别谁在细分市场之内，谁在其外，以此来衡量潜在需求。可衡量性是指顾客具有的特征信息易于获取和衡量。

（3）可赢利性，是指细分市场应具有适当的规模和潜力，具有一定的购买力，企业可从中获得效益。

（4）可达到性，是指企业能够比较方便地进入细分市场，不受太多限制。例如，空间上的可进入性，观念上的可接近性等。

（5）可行动性，即为吸引和服务细分市场而系统地提出有效计划的可行程度。

5.2.2　服务市场细分的依据和步骤

1. 服务市场细分的依据

1）按地理环境因素细分

按地理环境因素细分是根据消费者工作和居住的地理位置细分市场的方法，即按不同的地理单位,比如国家、省、区、县等进行细分。由于地理环境、自然气候、文化传统、风俗习惯和经济发展水平等因素的影响,同一地区人们的消费需求具有一定的相似性,而不同地区的人们又形成不同的消费习惯与偏好。因此,地理因素得以成为市场细分的依据。由于这种方法比较简单明了,为许多服务企业所偏爱。例如,波司登羽绒服在北方市场特别是东北等寒冷地区,主打防寒保暖功能,满足用户在极端寒冷环境下的需求;在南方市场则更注重时尚与实用并重的设计,满足南方用户对轻便、时尚的需求。

2) 按人口和社会经济因素细分

这里的人口因素包括年龄、性别、家庭人数、生命周期等。人口统计变量是区分顾客群最常用的依据,因为顾客的欲望、偏好和使用频率等经常与人口统计变量密切相关,而且人口统计变量也比其他类型的变量更容易衡量。例如,宜家家居根据不同家庭生命周期阶段的需求,设计出适合单身公寓、小家庭和多代同堂家庭的家具和家居解决方案。

社会经济因素则是指收入水平、教育程度、社会阶层、宗教和种族等变量。一个人的教育背景、职业与收入、社会地位等变量之间存在直接关系。一般来说,一个人受教育水平越高,就越可能获得较高的地位和收入。近年来,按职业进行市场细分的方法正得到一些企业的重视。另外,诸如社会阶层、住所的类型等细分变量也被一些公司所采用,如顾客对住所类型的关注对那些房屋租赁公司有很大的现实意义。

3) 按消费心理因素细分

影响顾客购买行为的心理因素,如价值观念、生活态度、生活方式、个性和消费习惯等都可以作为市场细分的依据,尤其是当运用人口和社会经济因素难以清楚地划分细分市场时,结合考虑顾客的心理因素如生活方式的特征等将非常有效。比如,人们形成和追求的生活方式不同,消费倾向也不同,那么他们需要的服务也就不同。常见的心理细分会把具有共同个性、兴趣、心智特征的顾客归纳为某一个整合群体。许多服务企业已越来越倾向于采用心理因素进行市场细分。

4) 按消费行为因素细分

复杂的消费行为也是市场细分所要面对的问题,同时,它也可能成为市场细分实现的依据,包括购买时机、使用状况、使用频率、忠诚程度、促销反应以及态度等。

(1) 购买时机。按顾客购买和使用产品的时机进行分类。例如,某些产品和项目专门适用于某个时机(春节、中秋节等),企业可以把特定时机的市场需求作为服务目标。如旅行社可以专门为某个长假提供旅游服务;文具店可以在新学期开始前专门为学生准备学习用品等。

(2) 使用状况。按使用状况进行细分,就是根据顾客对产品的使用方式及其程度进行细分。据此顾客大体上可以被划分成从未使用者、曾经使用者、准备使用者、首次使用者、经常使用者、偶尔使用者等细分市场。服务企业往往关注那些经常使用者,因为他们的使用次数比偶尔使用者要多得多。所以,许多快餐店愿意为那些经常光顾的顾客提供快速服务,价格也较为低廉。银行则对各种使用者都表示关注:一方面,它们希望了解那些经常使用者的特点、行为和身份等,以不断吸引其购买服务;另一方面,又会采取一些措施来刺激那些偶尔使用者,促使其向经常使用者转变。

(3) 使用频率。采用这种细分标准可以先将顾客群体划分为使用者和非使用者,然后再把使用者划分为小量使用者和大量使用者。

(4) 忠诚程度。顾客的忠诚度包括对企业的忠诚和对品牌的忠诚,也可作为细分依据。比如按品牌忠诚不同可将顾客分为单一品牌忠诚、多品牌忠诚和无品牌忠诚。

(5) 促销反应。这是根据顾客对促销活动的反应细分市场的方法。显然,不同的顾客对于诸如广告、销售推广、室内演示和展览等促销活动的反应各不相同。比如,喜欢企业向其邮寄产品目录的顾客对其他邮寄品也有较高的反应率。由此,服务企业可采用直接邮购的方式与这类顾客沟通,并建立起较好的顾客关系。一旦顾客对某个服务企业表示忠诚,那么即使他们偶尔对企业的服务不满意,通常也不会轻易改变这种忠诚。有研究表明,在银行业,尽管顾客对企业提供的服务常常感到不满意,但仍有 75%的顾客会忠诚于该企业。

(6) 态度。顾客对产品的态度大体可分为:热爱、肯定、冷淡、拒绝和敌意。针对不同的态度,企业可采取不同的营销对策。

5) 按顾客受益因素细分

顾客之所以购买某项服务,是因为他们能够从中获得某种利益。因此,可以根据顾客在购买过程中对不同利益的追寻进行市场细分。这种方法与前面几种方法不同,它侧重于顾客的反应,而不是商品的购买者本身。比如,不同的顾客希望从不同的银行那里得到不同的利益:一部分希望能从声誉较好的银行那里获得全面、整体性的服务;另一部分则希望获得低利息的优惠贷款;还有人希望在私人银行进行高利率储蓄。一家银行可以根据自身的资源状况,选择其中的一个或两个细分市场进入,提供独具特色的服务。服务的特点使利益细分的方法几乎适用于所有的服务企业。

按顾客受益因素细分市场,首先必须了解顾客购买某种商品所寻求的主要利益是什么;其次要调查寻求某种利益的顾客是哪些人;最后还要了解市场上的竞争品牌各自适合哪些利益,以及哪些利益还没有得到满足。

6) 按服务要素细分

这是根据顾客对企业服务的反应进行细分。虽然从某种意义上来说,它可以归入利益细分,但是仍有单独论述的必要,因为通过了解顾客对企业服务中不同要素的看法及反应,将有助于企业设计更合理的服务组合。

利用服务要素进行市场细分时,通常要考虑以下三个问题。

(1) 是否存在拥有同种服务要求的顾客群体。

(2) 企业能否使自己的服务品种差异化。

(3) 是否所有的服务品种都需要同一水平的服务。

彼得·吉尔摩(Peter Gilmour)对设备供应行业进行了研究,以了解不同细分市场对售后服务、电话订货效率、订货的便利程度、技术人员的能力、送货时间、送货可靠性以及资料的提供等九种顾客服务的反应。结果表明,不仅购买者和供应商对这些服务重要性的看法有所侧重,而且不同购买者对这些服务重要性的看法也有很大区别。因此,通过测定购买者对不同服务重要性的看法,供应商将能更加有的放矢地为不同的细分市场提供最佳服务,满足购买者的愿望和要求。

2. 服务市场细分的步骤

1) 通过调查研究确定相关市场

所谓相关市场,是指企业向其推广服务商品的目标顾客群。如某家投资银行将资产超过 100 万元的人士作为自己的目标客户;某家酒店则瞄准商务人员市场等。为确定企业的相关市场,服务营销者要与消费者进行非正式的接触,并将消费者分成若干个小组,以便了解他们的动机、态度和行为,进而通过问卷调查向消费者收集相关的市场资料,如服务产品的知名度、服务产品的使用方式、对该服务产品所属类别的态度等。在了解这些信息的基础上,企业必须对自身的资源做一分析,明确自己的优势和劣势,然后确定企业服务产品线的宽度、顾客的类型、地理范围等营销要素。

2) 确定最佳细分变量

前面介绍了很多可以用来细分服务市场的变量,实际上,企业在选择细分市场的依据时,并不能照搬这些标准,而必须对其进行甄别或有所创新,企业必须确定最佳的细分变量。

在确定最佳细分变量时,首先要把各种潜在的、有用的标准都罗列出来。在列出这些标准之后,要对其重要性作评估,选择出那些重要的标准。同时,还需对这些重要的标准作进一步的详细划分,以确定最佳细分变量。一项好的或适合的细分变量应具备以下三个特征。

(1) 恰当性。这是好的细分标准必须具备的第一个特征。这意味着它必须与消费者对指定的产品或服务的行为、态度有密切的联系。或者说,它所定义的所有细分市场必须在对指定产品或服务的行为和态度中显示出各自鲜明的区别。

(2) 测量的可得性。一项合适的标准应当是易于测量的,至少是可识别的。如细分标准中人口统计、地理等标准总体上符合这一条件,而个性和心理因素则不太容易测量。如焦虑可以作为细分人寿保险市场的标准,但却很难获得关于特定的人群中有多少人是焦虑的、多少人是沉着的统计材料,而且很难从调查中获得相关的统计。

(3) 实际操作价值。这一特征是指对市场营销人员有实际用途,以引导他们向某个或某些特定的细分市场努力;或者使他们根据不同的细分市场,确定不同的营销组合。

3) 细分市场

在这一阶段,服务营销者按照确定的细分标准,将消费者划分成不同的集群,然后根据主要的特征给每个细分市场命名。

需要说明的是,由于细分市场是不断变化的,所以细分市场的过程必须定期进行。在这个过程中,要密切地关注市场出现的一些新变化、新特征,尤其应当关注新的服务类型的出现,以及它对本企业市场的影响,以便及时调整营销策略。

见微知著

数字时代下的服务市场细分

如果没有很好地进行市场细分,无疑将会是一种资源的浪费。随着数字技术的发展,服务市场细分也变得更加复杂。在技术方面,有越来越多的新的市场细分方法应运而生,包括支持向量聚类算法和人工神经网络等机器学习方法。这些现代技术和编程语言能够用于判断顾客的画像(性别、年龄、兴趣等标签)及其所处的环境属性(地理位置、当前浏览网站、环境等标签),识别和获取"相似"的潜在客户,与理想的买家角色紧密匹配,为服务市场细分提供统计估计和图形可视化支持等,而且能够做到将每个消费者视为一个独立的细分市场,满足消费者的差异性、个性化需求。例如,给年轻女性推送化妆品广告、给男性球迷推送啤酒广告、给熬夜打游戏的人推送肯德基套餐、给正好身处炎热户外的人推送防晒霜等。

更好地利用机器学习等数字技术对顾客相关数据进行分析,以便对服务市场进行更有效的细分和定位,是市场营销管理人员的重要任务。这需要企业摆脱仅仅使用描述性分析的方法,并采用更高效的数据分析与预测工具。不过,虽然数字技术对服务市场细分有巨大的帮助,但在使用过程中往往需要采集大量的顾客相关数据,这就不可避免地对消费者的隐私安全产生影响。虽然目前已经存在不少有关顾客隐私保护的制度,但企业自身也要强化自律,守住道德底线,身体力行地践行"守公德、严私德"的社会价值观。

5.3　服务市场选择理论

5.3.1　选择服务目标市场的含义

服务的目标市场是服务型企业决定进入的、具有共同需求或特征的顾客群体。在对服务市场进行细分后,服务型企业面对着若干潜在细分市场,选择符合企业发展目标及资源能力条件的细分市场,成为实现服务市场定位的重要前提。由此可决定服务市场定位的有效性和科学性。资源有限的企业或许决定只服务于一个或多个特殊的细分市场,包括评估每个子市场的发展潜力,然后选择其中的一个或多个进入。

5.3.2　评估和选择细分市场

对细分市场的评估和选择需要考虑以下四个因素。

1. 细分市场的规模和发展潜力

潜在的细分市场要具有适度规模和预期的增长率,只有规模和预期增长率适当的细分市场才能成为服务企业进入的驱动力。适当的规模和预期增长率是一个相对量,对实力雄厚的大企业来讲,是指规模较大、增长速度较快的细分市场;对中小企业来讲,则是指不被大企业看好、规模较小、增长速度比较温和的市场。但无论是实力雄厚的大企业还是实力较弱的中小企业,都必须考虑目前的销售量及其增长率,选择与自身条件相适合的市场作为目标市场。

衡量一个企业在某一市场上的发展潜力可以采用购买力指标(buying power index)法。它以三个指标为基础:细分市场消费者人数与总市场人数之比;细分市场消费者实际工资与总市场消费者的实际工资之比;细分市场的销售额与总市场的销售额之比。细分市场购买力指标(BPI)的计算公式为

$$BPI = \frac{0.2 \times \text{细分市场人数}}{\text{总市场人数}} + \frac{0.5 \times \text{细分市场实际工资}}{\text{总市场实际工资}} + \frac{0.3 \times \text{细分市场的销售额}}{\text{总市场的销售额}}$$

假设该市场的年销售额是 X,那么该市场的潜在销售额是 $X \times BPI$。如果公司在细分市场中的实际销售额是 Y,那么该公司完成了潜在销售额的 $Y/X \times BPI$(%)。将此结果与现

阶段市场中的份额相比,如果比较的结果大于 1,则说明该市场发展的余地较大;结果的正向差异越大,说明市场潜力越大。

2. 细分市场的赢利能力

细分市场不但要具备理想的规模和预期增长率,还要有理想的赢利能力。当然,不同服务企业的目标利润率是不同的,即使同一个服务企业,在同一个时期的利润率也会有所不同。但从长期来看,任何服务企业都必须保证一定的获利水平,否则企业将无法维持生存与发展,企业也就失去了进入细分市场的意义。

3. 细分市场的结构吸引力

理想的赢利能力会使细分市场更具吸引力,但具有相同市场赢利能力的细分市场,由于结构的差异,对企业的吸引力是不同的。通常从以下五个方面来研究细分市场的结构。

(1)细分市场内的竞争状况。如果某个细分市场已经有了为数众多、实力强大、竞争意识强烈的竞争者,则该细分市场就会失去吸引力。如果企业的细分市场正处于稳定或萎缩状态,面临生产能力不断扩大、固定成本过高、市场退出壁垒过高或者竞争者投资很大等问题时,企业要想坚守该市场,通常需要付出高昂的代价。

(2)新加入的竞争性服务提供者状况。若某个细分市场的赢利能力过高,则可能吸引新的竞争者加入。它们会投入大量的资源,增加新的生产能力,并争夺市场份额,那么这个细分市场可能就会失去吸引力。反之,如果新的服务品种面临着森严的进入壁垒,并且有可能遭到市场内原有服务企业的强烈报复,它们就很难进入。

(3)替代服务。如果某个细分市场已经出现了替代服务或者具有潜在的替代服务,该细分市场就失去了吸引力。替代服务会限制细分市场内价格和利润的增长,服务营销者必须密切关注替代服务的发展状况。

(4)购买者的议价能力。如果某个细分市场中购买者的议价能力很强或正在增强,则该细分市场的吸引力就较小。拥有强大议价能力的购买者会设法压低价格,对服务提出更高要求,这会使服务提供者的利益受到损害。

(5)供应商的议价能力。如果服务企业的原材料或设备供应商具有较强的议价能力,则可能导致价格的上升或者所供应服务品种的质量降低,使企业蒙受损失。这样的细分市场也是缺乏吸引力的。对于服务企业,最佳的防卫办法就是与供应商建立起良好的合作关系或开拓多种供应渠道。

4. 企业的目标和资源

即使某一细分市场具有合适的规模和增长速度,也具有较好的赢利能力和结构性吸引力,服务营销者仍需将本企业的目标和资源与其所在细分市场的情况结合起来考虑。例如,某一细分市场虽然具有较大的吸引力,但不符合企业的长远发展目标,这时,企业不能只顾眼前利益而损害长远的战略利益,这样的细分市场也只能放弃。另外,即使某一细分市场符合企业的目标,企业也必须考虑其是否具备进入该市场并在竞争中取得优势的资源和技术条件。如果企业没有超过竞争者的技术和资源,甚至缺乏赢得市场竞争的必备力量,那么也不应该进入该细分市场。

此外,服务企业在选择目标市场时除了要认真考察上述四个要素外,还应当考虑到营销的社会责任这一越来越受关注的因素。这表现在企业选择目标市场时应当尽力避免将脆弱的或处于不利地位的顾客当成目标市场,或向顾客提供有争议的或具有潜在危险性的服务。

5.3.3　目标市场的进入模式和市场覆盖战略

1. 目标市场的五种进入模式

通过对不同细分市场的评估,服务企业会发现一个或几个值得进入的细分市场,下一步就是决定进入哪几个市场。通常情况下,服务企业可以选择以下五种方式中的一种进入选定的细分市场,即目标市场。

(1) 密集单一市场是一种最简单的进入方式,服务企业只选择一个细分市场进入,并只向该市场提供一种服务,以取得企业在这一特定市场上的竞争优势。这个细分市场可能会成为企业服务延伸的基点,如图 5-1(a)所示。

P: 服务品种　　　M: 细分市场

图 5-1　目标市场进入模式

(2) 服务品种专业化即企业集中提供一种服务品种,并向各类顾客销售这种服务。企业用服务品种 P_2 去满足 M_1、M_2、M_3 三个子市场的需求。企业可以通过这一策略在某个服务品种方面获得很高的声誉,并且利于企业降低成本,但这种策略在面临替代服务的威胁时,对企业很不利,如图 5-1(b)所示。

(3) 市场专业化即企业专门为满足某个顾客群体的需要而提供各种服务。这一策略可以使企业在特定的顾客群体中获得良好的声誉,并可能成为这个顾客群体所需要的各种新服务品种的提供者或销售代理商,如图 5-1(c)所示。

(4) 有选择的专业化即企业决定同时进入几个不同的细分市场,为不同的顾客群体提供相应的服务。其中,所进入的细分市场都具有吸引力,并且符合企业的经营目标和资源状况,但各个细分市场之间很少或根本没有联系,然而在每个细分市场上企业都可获利。此种进入策略较之于单一细分市场策略,更利于企业分散经营风险,如图 5-1(d)所示。

(5) 整体市场即企业全方位进入市场,用各种服务品种满足各种顾客群体的需求。只有那些资源实力雄厚的大型服务企业才可能采用此种策略,如图 5-1(e)所示。

2. 目标市场的覆盖战略

市场覆盖战略即目标营销战略,一般来说,有三种市场覆盖战略可供服务企业选择:无差异性市场营销、差异性市场营销、集中性市场营销。

1）无差异性市场营销

无差异性市场营销即企业只推出一种服务品种，运用一种营销组合，在整个市场上进行销售，试图吸引尽可能多的顾客，如图 5-2（a）所示。

```
┌──────────────┐          ┌──────────────┐
│  市场营销组合  │─────────▶│   整个市场    │
└──────────────┘          └──────────────┘
```
（a）无差异性市场营销

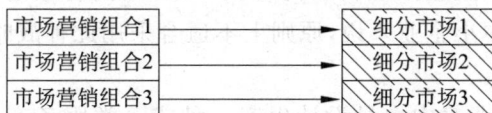

```
┌──────────────┐          ┌──────────────┐
│ 市场营销组合1  │─────────▶│   细分市场1   │
├──────────────┤          ├──────────────┤
│ 市场营销组合2  │─────────▶│   细分市场2   │
├──────────────┤          ├──────────────┤
│ 市场营销组合3  │─────────▶│   细分市场3   │
└──────────────┘          └──────────────┘
```
（b）差异性市场营销

```
                          ┌──────────────┐
                          │   细分市场1   │
┌──────────────┐          ├──────────────┤
│  市场营销组合  │─────────▶│   细分市场2   │
└──────────────┘          ├──────────────┤
                          │   细分市场3   │
                          └──────────────┘
```
（c）集中性市场营销

图 5-2　目标市场覆盖战略

企业采用这一战略的前提应是消费者需求的同质性，即认为面对的是同质市场，或忽略消费者需求的异质性，而着眼于其共同的需求和偏好，不进行市场细分，将整个市场当作目标市场，针对共同的需求，推出一种服务品种和单一的营销手段加以满足。

采用无差异性市场营销的优势是可以获得规模效益，它是一种与大规模生产和标准化生产相适应的营销方法。首先，无差异性的广告宣传、单一的销售程序、相同的管理模式，降低了销售费用和管理费用；其次，以整个市场作为目标市场，节约了市场细分的调研和规划费用，从而也降低了企业的经营成本。

无差异性营销战略的不足：首先是无法满足消费者需求的差异性偏好。实际上很难找到一个需求是完全同质的市场，所以用同一种营销策略去满足所有消费者的需求是不可行的。尤其是消费者需求个性化、差异化的趋势日益明显，这一目标营销战略就面临严峻挑战。其次是对抗竞争风险的能力较差。无差异性市场营销战略容易受到竞争者的冲击，一旦竞争者将市场细分化，从而从各个细分市场进入，则企业的市场地位将面临危机。

2）差异性市场营销

差异性市场营销即企业分别提供不同的服务品种，运用不同的市场营销组合，为若干个细分市场服务，满足每个细分市场的不同需求，如图 5-2（b）所示。

企业采用这一战略主要是着眼于消费者需求的差异性，在市场细分的基础上，针对各个细分市场的不同需求和偏好，制订相应的营销方案去满足消费者的需要。现在，越来越多的服务企业在采用差异性市场营销战略，如某公司经营多家鞋店，分为四种不同的连锁店形式，每一种都服务于不同的细分市场：A 类型门店专营高价鞋；B 类型门店专卖中档价格鞋；C 类型门店专售廉价鞋；D 类型门店专营时装鞋。这种策略使该公司不同类型的连锁店即使距离很近，也不会彼此影响，因为它们针对的是不同的细分市场。

差异性市场营销战略的优点是能扩大销售，提高企业的竞争能力。首先，以多种不同的服务品种、多种营销组合，可以更好地满足不同消费者的需求和偏好，争取更多的顾客，从而扩大销售量。其次,服务企业通过此战略可以在不同的细分市场上都占有一定的份额,可以有效地抵抗某一细分市场需求、竞争状况突变时对企业的威胁。

差异性市场营销的不足:首先,因为差异性营销战略要比无差异性营销战略投入更多的研究开发费用、市场细分调研及规划费用,以及差异性的广告宣传等费用,致使企业总的经营成本偏高。其次,此种战略要求服务企业有较强的综合管理能力,分别对不同的市场设计不同的营销组合,并使企业整体经营状况协调一致,因而管理的难度更大。所以,对于那些资金、技术实力较弱的中小企业来说,原则上不适合采用此种战略。

3) 集中性市场营销

集中性市场营销即企业集中力量设计生产一种或一类服务产品,采用一种市场营销组合,为一个细分市场服务,如图 5-2(c)所示。

采用这一战略的服务企业也是着眼于消费者需求的差异性,但其目标不是整个市场或多个细分市场,而是将资源和精力集中在一个细分市场上。在这个细分市场上,利用有限的资金和力量,向纵深发展,追求较高的市场占有率,而不追求在整个市场或多个细分市场上都占有相对较小的份额。如某地有一家帽子店,销售的帽子有千种之多,在该细分市场获得了较大的竞争优势。

集中性市场营销的优点主要表现在两个方面:一是有利于企业集中力量在一个小的范围内,对消费者的需求有更深入的了解,便于服务企业制定有针对性的营销组合,提供最好的服务品种,增强企业的竞争力。二是有利于降低经营成本。

集中性市场营销战略的不足:主要表现为风险大。由于采用此种战略的企业的目标范围较小,一旦目标市场内出现剧烈的需求波动或出现强大的竞争者,企业就容易陷入困境。

上述三种不同市场覆盖战略各有利弊,分别适用于不同的企业和市场情况。一般而言,实力较强的大中型服务企业通常可采用无差异市场营销或差异市场营销战略;那些实力较弱的小企业虽无力与大企业竞争,但其灵活性强,可以"见缝插针"地在一些大中型服务企业不参与、竞争不激烈的某个狭小的细分市场上立足,即采用集中性市场营销战略。

🔲 同步案例

屈臣氏的中国目标市场选择

屈臣氏个人护理用品商店(以下简称屈臣氏),是亚洲地区最具规模的个人护理用品连锁店,是目前全球最大的保健及美容产品零售商和香水及化妆品零售商之一。

屈臣氏在调研中发现,亚洲女性会用更多的时间逛街购物,她们愿意投入大量时间去寻找更便宜或更好的产品。这与西方国家的消费习惯明显不同。中国的女性平均在每个店里逗留的时间是 20 分钟,而在欧洲只有 5 分钟左右。这种差异,让屈臣氏最终将中国的主要目标市场锁定在 18~40 岁的女性,特别是 18~35 岁、月收入在 2500 元以上的时尚女性。屈臣氏认为这个年龄段的女性消费者是最富有挑战精神的。她们喜欢用最好的产品,寻求新奇的体验,追求时尚,愿意在朋友面前展示自我。她们更愿意用金钱为自己带来大的变化,愿意进行各种新的尝试。而之所以更关注 40 岁以下的消费者,是因为年龄更大一些的女性大多早已经有了自己固定的品牌和生活方式。

事实证明,屈臣氏对于市场的判断是准确的,在广州和上海,即便不是周末,也能看到屈臣氏门店内充斥着努力"淘宝"、购买"美丽"的年轻女性。为了让18～35岁的这群"上帝们"更享受,屈臣氏在选址方面也颇为讲究。最繁华的地段是屈臣氏的首选,例如有大量客流的街道或是大商场、机场、车站或是白领集中的写字楼等地方就是考虑的对象。屈臣氏中国区个人护理商店常务董事艾华顿曾说:"随着中国经济的增长,人们的收入大大增加,而在这一阶段的女性是收入增长最快的一个群体。当然,这个年龄段的女性还分很多类别,而我们瞄准的目标群体是月收入在2500元人民币以上的女性。"屈臣氏集团董事兼中国区总经理谭丽娴也强调:"我们的目标客户群是18～35岁的女性。"她认为,这类目标客户群比较注重个性,有较强的消费能力,但时间紧张,不太喜欢去大卖场或大超市购物,追求的是舒适的购物环境。"这与我们的定位非常吻合。"

在北京屈臣氏的消费者更多的是年轻的时尚白领,奇怪的是一些洗面奶及个人护理用品价格很便宜,可时尚白领进屈臣氏店消费并不认为身份掉价。但到别的商业网点就有可能认为身份掉价。年龄大的进店人数并不多,这点充分说明屈臣氏目标顾客群定位的准确。即使非节假日,也能看到屈臣氏门店充斥着衣着时髦、谈吐不俗、喜欢新奇的年轻女性。

资料来源:百度文库,https://wenku.baidu.com.

5.4　服务市场定位理论

5.4.1　服务市场定位的含义、意义和特点

1. 服务市场定位的含义

所谓服务市场定位,是指服务企业根据市场竞争状况和自身资源条件,建立和发展差异化竞争优势,以使自己的服务在顾客心目中形成区别,并优越于竞争者服务的独特形象。当企业选择了目标市场并遇到竞争对手时,自然而然要作定位分析。比如,企业需要了解在这一细分市场上顾客心目中所期望的最好服务是什么,竞争对手所能够提供服务的程度,以及本企业提供的服务是否与顾客需求相吻合,如果顾客的期望尚未或很少被满足,那么企业应该采取怎样的措施使自己的服务达到顾客期望的水平等。

从20世纪80年代开始,定位的战略意义逐渐被一些领先的服务企业所认识,因为它给不可触摸的服务提供了一个实实在在的框架。进入20世纪90年代以后,定位对于服务企业的重要意义就表现得更加明显了。由于市场竞争的加剧,顾客很容易被铺天盖地的广告信息所淹没,他们要区分不同企业所提供的服务日益困难,此时服务企业的定位宗旨就是如何使顾客比较容易地识别本企业的服务。

定位是一种战略性营销工具。据此,企业主管能够明确企业现有的位置、希望占据的市场,企业可以确定自身的市场机会,并且当竞争情况发生变化时,企业能够采取相应的措施。服务定位是服务差异化的先决条件,更是服务品牌形象确立的基础。每一种服务都会因提供者和提供标准的不同而形成一系列区别于其他服务品种的特征,其中有的是实质性的,有

的是感觉上的。市场定位就是使这些特征在顾客心目中和市场舆论中得以强化和固化的过程。

2. 服务市场定位的意义

1) 定位能创造差异

企业通过市场细分与目标市场选择,选定了自己的目标市场。但仅是确定了目标消费者还远远不够,因为企业此时还处于"一厢情愿"的状态,使目标消费者购买本企业的服务才是关键。为此,企业要将其服务定位在目标消费者所偏爱的位置上,并通过一系列营销活动向消费者传达定位信

知识链接:服务市场定位的中心和出发点

息,使本企业与竞争者的差异突显于消费者面前,从而引起消费者的注意并使之感到本企业的服务就是他们所需要的。如果本企业的定位与消费者需求相吻合,则企业就在消费者心目中占据了有利位置。

我国香港报业是定位创造差别化的典型例子。香港共有报纸 60 多种,在狭小的市场空间内竞争十分激烈,而其中的佼佼者无不是通过定位战略来创造差异的。如《明报》定位于政论性;《信报》定位于财经、商业;《东方日报》定位于市民家居;《星岛日报》定位于社区新闻等。

2) 定位形成竞争优势

迈克尔·波特(Michael Porter)提出,企业获得竞争优势的两个基本途径是低成本和差异化。定位可以创造出本企业区别于竞争企业的独特性,并通过定位沟通将此差异化深植于消费者的心中,从而获得较为持久的竞争优势。在这个定位时代,企业必须明确的关键:不是对服务品种本身做什么,而是在消费者的心智中建立差异化的定位。例如,香港报业竞争中的佼佼者无不是通过定位战略来创造差异从而形成竞争优势的。

3) 实现定位差异化的方法——价值链分析

市场定位过程在很大程度上取决于企业有效地为顾客提供优越传递价值的能力。优越传递价值是企业提供给顾客的全部价值减去顾客购买成本之差。其中全部顾客价值包括服务价值、产品价值、人员价值和形象价值等,全部顾客成本则包括货币价格、时间成本、能源成本和心理成本等。因此,顾客的购买决策过程实际上就是对这些成本和价值进行比较和考量的过程。

波特的价值链(value chain)模型有助于对优越传递价值进行分析。利用价值链分析,企业能够发现通过增加价值实现产品差异化的途径。波特认为,价值链上的活动可以分成两种类型。一种是基本活动,如内部和外部物资管理、经营、营销和服务等;另一种是支持性活动,如基础设施、人力资源管理、技术开发等。支持性活动渗透于基本活动的过程中。如图 5-3 所示。考虑到服务行业的具体特点,可以设计出符合服务行业实际情况的价值链。比如,一家管理咨询公司的价值链如图 5-4 所示。通过价值链分析,企业可以清楚看到哪些活动创造了最高价值、哪些活动还存在优化空间,从而通过有针对性地调整和改进来建立竞争优势。一方面可以通过有效地从事各项活动而获得低成本的优势;另一方面也可以通过利用独特的方式从事这些活动而获得差异化优势。应该明确的是,价值链上的各项活动并不是独立进行的,它们之间也存在着相互影响、相互作用的关系。而且,在服务企业内这些活动之间的界限更为模糊。比如,营销、经营和人力资源管理等活动之间并不具有真正的独立性。因此,企业有必要根据实际情况对这些活动或职能进行协调和整合,以达到有效为顾

图 5-3 一般价值链

图 5-4 管理咨询公司的价值链

客提供优越传递价值的目的。

价值链的每个元素代表了应该彻底考察和辨别现有的和潜在的企业可以实现其成本优势或差异性优势方法的一个领域。为了获得差异性,将竞争对手的价值链加以考察是很有必要的。价值链的分析可在以下方面对服务企业有所帮助。

(1) 企业可通过价值链分析,对自己的价值链有一个清晰的认识和了解,并且可以寻找到赢得差异性或成本优势的资源,从而实现给顾客传递卓越的价值。

(2) 通过价值链分析,企业可以了解适合其顾客的价值链在什么地方。如果顾客是普通的制造企业,则其价值链与上文所述的普通价值链基本相同;如果顾客是服务企业,则企业应当将其价值链从一般价值链中区分出来;如果顾客是个体消费者而不是企业,则个人价值链也应被考虑在内。

(3) 企业可通过价值链分析,了解其供应商或分销商的价值链,以便更好地与之合作。

(4) 企业可以了解竞争对手的价值链,并将其作为自己的竞争基准。

▣ 同步案例

徐州汉文化主题酒店 STP 分析

随着经济和社会的发展,消费者的需求和行为正悄然发生转变,持续创新成为未来酒店业发展的重要利器。徐州先后获得国家环保模范城市、中国优秀旅游城市、国家森林城市、国家园林城市等殊荣。2021 年中国旅游业最发达城市榜单显示徐州排名第 48 名。

楚风汉韵帝王州、大美彭城,正吸引着越来越多旅游者慕名前来。因此,徐州创建汉文化主题酒店,一方面迎合了消费者需求;另一方面为酒店在激烈的竞争中脱颖而出另辟蹊径。

1. 细分酒店市场

为适应消费者心理与需求的变化,酒店势必要对市场进行细分,了解目标市场的需求状况以及未被满足的程度,以此确定酒店的产品战略和营销策略。酒店通常选择对顾客需求有较大影响的因素去细分,如地理、人口、住宿动机等变量。

(1) 地理因素细分。地理因素细分是酒店细分市场中最常见的方法之一。地理因素以区域、国家、城市为单位进行划分,从而设计不同的酒店产品。徐州汉文化主题酒店在设计酒店产品时,根据其地理位置和资源将其市场划分为三个:一是以徐州为中心,休闲观光型客人为主的近距离核心客源市场;二是以淮海经济区为主的短期度假型客人的中距离次要客源市场;三是以省内长距离及省外客源为主的补充型客源市场。

(2) 人口因素细分。人口因素划分主要是根据消费者的年龄、受教育程度等几个方面来划分。不同年龄段客人的生活方式、经济条件、旅行方式选择不相同,必然影响他们对酒店产品的需求和选择。

当下的年轻人喜欢使用互联网平台,因此主要以网络为主要发酵平台的微度假,成为新的消费热潮,出现了大批精致露营、亲子游乐、户外运动等为主要形态的微度假方式。这种以兴趣和时尚为主要聚合因素的新型度假方式,具有短停留、高频率、高关注和多玩法的特点,这已成为一种新的时尚生活方式。

(3) 住宿动机细分。一般把客人的住宿动机分为因公和因私两类。因公动机出游的客人属于商务型客人,这部分客人对价格不敏感,季节性不明显,消费能力强,服务和要求比较高;相反,因私动机出游的客人则对价格较敏感,季节性也较明显。

2. 选择目标市场

酒店的目标市场是对具有不同欲望和需求的顾客在细分市场的基础上确定为自己服务对象的最佳细分市场。通过前面对汉文化主题酒店市场的细分,可以将目标市场定位在以休闲度假型、商务型客户为主,以宣传两汉文化为卖点,提高酒店吸引力并占领市场。

(1) 休闲度假市场。随着国家二孩、三孩政策纷至沓来,亲子游的需求飞速递增,已成为休闲度假游的主体。《中国亲子文旅行业发展报告(2021)》中提到7~12岁的小学生是目前亲子游的主力,"知行合一"的研学旅行让旅游更加有意义,博物馆、科技馆、建筑人文等产品在亲子游市场中占比快速攀升。因此,建设汉文化为主题的酒店完全能得到市场的接纳。

(2) 商务旅游市场。徐州汉文化主题酒店地处徐州,苏、鲁、豫、皖四省交界处,素有"五省通衢"之称,是国家综合交通枢纽。而且徐州为省域副中心城市,周边的商业发展都比较好,将来一定会吸引越来越多的商务客人前来消费。

3. 酒店市场定位

酒店的市场定位并不是酒店要为产品做些什么,而是酒店能给顾客带来竞争对手所不能给的,强有力的、与众不同的,被顾客认同的酒店产品。酒店市场定位的终极目标就是赢得顾客,占领市场。

通过以上对徐州汉文化主题酒店的目标市场分析后,从以下几方面对酒店进行市场定位:一是根据消费群体来定位,汉文化主题酒店可定位在中高端酒店,迎合当前的微度假新潮流,可供顾客度假、商务旅游等;二是根据酒店的汉文化这一主题元素定位酒店产品,这包括酒店的无形服务和有形产品;三是根据竞争对手的特点进行市场定位,目前徐州以汉文化为主题的酒店不多,酒店产品中汉文化主题也不突出,例如位于徐州新城区的绿地铂瑞酒店在建筑外形上采用的是楚汉建筑风格,体现了大汉的雄风,但不足在于相配套的主题产品太少。

资料来源:https://baijiahao.baidu.com/s?id=1757726565129193487&wfr=spider&for=pc.

3．服务市场定位与服务的特性

本书项目 1 已经讨论了服务的基本特征，这些特征虽已有诸多突破，但对于服务企业市场定位和选择合适的服务仍然具有重要意义。尤其是服务的无形性、差异性和不可分离性等特征对于服务企业市场定位的意义而言更为重要。克里斯托弗·J.伊斯沃德(Christopher J. Easingwood)和维贾伊·马哈詹(Vijay Mahajan)根据这三个特征提出了服务企业市场定位的不同选择。

1）服务的无形性

服务的无形性特征使服务企业的营销区别于生产性企业的营销，因为企业无法根据看得见、摸得着的有形产品特征来推广服务。但是，市场定位却可以使无形的服务变得有形化。它通过有形产品证据的作用而使顾客感知到无形的利益。比如，一位旅客入住某酒店时希望酒店非常整洁，也就是说，他愿意得到"整洁"的利益。而当他走进酒店房间时看到的是一尘不染的地毯、整齐洁净的设施，连卫生间马桶的盖子上都贴着"已为您消毒"字样的便条。旅客所看到的地毯、设施和便条等有形产品证据都将促使其在心目中形成一个良好的印象，即这家酒店很整洁。采用市场定位策略也有助于顾客对其他附加在服务上的有形特征进行识别。比如，一家保险公司进行市场定位时希望顾客能够比较容易地参加投保，这时，公司会设计出详细、易懂的投保说明书并免费赠阅。

2）服务的异质性

服务的异质性在很大程度上取决于服务人员在服务运作过程中的作用。例如，在一家餐馆中，主要是服务员与顾客打交道，他们的表现将直接影响顾客对餐馆的服务评价。当然更重要的是厨师烹饪的菜品的质（色、香、味）与量。然而，不论是厨师还是服务员，他们的服务质量在不同的时间也会有所不同，其作业与服务间的水平更是参差不齐，这就使整个餐馆的服务存在很大差异。同时，提高或降低服务中任何一部分的质量都将会影响整体服务质量。比如一家被认为服务质量水平很高的酒店可能会因为个别服务人员仪表不整而给顾客留下不好的印象。因此，企业在进行市场定位时也可以从提高服务人员素质的角度入手。海底捞 2010 年创建了海底捞学习发展中心，针对门店不同岗位人员开设不同的专项培训，涉及不同的类别课程，通过提升员工核心竞争力，进一步推动企业发展。

3）服务的不可分离性

由于服务本身通常不是一个具体的物品，而是一系列的活动或过程，所以，在服务的过程中，顾客和服务提供者必然发生联系，二者缺一不可。当服务人员向顾客提供服务的时候也正是顾客消费服务的时候，即服务的供给和消费过程同时进行，离不开顾客的参与。因此，企业也可以从管理顾客参与的角度实现产品的差异化。

总之，服务的上述基本特征为企业市场定位提供了现实依据，企业可以从多个角度实现自身产品的差异化。本书项目 1 还分析了划分服务类型的不同方法和模型。这些方法和模型也为企业市场细分提供了条件。比如，企业有可能充分地满足顾客的实际需求，但是，这种需求又是捉摸不定的，只有第一线的服务人员才能把握。海底捞充分认识到了这一点，其广泛的授权文化在内部产生了深远影响，这种归属感增强了员工的责任感和使命感，让他们能够自主地、创造性地为客户提供服务。

5.4.2 服务市场定位的原则和层次

1．服务市场定位的原则

市场定位的最终目的是提供差异化的服务商品，使之区别和优越于竞争对手的服务商品,而不论这种差异化是实质性的、感觉上的,还是二者兼有的。虽然无形的服务商品即服务的差异化不如有形商品那样明显,但是,每一项服务都能让顾客感受到互不相同的特征。既然如此,服务企业在进行定位时,必须尽可能地使服务具有十分显著的特色,以最大限度地满足顾客的要求。通常,在评价差异化特征时有以下几个标准可供选择。

(1) 重要性,即差异所体现的需求对顾客来说极为重要。

(2) 显著性,即企业服务品种同竞争对手的服务品种之间具有明显的差异。

(3) 沟通性,即这种差异能够很容易地为顾客所认识和理解。

(4) 独占性,即这种差异很难被竞争对手模仿。

(5) 可支付性,即目标顾客认为因服务品种差异而付出额外花费是值得的,从而愿意并有能力购买这种差异化服务品种。

(6) 赢利性,即企业能够通过实行产品差异化而获得较多的利润。

每一种服务都会有一系列区别于其他服务的特征,其中有些特征可能是实质性的,另外一些则可能是感觉上的。企业在市场定位时将面临一项重要的抉择,即向目标顾客推销其服务所需要的特征数量究竟是一个还是多个。有的营销人员喜欢"强调一点而不及其余",他们认为,通过大力推广服务的某一个优点容易在顾客心目中形成市场领导者地位的形象。也有一些营销人员认为应该介绍服务的多个特点,这样能够寻找到更多的市场机会,并不易被其他竞争者跟随。不管怎样,有一点是必须强调的,即企业必须承认和接受服务在顾客心目中已有的形象和看法,如果试图否认或挑战顾客的已有认识,必然会导致失败的结局。一个成功的定位战略必须考虑到顾客对服务的已有认识,然后确定哪些服务需求在顾客心目中是十分重要的,哪些需求是竞争对手所没有或很少满足的。企业所要选择的正是那些未被满足的且对顾客极为重要的需求。

2. 服务市场定位的层次

本项目前面提到的定位,均指服务企业提供的产品或服务的定位。事实上,定位有好几个层次,以前提到的只是其中之一,即"服务品种定位"层次,而作为一个系统的服务市场定位一般包括以下几个层次。

1) 服务行业定位

在考虑企业位置以及服务商品位置之前,服务企业必须首先考虑自己所在的行业在整个服务产业中的位置。图 5-5 显示了部分服务行业的相对位置。

图 5-5 服务行业的相对位置

2）服务企业定位

服务企业定位与它的服务商品定位是相辅相成的。企业定位处于定位层次的高层,服务企业必须先定位自己的服务商品,然后才能在公众中树立良好的企业形象。而企业定位则对服务商品定位起强化作用。一旦企业定位成功,获得了良好的社会声誉,则企业的服务商品定位也会相应得到巩固,并为企业带来长期效益。

一般而言,企业根据自身的资源状况和市场中的竞争状况可在以下定位中选择。

（1）市场领导者,即在行业中处于领导地位。这样的企业既是市场竞争的主导者,也是其他企业挑战、效仿或回避的对象。如洗衣机领域中的海尔、空调行业的格力等。

（2）市场追随者,即在市场上居于次要地位,一时不能成为行业领导者的企业。根据其追随领导者的程度可以分为紧密跟随者、距离跟随者和选择性跟随者三种定位。

（3）市场挑战者,即在同行业中虽然居于次要地位,但已发起与领导者的竞争并迅速后来居上的定位。

（4）市场补缺者,即那些在市场中某些部分实行专业化经营,以避免与重要企业发生冲突,仅为市场提供某些有效的专业化服务的企业定位。这种定位一般适用于那些实力较弱的中小企业。

企业定位的具体方法很多,如企业形象定位、杰出人物定位、服务特色定位、公共关系定位等。

3）服务品种定位

服务品种定位是将某个具体服务品种定位在顾客心目中,只要顾客产生了相关需求,就会自然而然地想到这种商品服务,从而达到先入为主的效果。服务商品定位是定位系统的基础,只有企业最终售出的服务在顾客心目中占据了有利的位置,企业定位才有了基础。

服务既可以是有形的东西,比如饭店的各种饭菜等,也可以是无形的东西,比如理发、音乐会等。服务定位的目的就是让这些有形、无形的服务在顾客心目中留下深刻的印象,因此,服务商品的各个要素都要与这一定位相符。为了取得有利的市场地位,企业必须围绕着产品的五个层次进行服务定位,使自己的服务与竞争对手的服务有所差异。

需要说明的是,企业并不需要在上述所有层次进行定位。比如出租车公司和饭店,只需在企业层次和个别服务层次定位即可,而且定位决策也相当简单。但对于一些规模大、开展多项业务的服务机构,上面三个层次的定位都是必要的。但是,有两点需明确:一是企业定位和个别定位必须有清晰的相关性并有内在的逻辑关联;二是品牌可以产生于产品组合层次,也可产生于个别产品层次。

5.4.3 服务市场定位的步骤和工具

1. 服务市场定位的步骤

1）确立定位层次

采取哪一个层次的定位一般是明确的,但有些企业会在不同时期强调不同层次。例如,医院要考虑自己的医疗地位(如技术、特色、服务)在整个医疗行业中的位置,考虑当地服务半径及目标群体。一些规模较大的、综合性强的医院还需要在组织机构、科室建设、服务特征方面进行必要的定位。

2）确定关键特性

定位层次确立后,需要针对选定的细分市场确立一些重要的专门特性,尤其应当考虑影响购买决定的那些因素。每个人在对服务做出购买决定时都会采用不同的标准,购买服务的目的也可能影响评价标准,比如人们对商业保险和人身保险的评价标准是有差异的。使用服务的时间同样会影响服务选择,比如人们为工作日午餐和周六晚餐选择不同的餐馆。另外,决策单位也有关系,比如个人使用服务和集团使用服务时决策方式是不同的,家庭将比个人更重视服务企业的友好态度。

顾客基于自身所感受到的不同服务机构之间的差异来做出选择,有时这种差异并非本行业最重要特性之间的差异。比如,乘飞机的旅客通常都把"安全性"作为首要选择标准,但事实上大多数航空公司提供的飞行安全性相差无几,顾客的选择实际上是基于舒适性、正点率以及飞机上提供的饮食等其他品质。因此,企业应该通过调研深入了解消费者的真实需求,进而对企业的服务进行差异化定位。

因此,服务企业应当确认目标细分市场要求的显著特性和专门利益。重要的是了解顾客希望这些相关的显著特性带来什么利益,并设法让顾客感受到这种利益的存在。借助计算机的帮助有许多分析研究工具,可以用于确认显著特性,比如因果分析、多元相关和回归分析、差分方程分析等手段。

3)将特性置于定位图上

在确定了最重要的特性之后,应将具备这些特性的服务企业的相对位置在定位图上标示出来。如果存在一系列重要特性,建议通过统计方式将之综合并简化为二维且能代表顾客偏好的主要选择特性。

定位图可表示竞争企业依据选择出的特性所处的市场位置,其中空白之处还暗示着企业潜在的市场机会。如果企业有多个细分市场,则可以根据顾客在不同市场上对服务和利益的不同评价做多个定位图。

定位图既可基于客观特性,也可基于主观特性。例如,平均年龄和社会阶层这两个客观变量。定位图也可将客观特性和主观特性结合起来,比如银行在进行定位研究时可分别以"最优贷款利率"和"友好服务"这两个客观主观特性作为二维的衡量指标。图 5-6 显示了通常采用的二维定位图。

利用定位图,不仅可以确定竞争企业的位置,而且能够发现核心需要之所在,从而沿着满足核心需要的路径重新定位。

图 5-6　二维定位图

4)评价定位选项

(1)可供选择的定位方式。

① 避强定位。这是一种避强就弱、抢占市场薄弱环节的定位方法。服务企业采用这种定位方法可以避免激烈冲突并巩固当前的位置。比如一家出租车公司在全国排名第二,为了避免来自强手的打击,它把第二这个市场位置当作一项资产,其宣传用语是:"我们暂时屈居第二,所以我们会更加努力!"这样既宣传了自己,又激发了顾客的同情心和信任度,从而巩固了当前的市场位置。服务企业还可以采用确定空缺的市场位置,打击竞争对手弱点的定位方法。例如,一家小银行把自己定位为"一个快速行动的银行",以便在与大银行竞争

时,攻击其反应较慢的弱点。

② 迎头定位。这是一种以强对强的市场定位方法。由于与强有力的竞争对手对着干,所以这种方法的风险较大,但同时也能激励企业以较高的目标要求自己,奋发向上,如麦当劳、肯德基在很多地方的竞争就是属于这种定位策略。

③ 重新定位。当企业产品出现滞销、市场反应迟钝等现象或第一次定位不准确时,就需要重新定位。重新定位往往基于以下三种情形。

a. 原有定位不能达到营销目标。此种情形或是因为传播的困难,或是因为虽有效地向目标顾客传递了企业的定位观念,但市场占有率、利润率等经营指标不理想。例如,王老吉最初定位是“中药凉茶”,而消费者普遍认为“药”是无须也不能经常饮用的,后来王老吉跳出药茶行业,将自己重新定位为“预防上火的饮料”,“预防上火”的概念深入人心,王老吉的销量实现了爆发式增长。

b. 发展新市场的需要。新的市场有不同的市场环境和不同文化、社会背景的顾客,原有定位可能变得不准确,需重新定位。

c. 竞争的需要。企业在竞争中可能会丧失原来某些方面的明显优势,而建立在原有优势基础上的定位无法再使企业具有竞争力,需要重新定位。

一般而言,重新定位具有一定的风险。首先,企业内部要在定位方面达成共识是比较困难的;其次,要重新获得顾客的认同也并非易事;最后,企业还可能面临资金投入的困难。

(2) 成功定位的原则。企业在确立自己的市场位置之后,应当努力维持或提升其相对于竞争者的市场位置。托马斯·康斯尼克(Thomas Kosnik)提出了下列成功定位必备的特征。

① 定位必须是有意义的。定位不应是一些漂亮的宣传口号,而应当是具有实际意义的,否则企业可能陷入困境。

② 定位必须是可信的。服务企业的市场定位必须能让其目标顾客信服,而不是一厢情愿地宣传一些在其顾客看来并不可信的东西。如许多公司声称能为所有的人提供所有的服务,这显然是令人难以信服的。即使那些行业中的领先者,也没有声称自己无所不能,而是集中于某一特定领域做一个可信任的企业。虚假夸大的、不可信任的定位往往会适得其反,给企业带来不利影响。

③ 定位必须是唯一的。企业应当在既定的目标市场上,发掘能持续地使自己保持领先地位的市场定位,差异化的方法有很多种选择,表 5-1 列出了 12 种领先方式及其内涵,即12 种可使企业获得领先地位的定位选项,企业应当根据自己和市场的竞争状况加以选择。

表 5-1　定位方式

定 位 选 择	含 义
市场份额领先者	最大的规模
质量领先者	最好的或最可信的商品或服务
服务领先者	最迅速地为顾客解难
技术领先者	最早发现新技术
创新领先者	在技术应用上最具创造性
灵活领先者	最具适应性

续表

定 位 选 择	含 义
关系领先者	最致力于顾客的成功
特权领先者	最具排斥性
知识领先者	最好的功能和技术
全球领先者	在国际市场上占据最佳位置
折扣领先者	最低的价格
价值领先者	最好的价格/性能比

企业在考虑这些定位选项哪一个最为合适时,应回答下面的问题。

- 哪一种定位最能体现企业的差异化优势?
- 哪一种定位为主要竞争对手所占据?
- 哪些定位对每一目标细分市场最有价值?
- 哪些定位有众多的竞争者?
- 哪些定位目前的竞争尚不激烈?
- 哪些定位最适合于企业的服务商品和服务群定位战略?

以上关于定位选项的选择,是从顾客感知服务的角度来分析的。事实上,考虑定位的角度有多个,因为企业的位置要受到竞争群体和顾客群体的影响。企业、竞争者、顾客便构成一个定位感知三角,这个三角(见图 5-7)对企业实施营销战略的方式有深远的影响。

图 5-7 定位感知三角

需要注意的是,企业对自身的感知与竞争者和顾客对企业的看法经常相悖。立足于企业层次的定位必须致力于管理和宣传自己差异化的位置,以提高企业的可见度和可信度,为此企业必须不断地与顾客对话,以支持并提升其市场位置。

5) 执行定位

企业和服务的定位需要通过与顾客隐性和显性的接触传达出去,这就意味着公司的职员、政策和形象都应当传递期望的市场定位。事实上,企业期望的位置和实际传递的位置往往不一致。比如,某航空公司曾标榜自己服务周到,但旅客的实际感受并非如此,为此公司需要作大规模的内部调整,其中包括职员必须真正想顾客所想,而经理对职员也要采取关怀的态度。在广告战略上,公司大胆放弃了沿用很久的"我们关心您"这一口号,转而从具体行动上体现公司的特色。可见,成功的定位取决于协调的、整体的内部和外部营销策略。

如果目标细分市场的顾客对企业提供的服务反应冷淡,那么定位就很有可能失败。顾客反应冷淡的原因主要是企业的服务毫无特色,与竞争者相比没有明显优势,为此企业的定位战略必须突出本企业服务与众不同之处,而且这些不同之处正是顾客所看重、所渴望的。因此,企业必须经常考察其定位战略,使之不致过时或者脱离目标顾客所需。

市场营销组合是执行定位战略的关键所在,执行定位的市场营销组合必须基于与目标细分市场相关的、关键的、突出的特性。确立这些特性应该分析竞争者的位置以发现其弱点。市场营销组合代表着定位的无限机会,下面将说明每一组合因素如何支持服务企业的定位。

(1)服务品种。服务品种本身能够传递定位,比如银行发行某种新卡可以将企业定位为具有创造性。

(2)价格。零售商和服务企业非常清楚价格在定位中的作用。价格以及一定价格带来的服务质量的改变有助于企业进行重新定位。

(3)服务便利性和地理位置。一些银行把自己定位为更接近顾客,这有赖于技术的进步。

(4)沟通与促销。沟通与促销和定位联系十分紧密,因为正是广告等沟通与促销规划使定位得以传达出去。定位主题或标志,比如"我们在倾听您的意见""全球最佳航线"等有助于强化期望的定位。

(5)职员。职员对定位起着关键作用。如果企业的定位是"我们会更加努力",那么它必须设法保证每个职员确实在为服务顾客而付出更大的努力。企业在传递定位之前,首先要培训职员以改善其服务表现。

(6)程序。程序对定位也是至关重要的。如果在银行或超级市场门前排起长队,再训练有素的职员也束手无策。另外,通过改革程序结构(包括提供服务的复杂性和多样性),也可以对企业进行重新定位。

(7)顾客服务。顾客服务对顾客感知有很大影响,因此顾客服务可用来创造竞争者难以模仿的竞争优势,即在定位中创造差异性。

见微知著

新能源汽车何以"换道超车"

2023 年 7 月 3 日,一辆银色新能源汽车在广州驶下生产线,这是我国第 2000 万辆新能源汽车,标志着我国新能源汽车在产业化、市场化的基础上,迈入规模化、全球化的高质量发展新阶段。

2000 万辆的背后是什么?是翻天覆地的变化。汽车被誉为"现代工业皇冠上的明珠",是公认的最能体现国家制造实力的重要标志之一。新中国成立之初,毛泽东同志曾发出感慨:"现在我们能造什么?……一辆汽车、一架飞机、一辆坦克、一辆拖拉机都不能造。"而今天,中国新能源汽车销量已经连续八年稳居全球第一,占据了全球销量的 60%,中国汽车工业实现了从小到大、从弱到强的蝶变。正如工业和信息化部副部长所说:"这是一个具有历史意义的重要时刻,是中国汽车工业 70 周年的最好礼物。"

2000 万辆的背后不仅是规模,还有速度。2022 年 2 月,我国新能源汽车产量首次超过1000 万辆。达成这个数字,我们用了 15 年,而达成第二个 1000 万辆,我们仅用了 1 年 5 个月,这充分说明新能源汽车市场迎来爆发性增长,也印证了"换道超车"重大战略选择的正确性。在燃油车时代,中国汽车工业努力从旁观者变成了参与者。而随着时代变化,我国敏锐捕捉全球汽车产业转型升级和绿色发展的主要方向,以前瞻性的战略判断和提前布局,成为新能源汽车的领跑者,也必将在迈向汽车强国的路上动力十足。

2000万辆的背后不仅有速度,更有质量。在起步阶段,中国新能源汽车以"政策＋市场"双轮驱动模式为主,市面上也出现了一些"骗补"企业,简单组装后就推出上市,给消费者留下了相对较差的印象。如今早就不可同日而语,绝大多数中国新能源汽车企业在"三电"等自主可控技术上都领先全球,有自己的核心竞争力,有自己的品牌优势。近年来,新能源汽车中央财政补贴逐渐退场后,人们仍然用实际行动选择和支持,说明中国新能源汽车已经有和传统燃油汽车一较高下的底气,这就是"中国智造"的力量。

回望我国新能源汽车取得的成绩,我们欢欣鼓舞,同时也要看到,国际上新能源汽车渗透率相对较低,叠加新能源汽车催生出电子化、车联网及相关应用等,行业未来发展空间广阔。达成2000万辆规模之后,下一步就是全面国际化。现在,中国新能源汽车在国际上的影响力与日俱增,相关部门也明确支持中国新能源汽车企业走出国门。期待更多企业锐意进取、勇于创新,到海外投资设厂,把中国先进技术、先进产品带到国外去,巩固和扩大我国新能源汽车产业发展优势,让科技创新成果更好地惠及世界各国人民。

从落后到赶超,从跟随到创新领先,从国内到国际,中国新能源汽车的崛起不是孤立事件,它代表了现代化产业体系建设的发展方向。进一步强化战略性领域顶层设计,加强关键核心技术攻关,必将有更多的现代化产业体系如同新能源汽车一样实现"换道超车",为经济社会发展提供更加有力的支撑。

2. 服务市场定位的工具

定位不仅是一种思考,在实践中还需要专业性的工具使之操作具体化。下面介绍定位图、排比图和配比图三种定位工具。

1) 定位图

定位图是一种直观、简洁的定位分析工具,一般利用平面二维坐标图的服务识别、服务认知等状况作直观比较,以解决定位的问题。其中,坐标轴代表消费者评价服务的特征因子,图上各点则对应市场上的主要服务品种或服务企业,它们在图中的位置代表在各关键特征因子上对消费者表现的评估。

利用定位图进行定位通常分为两步:确定关键特征因子和确定各服务在定位图上的位置。其中,确定特征因子是编制定位图的关键。影响消费者购买的特征因子多种多样,企业必须通过市场调查确定那些对消费者购买决策影响最大的因素,并要注意该因素应该能够和竞争者进行比较。然后将各竞争服务或企业置于定位图,即可发现企业的定位空间。如图5-8所示,以某市餐饮业为例,说明定位图的应用,对于餐馆,消费者最关注的三项特征因子是服务、环境和价格,这是通过调查分析得来的。从图5-8中可以看出,该市的餐饮业主要集中在两端,一是服务、环境很好,但价格同样不菲的高档酒楼;二是低档、价廉的小食肆。这两类市场竞争很激烈,市场空隙很小,但从图5-8中可以看出,服务、环境优良但价格适中的市场领域却是一片空白,餐饮企业可以定位于此,获得相对广阔的市场空间。

2) 排比图

随着消费者的需求差异越来越大,同时产品同质性越来越高,对消费者购买决策产生影响的产品特征因子也越来越多,这使营销者选择关键特征因子的难度越来越大,由双因素分

知识链接:
几种常见的
定位失误

析发展为多因素分析已是客观要求。而若定位图超过两维,不仅其直观性大受影响,而且增加了分析的难度。排比图突破了这一局限性,兼顾多因素分析与直观性。所谓排比图,就是将特征因子排列出来,在每一因子上分别比较各竞争服务品种或企业的表现,最后在此基础上确定定位。图 5-9 所示是以一家管理咨询公司为例说明排比图的运用。

图 5-8   餐饮企业定位图

图 5-9   公司竞争强度

在图 5-9 中,描述咨询公司的八个特征因子的重要性由上到下不等,其中专业程度最重要,专业能力次之,资料处理能力最不重要。图中 B、P、R、A、S 代表各主要竞争对手,其中,S 公司在最关键方面——专业程度上能力最强,而且在专业能力、动员能力、主管亲和力方面实力都很强。而 A 公司则在专业能力方面最强。不难发现,前两项特征因子已是强手如林,不宜再强行进入。但从图 5-9 中可以看出,在"专业知识"上,排在最前面的 R 公司也表现平平,连出众的 S 公司在此方面也很弱,因此,定位的范围就很明显了,专业知识不失为一个有价值的定位位置。

3)配比图

运用配比图比较容易发现市场空档,从而找到定位的范围。如图 5-10 所示,配比图左边列出的是竞争者及自己服务的优势与劣势,而右边则列出了经细分的消费者群对服务的不同要求。经左右配比,定位成功的服务都可以击中某一群消费者,如 A-G4、C-G1。至于那些定位不成功或缺乏定位的服务则游离于市场需求之外。企业要注意的是哪一群消费者的需求没有得到满足,这就意味着那是一个潜在市场。

图 5-10   定位配比图

项目小结

服务市场就是服务商品市场,是组织和实现服务商品流通的交换体系和销售网络,是服务供给、交换和消费的综合体。服务市场具有供给者和需求者直接见面、供给和需求分散、供给和需求弹性大、需求多样且多变、销售渠道单一等特征。

市场细分是指企业按照一种或几种因素,把整个市场分割为若干个有相似需求和欲望的消费者群,形成子市场的市场分类过程。将市场细分、形成有效的细分市场必须具备以下条件:购买者需求的多样性和稳定性、可确定性和可衡量性、可赢利性、可达到性、可行动性。服务市场可以按照地理环境、人口和社会经济、消费心理、消费行为、顾客受益、服务要素等因素细分。服务市场细分一般包括三个步骤:通过调查研究确定相关市场、确定最佳细分变量、细分市场。

对细分市场的评估和选择必须考虑四个因素:细分市场的规模和发展潜力、细分市场的赢利能力、细分市场的结构吸引力以及企业的目标和资源。通过对不同细分市场的评估,服务企业会发现一个或几个值得进入的细分市场。目标市场的进入模式包括密集单一市场、产品专业化、市场专业化、有选择的专业化、整体市场。服务企业可以选择的三种市场覆盖战略是无差异性市场营销、差异性市场营销、集中性市场营销。

服务市场定位是营销观念的具体体现,即它是以了解和分析顾客的需求心理为中心和出发点。服务市场定位的步骤包括确立定位层次、确定关键特性、将特性置于定位图上、评价定位选项、执行定位。可供选择的定位方式包括避强定位、迎头定位、重新定位。服务市场定位的工具包括定位图、排比图和配比图三种。

巩固练习

1. 简述服务市场的特征。
2. 简述服务市场细分的步骤。

项目 5 即测即评

实训课业

一、技能训练

(1) 如果你想在大型百货商店中创建一家女装销售店铺并采取特许经营的方式营业,作为老板,在当前女装市场竞争日趋白热化的情况下,你认为应该怎样对女装进行市场细分、目标市场选择和市场定位?

(2) 中国某城市有 A、B、C、D、E 五家酒店参加评比,通过问卷调查,顾客按照价格水平和服务水平两个主要评价要素对五个酒店的经营状况的评分结果见表 5-2,请根据表 5-2 所示数据制成企业定位图并对酒店服务市场现状进行分析。

表 5-2　酒店经营状况社会评分结果一览表　　　　　　　　　　　单位:分

评价要素	A 酒店	B 酒店	C 酒店	D 酒店	E 酒店
价格水平	98	90	60	80	40
服务水平	98	90	60	45	40

（3）某城市卫生管理部门对五所医院的竞争强度的评分结果见表 5-3，请根据表 5-3 所示的评分结果绘制成排比图并对定位的目标进行分析。

表 5-3　　医院竞争强度评分结果一览表　　　　单位：分

评 价 要 素	A 医院	B 医院	C 医院	D 医院	E 医院
医生数量	98	96	90	80	70
医德水平	98	90	80	85	75
医疗和护理技术水平	95	98	80	84	82
医疗设备水平	90	96	85	75	70
病床数量	90	80	70	60	50
科研水平	70	60	50	20	40
医疗管理水平	60	65	70	40	30
后勤管理水平	40	50	30	60	20

（4）选择一家你所在城市的大型购物中心进行调研，分析说明它是如何进行市场细分、目标市场选择和市场定位的？

二、实训项目

著名服务型企业服务市场细分、目标市场选择和市场定位战略的应用

1．实训内容

组织学生到饭店、宾馆、银行、医院等著名服务型企业去调研，分析它们是如何进行服务市场细分、目标市场选择和市场定位的。

2．实训目的

利用服务市场细分、目标市场选择和市场定位的理论结合企业实际分析、研究和解决企业存在的实际问题，提高学生的实践应用能力。

3．实训要求

（1）采取多种教学形式。一是聘请水平较高的服务型企业高级管理人员到学校做专题讲座；二是组织学生以 6～8 人为一组，由组长负责，利用实训课或其他时间到著名服务型企业去考察和学习。

（2）以小组为单位座谈讨论，分工协作撰写调研报告。报告的主要内容包括：企业如何进行服务市场细分、目标市场选择和市场定位；采取的措施和取得的成绩；存在的问题和原因；解决问题可行的对策和建议。

服务商品策略

知识目标

1. 了解基本服务商品组合的内容。
2. 掌握服务商品组合策略。
3. 掌握服务商品生命周期理论及不同生命周期的营销策略。
4. 熟悉新服务商品的开发流程。
5. 明确服务品牌的管理内容。

能力目标

1. 能够对企业服务商品组合策略进行分析和优化。
2. 能够灵活运用服务商品生命周期阶段的营销策略。
3. 能够进行服务品牌的设计与策划。

素养目标

1. 发扬科学家精神、企业家精神和工匠精神,脚踏实地、自强不息,提升职业竞争力和发展力。
2. 弘扬社会主义核心价值观,坚定文化自信、民族自信。

◎ 案例导入

热搜背后的"网红景点"胖东来

从来没有一家超市热闹得像是景点一样——大巴车一辆接一辆地开过来,有导游或者"导师"举着小旗子,拿着麦克,在超市里给客人讲解胖东来的故事、文化和服务。"投诉有奖""不满意上门退换""东西不合口味能直接退钱"……凭借着独特的购物体验,胖东来,这家发轫于河南许昌的零售企业,以其"海底捞"式的优质服务,被称为"超市界的天花板",也成为热搜上的常客。在胖东来频繁被"夸出圈"后,人们不禁产生好奇,现实中的胖东来到底是如何做到这般的呢?

经营细节

蔬果类区域的员工需随时对商品鲜度进行检验,挑选、补水(外围半小时喷水一次),变质商品挑拣出来,可回收商品加工再售,腐败商品集中存放报损,尤其天气炎热时,要对卖场的蔬菜加冰保鲜。产品的产地、品种、进货价以及挑选方法、食谱等关联信息都呈现在价签上。

设置冰柜，有需要的顾客在购物后可以自行拿取，为食材免费加冰锁鲜。

生鲜区域可提供免费生肉剁块、打馅、打片、打丝、去皮以及免费宰杀活鱼、切片、剁块、清洗等服务，同时搭配烹调菜谱、免洗消毒杀菌液、一次性手套、口罩等供顾客使用。

此外，胖东来的自制熟食要求每日出清，会根据上架时间进行折扣销售；并且公开所用油的种类和名称，每日严格监测油炸食用油的品质。

水果区域，除了根据上架时间折扣销售，胖东来超市还会对水果进行农药残留等数据监测，并将切片果盒进行甜度排序；另提供免费水果切片、切块、去皮服务，例如榴莲，称完可以现场开，若是果肉不够饱满或是顾客认为口感不好，工作人员会主动提出更换直至顾客满意。

各店生鲜处、散称粮食区、散称干果区等裸露商品区域均为顾客准备一次性手套，保证商品的干净卫生；各店冷冻柜由于温度较低，为顾客备有拿取商品的手套；为防止划伤，为顾客备有挑选榴莲的专用手套。

散装称台处为购买散称干果的顾客提供免费封装服务。

烧烤食材区提供烧烤炉租赁服务。

生鲜、熟食等均可现场加工，餐饮及食品类加工操作间和菜品制作流程均采取透明化展示，并提供免费的一次性餐具（顾客需大量餐盒时，按餐盒大小收费）以及抽真空；免费榨果汁、免费试饮。

自助结账处配备了工作人员，主动帮顾客装袋，并提供筷子、勺子、吸管等各种一次性餐具。

售后

除了经营上的细节，胖东来的售后服务也令人交口称赞。各个业态都制定了专门的售后服务策略，包括珠宝售后服务中心、电器售后服务等。

除此之外，胖东来还设置了一套严谨的售后服务标准。胖东来曾两次因为价格争议召回商品，并对客户做出相应的售后处理。

用真品换真心，不满意就退货，是胖东来永远不变的承诺；同时，门店提供上门退换货服务、500 元投诉奖（如果对胖东来哪位员工的服务不满意，可以打值班经理电话投诉，并到总服务台领取 500 元服务奖）。

便民设施

胖东来的各个广场都设有服务台，可提供租借婴儿推车、礼品包装、残疾人免费轮椅等多项服务；租借婴儿车处备有一次性尿垫、婴儿毛毯等，缴纳 200 元押金可借用，退回婴儿车后可返还相应押金。

值得一提的还有胖东来天使城斥重金打造的豪华母婴室，包含休息室、打理间、哺乳间等多个私密空间，设施高端且完备，配备专门人员随时提供帮助，并为宝妈准备了方便哺乳的椅子脚凳和遮挡帘。

除此之外，各个胖东来门店覆盖了免费的无线网络供顾客使用。

提供免费的寄存服务，部分门店还设有可寄存的冷冻冷藏柜。

除普通购物车之外，还有为婴儿、儿童以及老年人等设计的六款专属购物车（配有放大镜）；为方便老年顾客购物，各店收银台、烟酒柜、服务台都备有老花镜。

员工

无数细节的呈现，离不开一线员工的支持与努力。

不仅对顾客用心，胖东来集团对员工也做到了关怀备至。基于此，胖东来员工的工作激情也不断被激发,随处可见热情洋溢的工作人员积极劳动的身影,为顾客呈现一个舒适、整洁的购物环境。

当然,保持高品质的服务质量,离不开流程的极致细节化和规范化。同时,胖东来也保持了一定的民主性,鼓励员工在工作中发现问题、解决问题,自下而上,由员工对工作流程进行规定以及持续的补充完善,根据实际情况制定标准。

不仅在台前,胖东来员工在幕后也保持着干净、整洁的工作习惯。

这一点一滴的细节之中蕴含的"人情味儿",是国人情有独钟的浪漫,也是胖东来与消费者之间构成信任关系的基础和获得拥戴的重要原因。

【分析提示】 在商品同质化日益严重的今天,服务已成为零售企业提供给顾客附加价值、实现差异化竞争的有效手段。用服务增值,就是要在商品之外提供更多、更好的附加服务来满足消费者的需要。胖东来不仅将自己视为零售业,还将自己视为服务业。生活水平逐步提高,人们的消费观念也发生很大改变,零售行业亦是如此。正是这些优质服务,使胖东来成为"中国零售业神一般的存在"。

6.1　服务商品相关概念

6.1.1　商品和服务商品的含义

1. 商品的含义

按照现代商品观念,商品是指为注意、获取、使用或消费以满足某种欲望和需要而提供给市场的一切东西。商品的内涵已从有形物品扩大到服务(如美容、咨询)、人员(如体育、影视明星等)、地点(如桂林、维也纳)、组织(如保护消费者协会)和观念(如环保、公德意识等);商品的外延也从其核心商品(基本功能)向一般商品(商品的基本形式)、期望商品(期望的商品属性和条件)、附加商品(附加利益和服务)和潜在商品(商品的未来发展)拓展,即从核心商品发展到商品五层次,如图 6-1 所示。

服务与有形商品是具有一定区别的概念。严格地说,商品是一个大的整体的概念,而服务和有形商品只是商品范围内的两个小概念。菲利普·科特勒认为:服务商品往往依附于有形的物品,而有形商品里面也包含有服务的成分。

图 6-1　商品的五个层次

2. 服务商品的含义

服务商品的概念有广义和狭义之分。广义的服务商品是指一切具有无形特征却可以给人带来某种利益或满足的一系列活动,包括派生性服务商品和专业性服务商品。狭义的服务商品仅指专业性的服务商品。一般情况下,服务营销中讨论的服务商品都是指专业性服务商品。

1) 派生性服务商品

派生性服务商品是指服务在整体商品中不占主体地位,依附于有形商品而存在,为促进有形商品销售,无偿或有偿地向顾客提供的能增加顾客满意度的一系列活动。

2)专业性服务商品

专业性服务商品是指一系列专门为解决顾客的有关问题或为顾客带来某种利益和满足的具有无形性的活动过程。这一活动过程在整体商品中占有主体地位,有形商品(有形展示)可能作为服务活动顺利进行的物质基础或条件参与其中。专业性服务商品包含核心服务、便利服务和支持服务三个层次。

(1)核心服务是企业满足目标市场需要的服务,是顾客真正购买的服务和利益。它体现了企业最基本的功能。例如,酒店提供住宿,航空公司提供运输等。当然,一个企业可以有多个核心服务。例如,一家酒店,既可以提供住宿服务,也可以提供会议服务和餐饮服务。

(2)便利服务是企业为了使顾客能够享用核心服务,提供的一些附加服务和便利条件。例如,北京华联超市为了方便顾客购买,设有专门的汽车定点定线免费接送顾客的服务。

(3)支持服务是核心服务以外的使顾客能够感受或在其意识中形成的其他利益,其作用是增加服务的价值或者使企业的服务同其他竞争者的服务区别开。支持服务并不是为了方便核心服务的使用,而是被企业作为差异化战略而使用的。例如,酒店向住客提供接送机服务或者免费游泳池等。

便利服务与支持服务之间的区别有时并非十分明显。一些服务在某种场合是便利服务,在另外的场合可能是支持服务。但是,对二者加以区分十分重要,因为便利服务往往是义务性的、不可或缺的,没有这些服务,企业的基本服务组合就会失效。这是顾客最基本的期望价值。支持服务是为了增加服务的价值和竞争力。没有便利服务,核心服务不可能或不能顺利被消费;没有支持服务,核心服务仍能被消费和享受。

6.1.2　基本服务商品组合的内容

基本服务商品组合由一系列无形和有形的服务要素组成,并决定了顾客究竟能够从企业那里得到什么东西。基本服务商品组合包括基本服务要素、服务形态、服务质量、服务数量、服务水平。

知识链接:服务商品的五种类型

1. 基本服务要素

基本服务要素是指一项完整的服务应有的组成部分,一般包括服务的主体、服务的客体和服务内容。

(1)服务的主体一般是指履行服务的人。他们的经验水平、教育水平、个性特点、交际能力等都会影响到顾客对服务产品的评价。在实际的服务操作过程中,如果一些服务项目不是由服务企业所提供的,而是由顾客自己提供的,那么,顾客也成为服务主体的一部分。

(2)服务的客体即服务的对象,也就是服务的顾客。服务的不可分离性决定了服务的供给过程与消费过程是同时进行的。所以,服务对象对服务商品的供给有一定的影响力。

(3)服务内容。这里研究的服务一般都是指专业性服务商品,包括核心服务、便利服务和支持性服务。具体内容如前所述。

2. 服务形态

在基本服务组合中,各种服务要素是以不同的形态提供给市场的。针对每种服务要素进行的不同选择便构成了不同的服务形态。例如，服务商品的标准体系。对于每一项服务都应有统一的评判标准，这样才能使顾客在消费时心中有数。酒店的星级服务标准、医院的统一服务标准等都属于此列。

3. 服务质量

（1）服务质量的含义。根据世界标准化组织 ISO 对质量的定义：质量是反映商品或服务满足规定或隐含需要能力的特征和特性的总和。

简单来说，服务质量是服务商品供给的服务或服务业满足规定或潜在要求（或需要）的特征和特性的总和。特性是用来区分不同类别的商品或服务。例如，旅游有陶冶人的性情、给人愉悦的特性，旅馆具有让消费者休息和睡觉的特性；特征则是用来区分同类服务中不同规格、档次、品位的服务。例如，飞机和轮船用舱位的等级表示服务的规格和档次，而酒店则用星级标准来说明其服务质量的基本特征。

（2）服务质量的构成要素。服务质量由技术质量、职能质量、形象质量和真实瞬间构成，它是顾客感知质量与预期质量的差距的具体体现。①技术质量是指服务过程的供给，也就是顾客从服务过程中所得到的东西，如饭店的菜肴是否可口、旅馆的服务是否到位等；②职能质量是指服务推广过程中顾客所感受到的服务人员在履行职责时的行为、态度、着装和仪表等给顾客带来的利益和享受；③形象质量是指服务企业在社会公众心目中形成的总体印象，顾客可以从企业的资源利用、组织结构、市场运作、企业行为方式等多个侧面来认识企业形象；④真实瞬间是指在特定的时间和特定的地点，服务供应者抓住机会向客户展示其服务质量的过程。

4. 服务数量

与服务质量密切相关的是服务数量或提供给顾客的服务额度。它们是不容易设定和管理的。与服务数量有关的决策包括：服务商品中递送的服务总量，如在旅游服务中旅客所游览的景点数量；服务商品递送的服务时效性，如旅客是否能在合同约定的时间内得到满意的服务；服务商品递送的服务流量，这是衡量消费者获得服务信息的强度指标。

5. 服务水平

服务水平是指顾客在获得服务质量和数量之后所做出的判断，是服务使用者对于他们所将获取的服务要素以及这类要素的构成形态的一种心理预期和期待。

从客观上来说，服务水平是对服务人员水平、服务质量水平、服务品牌战略、服务流程、服务时效、服务态度等的综合评判。但从主观上看，服务水平又表现为顾客的实际感受与其心理预期之间的差距。

6.1.3　服务过程的含义

基本服务组合只是揭示出服务商品的技术层面，而服务的供给和传递过程以及顾客对这些过程的感知也是服务商品的重要组成部分，是服务商品供给和消费的全过程。服务过程包含以下三个要素。

知识链接：有形商品展示和服务商品展示的主要区别

1. 服务的易接近性

服务的易接近性是指顾客能否较容易地了解、接触、购买和使用服务。通常，服务信息的传递过程（包括服务购买前的信息传播和搜寻过程、服务中的信息感知过程、服务后的评价过程和信息反馈过程)、服务人员的数量和技术、办公时间及其安排和顾客的数量与知识水平等决定了服务是否具备易接近性。如果一家公司的客服人员让顾客等了很久才拿起话筒，或者他不能找到技术人员同顾客交谈有关维修的问题，那么，该公司的服务就失去了可接近性，这将严重影响顾客对其服务商品的感知。

2．顾客与企业之间的交换过程

顾客与企业之间的交换过程，即服务供给的过程，也是服务消费的过程。在这个交换过程中，顾客与服务人员是有互动的。这种互动过程可分为以下几种。

(1) 顾客与服务人员的相互沟通取决于服务人员的行为，如他们说什么、做什么以及如何说、如何做等。

(2) 顾客与企业的物质设备、技术资源之间的相互作用。

(3) 顾客与企业各个系统如等候系统、账单系统、传递系统之间的相互作用。

(4) 同一互动过程中，顾客之间的相互作用。

毫无疑问，顾客在购买服务的过程中，不仅要与服务人员打交道，还要了解和熟悉企业的经营管理制度和运作程序，有时还要使用扫码点餐之类的技术设施，而且会与其他相关的顾客打交道。所有这些互动过程都将对顾客感知企业服务质量产生重大影响。如果顾客认为这些过程过于烦琐和复杂，或者受到不友好的对待，则他们很难会给企业的服务质量较高的评价。

3．顾客参与

顾客参与也是服务递送系统的一项重要内容。由于服务商品的供给和消费是同时进行的，顾客直接参与服务商品的供给过程，并影响到他们对服务商品的认知。比如，当患者去医院看病时，患者作为"服务对象"必须向医生提供正确、充分的信息，帮助医生做出正确的诊断，进而在很大程度上影响治疗效果。

根据以上论述，可以总结出服务递送系统的两大要素：人员和有形展示。

(1) 人员。涉及服务表现和递送的人员大致有三种类型：一是服务企业的员工，以他们的态度、技能、知识和行为影响顾客从服务消费中所获得的满足水平。这些企业员工，不论是否与顾客接触都会对服务的形态、特色和性质产生影响。二是顾客见到的人以及见不到的人。为服务企业工作的，还有公关代理、中间人、志愿者以及其他相关人员，也会影响到服务。三是不可或缺的"消费大众"，包括过去、现在以及未来可能的消费人群。由于他们在服务供给过程中均有参与，会影响到"过程"，同时也会相互影响。

(2) 有形展示。服务是无形的，但服务设施、服务设备、服务人员、顾客、市场信息资料、定价目录等都是有形的，是顾客在"购买"服务时能看到的资源。因此，一切可传达服务特色及优点的有形组成部分都被称作有形展示。有形展示的有形商品包括建筑物、厂房、设备、工具、设施之布局陈设以及服务的实体性要素，从运输工具到标签、文件和格式等。

6.1.4　服务商品组合决策的内容

服务是一种复杂的商品，因为它有时不仅提供无形商品，还可能同时提供有形商品。这一点无论对于制造业企业，还是服务业企业，都是客观存在的。关于服务商品化，在网络供应、物流、银行、保险等服务行业领域表现得尤为明显。对于制造业企业，如新能源汽车生产企业,其售后服务中心在为客户提供服务时,很可能会为客户提供零配件服务,而零配件就是一种有形商品;对于服务业企业,如零售业也会为客户提供满足其需求的商品。可见,在很多情况下服务都是一个组合商品,如某汽车厂商针对新 4S 店开业推出的系列服务活动:免费检测发动机、免费洗车、赠送车辆保养服务等,这是一个"打包"的服务商品。

因此,在进行服务商品规划时,考虑如何进行服务组合是非常必要的。服务商品组合是指服务企业所提供的各种不同类型的服务商品之间质的组合和量的比例。服务组合的确定就是对服务组合的宽度、长度、深度和相关性等方面进行全方位决策。

1. 服务商品组合的含义

服务商品组合由各种各样的服务商品线所构成。服务商品线是指相关联的一组服务。这些服务出自同一供给过程,或针对统一的目标市场,或在同一销售渠道里销售,或同属于一个服务档次。比如,酒店提供不同的房间在同一销售渠道里销售。服务商品组合可以从宽度、长度、深度和相关性四个方面分析。宽度是指一个企业提供服务的大类的多少,即服务商品线的条数。长度是指各个服务商品线长度的总和,而各个服务商品线的长度则指服务商品线中服务项目的数量。深度是指每个服务项目中包含的服务子项的品种,如酒店里双人间又分为普通双人间和豪华双人间,这样双人间的深度就是 2。相关性是指各服务产品线在最终效用、提供条件、分销渠道及其他方面的关联程度。以酒店为例,由于客房服务、餐饮服务与会议服务总是很容易被客户共同利用,酒店的服务产品线具有很高的相关度。

2. 服务商品组合策略

服务市场竞争及需求状况在不断变化,服务型企业的发展目标及市场资源水平也在随着企业成长进行调整。因此,服务组合的持续调整和变化是服务型企业在服务组合策略决策中需要经常面对的问题。服务组合的优化策略就是服务型企业根据服务市场需求、竞争态势和企业目标及资源状况,对服务组合的宽度、长度、深度和关联度等方面进行优化。

1)扩大服务组合

当服务型企业需要提升成长速度,或者现有服务组合的销售额和盈利水平出现下降趋势时,就需要考虑对服务组合进行扩展。根据衡量服务组合的关键因素,服务型企业可以从以下四个方面对企业现有服务组合进行拓展和深化。

(1)拓展服务组合的宽度,即增加新的服务商品线。服务型企业在原有服务商品线的基础上,拓展企业经营领域,发掘和利用更多的服务细分市场,实现服务经营的多样化,在分散服务市场风险的同时,增加服务型企业的收入来源。

(2)增加服务组合的广度,即增加新的服务项目。服务型企业在保持现有服务商品线的前提下,丰富各商品线的服务项目,能够使服务型企业增强市场适应性,深耕现有服务细分市场,为各细分市场提供更加多样化的服务项目。

(3)延伸服务组合的深度,即现有服务商品线中的服务项目强化便利性附加服务,增加支持性附加服务。对现有服务项目完善和优化,增强服务价值输出和服务竞争力,能够维持并加强现有顾客关系和顾客满意度,增加现有服务项目的顾客针对性和服务有效性,强化服务型企业的专业化形象。

(4)强化服务组合的关联度,即提升现有服务及新服务对服务基础条件及人员等市场资源的共享程度,强化各类服务项目的内在一致性,通过共用服务营销渠道、服务场景及服务支持设施,共享服务人员培训及相关服务资源等方式,增加服务型企业运营的规模效应和协同效应。

服务型企业要实现服务组合的扩展,应该具备以下条件:①发掘出新的、具有吸引力的潜在服务细分市场;②新技术的出现为新服务的开发提供可能;③主要竞争对手推出新的服务商品线或服务项目;④服务型企业的市场资源水平得到显著提升;⑤服务型企业对发展战略及目标进行较大调整;⑥政策变化带来新的服务市场机会,例如,政府购买服务会为服务外包企业提供发展契机,各级自贸区的兴建为跨境电商服务企业带来新的市场机会。

2)缩减服务组合

当服务型企业内外部环境发生变化,企业可能会考虑对现有服务组合进行精简,退出一些服务细分市场,削减一些服务商品线或服务项目,或者简化一些服务项目的附加服务等。与服务商品组合拓展一样,服务型企业仍然可以从服务商品组合的宽度、长度、深度和关联度四个方面,对服务组合进行缩减,以保证服务型企业资源聚焦,支撑企业生存和发展。

一般而言,服务型企业缩减服务组合的前提条件主要包括:①现有服务细分市场萎缩,服务销售收入不能为服务型企业带来持续盈利并支撑企业生存和发展;②服务型企业市场资源状况发生变化,企业现有资源无法有效支撑原有的服务组合;③服务型企业无法抵御主要竞争对手的进攻,在现有某些细分市场无法获取竞争优势,而且发展前景仍比较暗淡;④服务型企业的发展战略出现重大调整,市场资源配置方向发生重要改变;⑤市场管制政策发生重大变化,如行业准入门槛及条件提高,服务型企业当前无法达到政策规范所规定的新市场准入标准。

3)服务定位延伸

服务定位延伸即全部或部分改变服务原有的市场定位,向下、向上或者双向延伸服务商品线。

(1)向下延伸策略是把原来定位于高档市场的服务线向低档方向延伸,目的在于利用高档服务的声誉来吸引购买力水平低的顾客光顾新设的低档服务项目。采取向下延伸的策略虽然比较容易成功,但存在一定的潜在风险。如新的低档服务项目也许会蚕食公司原有较高档的服务市场,因为低档服务可能会吸引原高档的客户。公司向低档市场延伸可能会激发竞争者反而将服务重心转移到高档市场,使公司的高档服务项目陷入被动。更为可怕的是,向下延伸还可能降低服务品牌的顾客认知价值,影响服务企业的形象与持续发展。

(2)向上延伸策略是指原来定位于低档服务市场的服务企业,在服务线内增加高档服务项目。向上延伸同样存在风险:管理者和服务人员可能会因能力不足,不能很好地为高档市场服务;在低档市场上赢得的形象可能无法吸引高档市场的客户等,以致竞争力不足。

(3)双向延伸策略是指定位于中档服务市场的企业在获得中档市场优势后,同时向高、低档两个方向延伸,以增加销售额和扩大市场份额。

4)服务商品线现代化

即在某些市场条件下,服务企业的服务商品线要在供给形式上或服务理念上不断创新,超过竞争对手或顾客期望,以适应竞争形势。

▦ 同步案例

沈阳故宫有惊喜:多项惠民举措　服务再升级

红墙绿树,黄瓦蓝天,盛夏的沈阳故宫,充溢着庄重华丽的气质;一砖一瓦,一器一物,历史中的沈阳故宫,镌刻着先人的智慧和文化。沈阳故宫以其独特的建筑艺术及厚重的民族精神内涵,已成为古代中国灿烂文明和中国文化记忆的一个重要组成部分。

为了让更多游客走进沈阳故宫,品味古人的建筑智慧和宫廷文化,领略故宫的壮美风华和独特魅力,2022年夏天,沈阳故宫博物院升级惠民活动力度,开展沈阳市民半价、高考生免费游沈阳故宫活动及各类公益研学活动。还打造了全新夏季景观,不断完善公共文化服务体系,努力营造安全有序、舒适温馨的参观环境。

福利活动惠民生　为民服务暖人心

为了给考生们提供更优惠的观赏体验,高考结束至9月20日期间,全国2022年度高考生持本人身份证＋准考证,即可免费游览沈阳故宫。不仅高考考生有福利,沈阳居民也有福利。2022年7月1日至2022年12月31日(法定节假日除外)期间,沈阳故宫博物院面向身份证以2101开头、户口簿显示户口所在地为沈阳市、持暂住证长期在沈阳居住的观众推出每日1000张沈阳居民电子预约票,享受半价游览沈阳故宫的福利。让更多多年未迈入故宫的家乡人实地感受故宫魅力,享受文化遗产保护成果,增强对沈阳历史的认识。

社会教育　文教结合　涵养文化自信

2023年暑期,沈阳故宫博物院继续面向儿童、青少年组织各类免费研学活动,分别为"生生不息"展览专题研学活动和"宫中寻宝"主题研学活动。通过丰富多彩的社会教育活动,将丰富的院藏资源转化为教学资源,让孩子们在体验中学习,与历史隔空对话,与传统文化零距离接触,真正让博物馆变成学生们的第二课堂。

公共服务升级　为文化传承添彩

盛夏时节,沈阳故宫博物院在台上五宫、后苑新增荷花景观,同时启动后苑荷花池雾化系统,打造"瑶池仙境"。这种以水为原料的物理降温雾化系统,不仅可以净化周围环境,还能够将周边空气温度降低,为夏日添一抹清凉。

同时,沈阳故宫博物院升级服务设施,进一步提升服务质量。每整点进行两次免费服务项目的广播提醒,每天进行四次参观线路广播讲解。在荫凉处、花园里增加了100把仿古座椅,并在观众排队入馆处搭起遮阳遮雨篷,中路、西路和出口处设立三处免费饮水点。无障碍通道护栏上安装海绵护角,石阶上也安装防滑条,从每一个细节,让市民游客在参观的过程中获得更好的体验,感受到更加贴心、更加人性化的服务。

为了进一步做好客流旺季的服务工作,2022年7月18日至2022年9月30日,沈阳故宫博物院取消周一闭馆,每周增加开放时间至8.5小时,累计增加11个服务日,以更好地满足观众的参观需求。

6.2　服务商品的生命周期

微课：服务商品
的生命周期

6.2.1　服务商品生命周期的概念

商品的生命周期就是商品的市场寿命,是商品从无到有、由盛到衰的过程。同理,服务商品的生命周期是指某一种服务商品从进入市场、稳步增长到逐步被市场淘汰的过程。全面认识服务商品的生命周期并依据不同阶段的特征制定相应的营销策略和改进方案,是促进服务快速成长、保持长盛不衰的必由之路。

典型的商品生命周期大致经历四个阶段:导入期(引入期)、成长期、成熟期和衰退期,以企业的营业额和利润,以及在变化过程中两者之间的关系来衡量商品的生命周期。

服务商品生命周期理论在很多服务市场营销中显示了充分的适用性。互联支付、网络医疗平台、租赁和户外娱乐等服务行业正处在成长的过程,而电影、电器维修和家庭服务等行业则已经发展过了其顶峰阶段。它也适用于金融服务行业、非营利组织的市场营销、艺术领域等,并在旅游和航空运输中也有一定的适用性。

根据服务商品各市场阶段在市场中的收益变化,最典型的服务商品的生命周期表现可分为四阶段的 S 形收益曲线,如图 6-2 所示。

图 6-2　商品生命周期图

(1) 在服务商品的引入期,顾客对该服务商品的认知度比较低,随着服务商品推广的不断深入,销售收益呈缓慢上升的趋势。

(2) 在成长期,如果最初的购买者保持忠诚,新的购买者在促销和口碑的带动下尝试购买,服务需求开始膨胀,供给和流通成本随销售量的增加而减少,收益快速上升,服务商品进入成长期。同时,新的竞争对手受到市场机会的吸引,将会进入市场,竞争压力逐渐增加。

(3) 进入成熟期后,服务商品的销售达到了高峰,销售量的增长平稳且缓慢。

(4) 到了衰退期,由于顾客消费偏好的转移、服务技术过时和竞争对手推出新商品等原因,服务商品已经明显缺乏市场的支持,销售收益急剧下降。

专家对很多服务商品进行研究之后,发现有许多服务商品的成长与衰退历史并不完全是依循普遍化模式,而存在一些基本模式的不同变体。常见的有以下几种。

(1) 超越型:是指服务商品进入成熟期后,由于服务诉求的变化,出现了新的消费群体、服务环境、服务水平以及其他因素的变化,具有超越竞争的优势,因此能继续找到新的顾客而使生意兴隆,历久不衰。

(2) 循环型:商品或服务在衰退期出现新生机而进入所谓的"第二周期",周期性呈现出需求的高峰和低谷,但第二周期显然不如第一周期的业绩表现。

(3) 流星型:服务商品在进入市场后,以其自身的新、奇、特的特点受到顾客的狂热追捧,很快迎来成熟期,又迅速衰退。

6.2.2 服务商品生命周期不同阶段的营销策略

1. 引入期的营销策略

引入期是服务商品的生命周期的起点。引入期的长短取决于顾客认识新服务并消除主观上的购买风险意识的时间。在现实市场中,很多新开发的服务商品在投放市场以后,还没进入成长期就被淘汰了。因此,企业要针对引入期的特征和不同服务商品的特征,制定和选择不同的服务营销策略。为此,可以选择以下营销策略。

(1) 迅速渗透策略,即使用低价格和高促销推出新服务商品的策略,适用于市场规模大、对价格比较敏感、行业进入成本低、存在强大潜在竞争对手的低端服务商品。

(2) 缓慢渗透策略,即使用低价格和低促销推出新服务商品的策略,适用于市场规模大、商品有较高的知名度、市场对价格敏感的服务产品。

(3) 迅速撇脂策略,即以高价格和高促销推出新服务商品的策略,一般适用于全新概念商品,消费者急于购买,行业进入成本较低。

(4) 缓慢撇脂策略,即以高价格和低促销水平推出新服务商品的策略,这类服务的市场规模有限,服务对象收入较高,对该商品有一定了解,行业进入成本较高,竞争威胁较小。

2. 成长期的营销策略

在成长期,服务企业的主要目的是尽可能维持高速的市场增长率。为此,可以选择以下营销策略。

(1) 尽可能扩大服务网点数量,使顾客更容易接近服务,并通过增加服务种类开展特色服务,改善服务态度,加强服务管理,留住老顾客,开发新顾客,提高服务质量来创造竞争优势,吸引更多的顾客,增加服务商品销售额,提高市场占有率。

(2) 服务广告的宣传重点除了扩大商品知名度外,还应加强消费者对服务商品的信任,说服消费者接受和购买。

(3) 进行新的市场细分和市场开发,开辟新的服务商品线,提高服务商品的市场覆盖率。

3. 成熟期的营销策略

延长该服务商品的成熟期和稳定市场份额的增长是企业该阶段的主要任务。为此,可以采取和选择以下营销策略。

(1) 发展服务商品的新用途,提升消费者对服务商品的满意度,使服务商品转入新的成长期。

(2) 开辟新的服务市场,提高服务商品的销售量和利润率。其包括两方面:一是对现有市场重新细分,对服务商品重新定位,找出新的目标消费者群体,即对消费市场进行纵深开发;二是将成熟的服务商品投放到全新的市场中,扩大服务商品的市场覆盖面,即服务商品市场的横向开发。

4. 衰退期的营销策略

进入衰退期以后,尽量利用原服务商品赚取最后的利润,为推出新服务商品积蓄能量是企业该阶段的主要任务,为此,可以选择以下营销策略。

(1) 立即放弃策略,即彻底放弃该项服务,将回收的资源投入更具有吸引力的市场。采取该策略可能会带来短暂损失,但抓住新的市场机会的概率大增。

（2）逐步放弃策略，即继续经营该服务商品，只是回收资金后就不再投入，经营规模逐渐缩小。这种策略虽然避免了立即放弃的阵痛，但经营成本会越来越高。

（3）自然淘汰策略，即继续保持原来的经营状态。这种策略虽然可能会暂时增加一些客户，但总的来说，代价很高。

服务商品生命周期是一个很重要的概念，与服务企业制定服务商品策略以及营销策略有直接的联系。站在服务营销的立场，审视服务商品生命周期，不仅能给企业应对各个阶段的变化和挑战提供启示，还能帮助企业认清一些潜藏在生命周期边缘的市场机遇，更是服务营销人员用来描述服务商品和服务市场运作方法的有力工具。

6.3 新服务的开发

6.3.1 新服务商品的概念

由服务商品的生命周期理论可知，服务商品在市场上总是经历着一个从成长到衰退的过程。所以，服务企业要想在激烈的市场竞争中成功地发展，就必须不断地引入新商品，以适应不断变化的市场需求。按照技术特性，新服务商品或服务创新主要从以下几个方面来进行。

1. 完全创新商品

完全创新商品即采用全新的方法来满足顾客的现有需求，给他们以更多的选择。采用这种方式风险较大，但回报也很高。

2. 进入新市场的商品

进入新市场的商品即一些已有的服务在进入新的市场时，也被视为新服务商品。比如，将在一些城市已经成熟应用的人脸识别消费引入尚未使用该方式的城市时，人脸识别消费就是一种新的服务商品。

3. 服务拓展

服务拓展即增加现有服务品种，拓宽商品线的宽度。由于技术和营销方式已经具备，选择这种方式投资比较少，但创新效果也不会很突出。

4. 服务革新

服务革新即用新技术对现有商品的特征予以改进和提高。实质上是对核心服务以外各层次进行改善，以调整商品的期望价值、增加顾客的附加利益。

5. 形式变化

形式变化即通过改善有形展示来改变现有服务。

同步案例：不断丰富
的方特家族

同步案例

首个管家服务白皮书发布 万科物业创新服务模式引领行业

小区电瓶车横行、草地大量斑秃、楼道垃圾不及时清理，投诉邻居噪声过大却没有下文、电梯经常坏、安保人员态度恶劣、邻里关系紧张，矛盾难以沟通和协调……如何解决这类民生难题，切实提升居民的生活品质？

2023年3月20日,中指研究院发布的行业首份《物业管家发展白皮书》(以下简称"白皮书")给出了答案。这份白皮书以万科物业为蓝本,借鉴行业头部企业的实践经验,指出以管家为抓手,通过专业的管理人、统一的服务标准、创新的服务内容破解民生难题(见图6-3)。

MOT	移动互联	场所服务	回家之路	休闲漫步	设施景观	入户服务
核心触点	社区网络覆盖	人行出入口	停车场	园区、苑落	宣传栏	家政维修
	手机/微信	车行出入口	苑门、单元门	道路、广场	垃圾桶	上门沟通访谈
		指挥中心	大堂(电梯厅)	水景		
	住这儿App	会所 幸福驿站	电梯 楼道	商业街	公共设施维修	送水、邮包

图 6-3 万科物业管家服务六大类"MOT"及相关触点

1. 揭开万科物业管家"铁军"炼造秘籍

社区治理存在诸多难点,给民生带来诸多不便和困扰。其中,缺乏高素质的物业专业人员监督统筹是最根本的原因,它导致管理效率低下,响应速度慢,投诉处理无法闭环。

白皮书指出,万科物业管家是行业出名的服务"铁军",2016年就成立了管家工作室(原名是管家学院),从选拔、培养到成长,再到晋升,建立了阶梯式的人才机制。

管家的门槛可不低,需具备九大性格特质和七大能力素质,九大性格特质分别是与人打交道的偏好、做事情的偏好和良好情绪偏好;七大能力素质来自三个方面:工作过程行为能力、工作结果交付能力和个人驱动能力。

想要成为物业管家,必须通过人员筛选、学习与训练、出师评估三个阶段的管家认证,时间周期一般为三个月。据管家工作室统计,2023年共有6997人通过认证成为管家中的一员。

为辅助管家通过认证,万科物业搭建了完善的培训机制,包含专业培训和实操训练两大环节,针对专业培训,自主研发了管家学习平台,在不同阶段的成长,定制不同的学习内容,设计出"见贤思齐分享会""每周一课""学习地图"等一系列线上工具;同时为其配置导师,帮助管家快速优质地胜任岗位工作。

成为物业管家后,以网格满意度、客户投诉、客户情感拜访三个维度,进行绩效考核和优秀评选,鼓励管家拉近与居民之间的心理距离,提供和监督高质量的服务。

值得一提的是,优秀的管家可以晋升为专业管理人才,完善物业服务机制,指导全国的管家监督品质落地,创新服务内容,不断刷新行业的服务标准。

2. 统一物业服务标准才是制胜法宝

有了管家,若没有统一的服务标准,也会导致服务效果差,引起居民不满。

为覆盖小区居民所有的生活需求,万科物业围绕移动互联、场所服务、回家之路、休闲漫步、设施景观、入户服务六大类的23项核心触点展开管家服务,让服务不留死角,不留盲区。

"草绿如地毯、人过地净、三人成列"这是万科物业人人传诵的口号,人行出入口设置无障碍专用通道;楼道墙面、天花板无破损、污迹、蜘蛛网,光线充足;草地不能有斑秃,定期专业修剪；业主在 App 发起诉求，管家 20 分钟内响应等一系列严格的标准要求，已经形成不容违反的明文规定。

为保障品质监督不留盲区，万科物业在全国 3000 多个小区统一服务标准，建立了四保（保修、保安、保洁、绿化）监督制度，规定管家在统领服务质量工作时，站在业主的角度，一旦发现不符合标准的服务触点，必须实现"100%报事"，确保快速响应诉求，处理结果达到业主的要求。

打通对客端、工作端口、信息管理端三大线上平台，建立标准化的智慧工单报事系统，比如居民在对客端口发起维修报事，一秒就能在工作端口形成工单通知管家，管家第一时间安排空闲的维修人员接单解决诉求，后期监督诉求处理的闭环。

3. 个性化服务为社区注入无限活力

随着居民的生活需求多样化，只有不断创新服务内容，给小区注入活力，才能推动社区实现共建、共享、共生。

在万科物业的小区，管家会定期主动为业主做件事，这就要求他们不断拓展服务内容和形式，针对不同群体形成精细化的服务机制。2022 年，万科物业发布行业首个《空巢老人物业服务指南》，管家根据不同的年龄段，细分老人群体，为小区老年人提供诸如检查维修、物资采买、上门陪伴、周边就餐、协助就医等贴心服务。

2024 年，万科物业将会完善社区儿童物业服务内容，帮助家长解决"托育难"等问题，为小区儿童创造安全的生活环境，改造适儿空间和设施，策划互动有趣的文化活动，营造快乐多彩的社区童年氛围。

为满足居民的多样化需求，万科物业专门设置了"惊喜服务金"，让管家针对不同业主群体的需求，定制个性化服务。2023 年，万科物业总投入 244 万元，覆盖 1869 个小区，为 15058 个居民提供了惊喜服务。

此外，管家为儿童开展夏令营，让孩子们学会一项终身受用的技能，为空巢老人组织才艺交际活动，为社区青年打造"星空电影节"等创意类活动。每年为全国 500 万住户，策划举办 100 余种不同主题的社区文化活动，促进邻居之间的沟通交流，丰富居民的精神世界。

中指研究院的行业专家指出，万科物业的幸福管家服务体系从"品质""理念""科技""创新"和"人才"五个方面形成一套先进的服务标准，在行业具有示范意义。

资料来源：https://baijiahao.baidu.com/s?id=1794122946688285124&wfr=spider&for=pc.

6.3.2　新服务创新类别的分级

对服务的供应商来说，有很多不同的方法可以创新。常见的服务创新类别有以下七种，涵盖从主体服务创新到简单的风格改变的各个层级。

1. 主体服务创新

面对尚未确定的市场，企业为其创造新的核心服务，包括崭新的服务特征和服务流程。如美团在 2013 年推出酒店预订及餐饮外卖服务，正式开展新型外卖送餐服务。

2. 主要的服务流程创新

使用新的服务流程提供现有的核心服务，通过新的模式提供额外的益处。如中国人民大学通过网络进行授课，使忙碌的"上班族"可以利用业余时间取得大学学位。

3. 生产线延伸

生产线延伸是企业对现有服务商品线进行拓展,为了满足现有顾客更广泛的需求或吸引不同需求的新顾客。比如,很多银行都开展了代售保险商品的服务,希望借此提升与现有顾客的赢利关联。

4. 流程线延伸

流程线延伸是企业提供了一种新的服务传递过程,为了增加便利性,为顾客提供不同的服务体验,吸引那些对原有服务不感兴趣的新顾客。比如,天猫超市在 2017 年 7 月 21 日开启了北京市 1 小时送达服务,就是在原有 24 小时送达服务基础上的延伸。

5. 附加性服务创新

附加性服务创新是为现有核心商品增加新的便利性或增强型的服务要素,或大幅革新现有的附加性服务。例如,大连圣亚企鹅酒店通过提供服务体验,如酒店内 360°看企鹅、超多特色体验型客房,增加核心商品(酒店)的竞争力。

6. 服务改进

服务改进主要是对现有商品进行轻微调整变化,包括对核心商品或现有的附加性服务的改进。

7. 风格变化

风格变化是指不涉及流程或服务表现的变化,仅仅在风格上进行改变的创新。比如,一般商场经营五年左右都会进行"店面升级"的重新装修。

综上所述,服务创新可以在各个层面进行,并不是每一种服务创新都涉及服务商品特征或顾客体验方面的改变。

6.3.3 新服务商品的开发流程与推广过程

1. 新服务商品的开发流程

新服务商品开发是一项极其复杂的工作,从根据各种需要提出设想到正式将服务商品投放到市场为止,其中经历了许多阶段,涉及很多方面。由于各个行业之间的差别和不同服务商品技术的不同,特别是商品开发的方式不同,新商品开发经历的阶段和具体内容也不完全一样,但基本上都经历以下七个步骤。

(1)构思。对未来商品的基本轮廓架构进行构想,是新商品开发的基础和起点,可以通过许多方式产生:既可能来自企业内部,也可能来自企业外部;既可以通过正规的市场调查获得,也可以借助非正式的渠道。

(2)筛选。并非所有的构思都是好的构思,并非所有好的构思都可以付诸实施。对于所获得的构思,企业还必须根据自身的资源、技术和管理水平等筛选。通过筛选可以较早地放弃那些不切实际的构思。

(3)服务商品概念的产生。商品概念是用顾客语言表达的精心阐述的构思。在这一阶段,经过筛选后的构思与顾客的需求相结合,转变成具体的商品概念。同时,还将该商品的特征同竞争对手的商品进行对比,了解它在顾客心目中的位置,对商品概念进行定位。

(4)商业分析。即经济效益分析,是为了解这种商品概念在商业领域的吸引力大小及其成功与失败的可能性。具体的商业分析包括很多内容,如推广该项服务商品所需要的人力和额外的物质资源,销售状况预测,成本和利润水平,顾客对这种创新的看法以及竞争对手的可能反应等。

(5) 服务商品开发。进入具体服务商品实际开发阶段时,企业要增加对此项目的投资,招聘和培训新的人员,购买各种服务设施,建立有效的沟通系统,建立和测试构成服务商品的有形要素,构建有效的服务商品递送系统。

(6) 市场试销。由于服务商品的不可感知性特征,服务企业试销某些新型服务商品总是存在一些特定的困难。一般来说,通常会选择小范围试销新服务,通过顾客的感受来调整新商品的服务内容和服务项目等要素。

(7) 正式推广上市。新商品正式推广上市后便进入其生命周期的引入阶段。企业在新商品上市之前,必须明确如何在适当的时间和适当的地点、采用适当的推广战略、向适当的顾客推销其新型服务商品。

2. 新服务商品的推广过程

新服务商品从被开发出来到被市场完全接受,有一个必要的过程。服务商品推广过程就是通过不断的推广努力,服务商品在目标市场上从未知到被采用的过程。一般经历以下五个阶段。

(1) 知晓阶段:顾客对该新服务商品由不知道到知道的阶段,但由于缺少有关信息,还未产生兴趣。

(2) 兴趣阶段:顾客开始对新服务商品产生兴趣,主动搜集某些缺失信息。

(3) 评价阶段:在了解相关信息的基础上,顾客开始权衡其性能,考虑试用该服务商品时是否明智。

(4) 试用阶段:顾客开始使用该新服务商品,以亲身体验和判断服务商品的价值和效用。

(5) 采用阶段:顾客决定全面和经常地使用,经过试用后感觉满意的服务商品。

新服务商品能够得到顺利推广,关键在于目标市场能否顺利地接受该服务商品,因此要处理好影响目标市场从认知到采用服务商品的各种因素。

6.3.4　基于互联网的服务创新

信息技术对于服务创新有非常深远的影响。现代服务业的蓬勃发展是信息技术对其广泛渗透的结果,信息技术催化现代服务业的兴起,并且促进了现代服务业的持续创新。信息技术不仅使新的服务种类和服务功能的实现成为可能,而且大多数服务都可能通过使用某些技术而变得更为高效。比如,通过公安部互联网交通安全综合服务管理平台,人们只需要在手机上下载客户端就能预约驾校考试、办证办牌、查询机动车年检、交通违章等,是现代信息技术促进提升公共服务水平、服务质量和创新服务项目的良好证明。

随着互联网技术的发展和社交网络的兴起,移动互联网的应用层出不穷,如即时通信、移动搜索、手机支付、手机阅读、手机游戏、手机视频等。例如,"支付宝钱包"与银行卡绑定之后,顾客就可以随时将卡里的钱转入/转出到网络钱包中用于网络购物或者现实中的交易付款。有了手机,当代的消费者便拥有了个人的移动"电子银行"用以日常的生活消费,完全不需要携带任何现金或者银行卡。

2025 年 1 月 17 日,中国互联网信息中心发布第 55 次《中国互联网络发展状况统计报告》(下文简称《报告》)。《报告》显示,2024 年是我国全功能接入国际互联网 30 周年。30 年间,我国互联网实现了从无到有、从小到大、从大到强的跨越式发展,建成了全球规模最大、技术领先的互联网基础设施,构建起全球最大的网络零售市场和网民群体。网民规模从1997年的62万人增长至2024年的11.08亿人,互联网普及率升至78.6%。互联网已成为推动高质量发展,以中国式现代化实现中华民族伟大复兴的强大助力。

党的二十大报告指出,坚持把发展经济的着力点放在实体经济上,推进新型工业化,加快建设制造强国、质量强国、航天强国、交通强国、网络强国、数字中国。近年来,随着数字经济的快速发展,新一代信息技术正在加速从消费领域向生产领域延伸,工业互联网已成为我国加快制造业数字化转型和支撑经济高质量发展的重要力量。

见微知著

四位企业家代表谈弘扬企业家精神

市场活力来自企业,特别是来自企业家,来自企业家精神。当前我国发展面临的挑战前所未有,尤其需要弘扬企业家精神。

宁高宁:秉持企业家精神,把自己的事情做好

"从企业多年经营来看,企业家首先需要具有前瞻性,能敏锐观察到社会经济变化。要有创新性,也要有勇气、有担当、有冒险精神,能坚持、有团队、能组织资源、有目标。"宁高宁认为,不管是民营企业还是国有企业,鼓励创新,在大公司里进行创业,在成熟企业里开展创新,这种精神是最重要的。

"企业家应该秉持企业家精神,把自己的事情做好。随着市场不断变化,不管是做好企业战略规划,还是做好国际化准备,包括国内研发、创新,可能会给中国企业家带来更多机会。"他说,作为一个企业经营者,在产业链做好关键环节的自主和研发,特别是对技术的把握,可能是未来大的发展趋势。

刘永好:企业家精神体现在坚守和担当

在刘永好看来,企业家是带领一批人创造价值,通过所处的行业,以及组织力、领导力、战略力、执行力,最终生产出市场欢迎的产品的群体。"企业家更大意义在于,能否率领一帮人对社会作出贡献。"他说,不同的时代对企业家的定义有所不同。在今天,怎样带领大家树立信心,该投资的投资,该就业的多解决就业,企业家精神体现在坚守和担当。

他还说,企业家要有领导能力,脚踏实地、埋头拉车,也必须抬头看路、仰头看天,看国际风云的变幻,看大的政策,看行业变化,这样企业发展可能会相对好一些。

周育先:把企业家的创新精神和责任精神落到实处

周育先认为,创新是企业发展的动力,也是企业家精神的核心要素。创新不仅是科技创新,也包括管理创新、制度创新、商业模式创新。他也表示,作为央企,既要承担经济责任,也要承担社会责任、国家责任,要为国家"卡脖子"的技术、环节提供有力的技术支撑。

阎志:主动担当作为,在企业发展中履行社会责任

"作为一个企业、一个企业家,我们首先应该热爱自己的国家。我理解这是企业家精神的基本内涵。"阎志说,一个企业还应该有向善的基因和向上的精神。具体来说,我们提供的物业和产品、交易服务、金融服务一定要为客户创造价值、降低成本、提高效率,要不断在企业发展中履行社会责任,这样才会使一个企业走得更远。企业不同时期会面临不同的困难,企业家要保持向上、积极的状态,带领团队不断解决困难。

资料来源:https://www.gov.cn/xinwen/2020-09/03/content_5539672.htm.

6.4 服务商品的品牌

微课：服务商品
的品牌

品牌是吸引顾客重复购买服务商品的一个主要的决定性因素。品牌的基本职能是把公司的商品和服务同其他公司区分开，也为顾客提供有效信息来识别特定的公司及商品。在服务营销中，品牌形成企业服务特色。很多企业通过塑造自身的服务品牌，并利用品牌进行营销，取得竞争优势。如京东因为其"正品低价、品质保障、配送及时、轻松购物"而在众多电商平台中异军突起，深受消费者欢迎。

6.4.1 服务品牌的含义

品牌的定义：一个名字、名词、符号或设计，或是上述的总和，其目的是要使自己的商品或服务有别于其他竞争者。服务品牌是用于识别服务商品的某种特定的标志，通常由某种名称、标记、图案或其他识别符号所构成。

品牌是一个复杂的符号，其中的含义可分成六个层次：①属性，品牌代表的是服务商品或服务企业的内涵；②利益，顾客认识到某品牌服务商品的功能特征所带来的利益；③价值，品牌代表服务商品或企业在顾客心中形成的价值；④文化，品牌已经成为服务商品和服务企业的文化载体，使人们产生同其文化背景相应的各种联想；⑤个性，品牌具有一定的个性形象，这种鲜明的个性形象能够强调自己与其他品牌的不同之处，加强顾客对品牌的认知，促进销售；⑥角色，品牌具有一定的角色感，能够成为某些特定顾客群体的角色象征。公司提供的服务、服务质量以及服务的价值都将影响顾客对现有品牌的认识。因此，企业必须创造并加强服务质量以提高预期的品牌形象。

6.4.2 服务品牌的市场效应

品牌效应就是指商品或企业所创造的品牌所产生的经济或社会等方面的影响。从社会角度讲，品牌可以提高国家在世界范围内的声誉，增强人民的民族自信心和自豪感。从经济角度讲，品牌效应是其因满足社会需要而获得的经济效果，是品牌的信誉、声望产生的影响力。

1. 磁场效应

服务企业或商品所创造的优势品牌具有很高的知名度、美誉度，必然会在顾客的心目中建立起较高的品牌忠诚度，使他们对服务商品反复购买并形成习惯，不容易再转向竞争对手的商品，如同被磁石吸住一般而成为企业的忠实顾客；此外，使用同类服务商品的其他顾客也会被其品牌的名声、信誉所吸引，转而购买该品牌，并逐步变为其忠实顾客。这样，品牌对顾客强大的吸引力会不断使商品的销量增加，市场覆盖面扩大，市场占有率提高，最终使品牌的地位更稳固，这就是品牌的磁场效应。

2. 扩散效应

企业的一种商品如果具有品牌优势而成为名牌商品，则会赢得顾客及社会范围内对该服务商品及企业的信任和好感。如果企业通过巧妙的宣传,将这种信任和好感由针对某种具体的服务品种转为针对品牌或企业整体,那么企业就可以充分利用这种宝贵资源推出同品牌的其他品种或进入其他领域从事经营。如果策略得当,人们对该品牌原有的信任和好感会逐步扩展到新的服务和商品上,即品牌的扩散效应或放大效应。

3. 聚合效应

知名品牌不仅可以获得较高的经济效益,而且可以使企业不断发展壮大。企业实力增强后,一方面可以将许多提供相关业务的供应商牢牢吸引在本企业周围,建立稳固的合作关系;另一方面企业可以通过入股、兼并、收购等方式控制其他企业。同时,行业中在竞争中失败的中小企业也会逐步依附于名牌企业,企业就会成长为企业集团。这就是品牌的聚合效应或产业聚合效应。

6.4.3 服务品牌的管理内容

服务品牌的实质是促使企业逐渐形成系列服务商品品牌。但是,服务商品品牌代表服务商品本身,服务商品品牌的目标是在服务细分市场中获得一定的竞争地位,服务商品品牌直接受服务商品生命周期的约束和市场竞争的影响。服务商品品牌与服务商品是形影不离的,随着服务商品的衰退、退出市场,服务商品品牌也将面临同样的挑战和考验。同时服务商品品牌直接受到该细分市场的竞争影响,竞争激烈,服务商品品牌的挑战越大,服务营销工作越艰巨。

知名度、美誉度和忠诚度构成了品牌的三个要素,服务品牌的管理实际上也要以这三个要素为基础展开活动,主要内容如下。

1. 品牌的命名

品牌的命名要遵循"五好"原则,即好听、好记、好认、好理解和好传播。

2. 品牌的定位

品牌的定位要与企业的市场定位相符合,表达一种核心理念,代表顾客的核心利益点,并有一定的形象感、人性化(如香格里拉代表优雅的世外桃源,希尔顿代表家的感觉)。

▓ **同步案例**

支付宝新 Logo:换的是面子,变的是里子

在经历 2015 年、2020 年两次品牌升级以后,支付宝"数字生活服务商"的大方向已经基本确立。但一些微妙的、细碎的变化仍在行业内产生。2024 年农历春节前夕,支付宝换掉了使用近四年的 Logo。1 月 19 日,支付宝在官方新媒体账号发布"焕新出发",并公布了全新的 Logo。新 Logo 去掉了外框和文字,并引入自然光。整体来看,新 Logo 更开放,也更显活力。

19 年间,支付宝 Logo 的转变,或是伴随着支付场景的扩大,或是伴随着终端的迁徙,或是伴随着业务的调整。回到 2024 年这次 Logo 升级,它很难用一个词来简单概括,它有关生态开放、技术创新、服务拓展。但毫无疑问,每一次新 Logo 的升级,都是伴随时代的持续成长,也代表着支付宝的一次焕新出发。而要理解支付宝此次品牌升级的内涵,背后有三个关键词。

第一个关键词是开放。

　　2023 年,越来越多曾经的竞争对手,开始成为支付宝的合作伙伴。最典型的案例来自美团,2023 年 7 月,美团在支付宝上线了"美团点餐""美团充电宝"两个小程序。此后,美团骑行也入驻支付宝小程序。

　　作为一家与支付宝存在竞争关系的企业,美团多款产品的入驻,标志着支付宝正在越来越开放。第三方数据机构阿拉丁在 2023 年 7 月发布的报告显示,在支付宝小程序平台中,包括携程、京东到家、滴滴在内,12 大行业近 9 成商家均已经入驻其生态。

　　2023 年支付宝投入超 100 亿元资金资源,支持服务商共建数字化解决方案,推出数字推广平台"支付宝灯火",全新升级小程序、商家群、芝麻等产品,持续完善平台商业开放生态。

　　已经有超 1.1 万数字化服务商活跃在支付宝平台,包括支付服务商、技术服务商、代运营服务商、内容服务商等类型。可以说,如今大部分行业的大多数公司都可以享受到支付宝的流量和服务。

　　第二个关键词是技术。

　　作为一家以支付为核心业务的企业,支付宝越来越多地与科技创新联系在一起。2023 年杭州亚运会开幕式,在支付宝的技术支持下,数字火炬手让全球观众第一次看到了如此有创意的火炬点燃方式。

　　为了达成数字火炬项目,支付宝的程序员写下 20 万行代码,进行超 10 万次的测试,依靠 Web 3D 互动引擎 Galacean 打造的亚运数字火炬手平台,能做到亿级用户规模覆盖,并支持 97% 的智能手机设备;同时利用 AI 人工智能等技术,让亚运数字火炬手的形象选择达到两万亿种,可满足全球数字火炬手都能"独一无二"。

　　类似的技术创新成果,正在愈加密集的出现,蚂蚁集团在 GitHub 上开源了一套新的大模型算法,能够将大模型的推理速度最高提升 6 倍。

　　第三个关键词是服务。

　　从 2015 年开始,产品中拓展服务的种类,提升服务的质量,就成了一个大趋势。2023 年,支付宝的服务内涵又进一步升级。先后上线包括直播、短视频、读书听书等多个服务,还上线了早起打卡、衣服回收、小荷包攒钱等温暖、有趣的服务。当然,以上各种服务的扩展还是遵循了用户自主自愿的原则——在支付宝中,除了基础功能以外,其他大部分服务功能都可以关闭,把大多数选择权交给消费者。这在国内 App 是非常难得的。

　　支付宝真正的定位,或许答案就藏在此次 Logo 更新的官方解释:如水一般。品牌升级后的支付宝,正如水一样,水利万物而不争,始终开放且包容。

3. 品牌的传播

　　品牌的传播即要求利用各种工具提高品牌的知名度,并将注意力放在与顾客的沟通和建立美誉度方面。

4. 品牌危机的处理

　　品牌危机的处理即与顾客发生矛盾时,应该按照企业的危机管理程序冷静处理。

5. 品牌的改造

　　品牌的改造即当品牌发展到一定阶段时,需要通过市场营销创新、技术创新、管理创新等方面进行品牌改造,保持品牌的活力。

　　当服务企业创立起具有一定知名度、美誉度和忠诚度的服务品牌后,应根据市场需求变化对服务品牌进行有效的管理。

见微知著

《新国货浪潮》：看披荆斩棘的新国货

忽如一夜春风来，消费者从过去青睐外资品牌转向热衷国货。

事实上，为了这一天的到来，中国经历了一百多年的努力和奋斗，众多有识之士不懈求索，无数企业家毕生实践。让国货崛起，承载了几代人的梦想。

"我老了，不能和大家一起投身新的创业。但是我愿意躺在地上，化作一座桥，让大家踩着我的身躯走过，齐心合力把中国轿车造出来，实现我们几代汽车人的轿车梦！"这是中国汽车奠基人饶斌在1987年纪念解放卡车诞生30周年大会上的深情表达。

只有了解过去所发生的历史，才能更清晰地认识今天的"国潮"现象。

国货运动也是国家的一部"侧史"。中国的国货运动是一场持续了百年的商战史，其起落和演变正是国运与经济发展相生的晴雨表。他以时间为轴线，划分出三次国货运动。

第一次国货运动始于1905年。因美国政府拒绝《排华法案》期满自动废止的要求，中国发起了声势浩大的抵制美货运动，三年后的"抵制日货"行动推动国货运动更进一步。在第一次国货运动中，孕育出了双妹、百雀羚等一批国货品牌。但民族认同的一时激情，并不能形成坚实和完整的发展生态，国货崛起最后在战乱中付诸东流。这次国货运动虽然谈不上成功，但国货努力冲破自我封闭的樊笼，启动了中国近代化的转型。

第二次国货运动始于1984年。1984年，中国开始城市体制改革，出现了一系列消费品公司。这一年，既是中国企业家元年，亦为第二次国货运动的起点。其间诞生了张瑞敏、李东生、南存辉等一大批企业家，他们开启了引领中国制造奔赴星辰大海的时代。然而，迈入20世纪90年代，外资企业蜂拥而入，凭借强大的技术、资本与品牌优势碾压中国市场，原本恣意生长的国货一度屡受重创。国货在历经一次次大混战后，完成了品牌逆袭与产业重构，涅槃重生。

第三次国货运动，发端于2015年的国家供给侧结构性改革，前两次国货运动分别强调日用品和生活电器的替代，而第三轮国货运动强调生活方式的引领。今日的国货，可谓新国货，是第二次国货运动破茧式迭代的产物，是"中国崛起、民族自信和产业复兴"三重共振所形成的趋势。

过去很长一段时间，外资品牌占据高端，攫取高额利润，国产品牌在中低端领域激烈拼杀、狂打价格战，生存艰难、利润微薄。导致这种现象的原因：一方面，部分消费者有着崇洋媚外的心理；另一方面，早年国产品牌的商品品质的确与外资品牌存在一定差距。

然而，随着时间的推移，两方面因素都发生了变化。以Z世代为代表的年轻消费者，有着自己的审美和追求，热爱传统文化，愿意为中国品牌买单。而国产品牌经过多年的追赶和努力，在质量、技术、创新、价格等方面形成了自己的优势，某些方面已经超过外资品牌。外资品牌在中国市场上面临的压力不小，不可能再有过去那样的好日子了。

国货品牌之所以有底气，敢于对标和挑战世界巨头，是因为现在的市场环境发生了改变。在互联网技术与全球资本的合力下，中国的制造能力、供应链以及消费水平都发生了翻天覆地的变化，新国货品牌开始具备全球竞争优势，国货的崛起和超越已成为可能与现实。我们有理由相信，未来，中国这片热土会涌现越来越多具有全球竞争力的新国货品牌。

资料来源：https://www.163.com/dy/article/GI3GCSF005199A0B.html.

项目小结

广义的服务商品是指一切具有无形特征却可以给人带来某种利益或满足的一系列活动,包括派生性服务商品和专业性服务商品。狭义的服务商品仅指专业性的服务商品。一般情况下,服务营销中讨论的服务商品都是指专业性服务商品,包含核心服务、便利服务和支持服务三个层次。基本服务商品组合由一系列无形和有形的服务要素组成,并决定了顾客究竟能够从企业那里得到什么东西。基本服务商品组合包括基本服务要素、服务形态、服务质量、服务数量、服务水平。服务过程包含三个要素:服务的易接近性、顾客与企业之间的交换过程、顾客参与。服务商品组合是指服务企业所提供的各种不同类型的服务商品之间质的组合和量的比例。服务组合的确定就是对服务组合的宽度、长度、深度和相关性等方面进行全方位决策。服务组合策略包括扩大服务组合、缩减服务组合、服务定位延伸、服务商品线现代化。

服务商品的生命周期是指某一种服务商品从进入市场、稳步增长到逐步被市场所淘汰的过程。典型的商品生命周期大致经历四个阶段:导入期(引入期)、成长期、成熟期和衰退期,服务商品在不同的生命周期阶段的特征和采取的策略都是不一样的。

按照技术特性,新服务商品或服务创新主要从完全创新商品、进入新市场的商品、服务拓展、服务革新、形式变化等方面来进行。常见的服务创新类别包括主体服务创新、主要的服务流程创新、生产新延伸、流程线延伸、附加性服务创新、服务改进、风格变化。新服务商品的开发基本上都会经历七个步骤:构思、筛选、服务商品概念的产生、商业分析、服务商品开发、市场试销、正式推广上市。新服务商品的推广过程包括五个阶段:知晓、兴趣、评价、试用、采用。

服务品牌是用于识别服务商品的某种特定的标志,通常由某种名称、标记、图案或其他识别符号所构成。服务品牌的市场效应包括磁场效应、扩散效应、聚合效应。知名度、美誉度和忠诚度构成了品牌的三个要素,服务品牌的管理实际上也要以这三个要素为基础,包括品牌的命名、品牌的定位、品牌的传播、品牌危机的处理、品牌的改造。

巩固练习

1. 简述基本服务商品组合的内容。
2. 简述新服务商品的开发流程。

项目 6 即测即评

实训课业

一、技能训练

(1) 很多大学生业余时间都喜欢玩《王者荣耀》《和平精英》《穿越火线》等手游。你或你的朋友是否也曾热衷于某一款手游呢? 根据你或你朋友的经历,尝试分析手游产品的生命周期。

(2) 广东长隆集团依托粤港澳的国际性区位竞争优势,将珠海和广州联动发展,协同互补,建成了珠海长隆国际海洋度假区和广州长隆度假区两大世界顶尖的一站式综合旅游度假区。长隆旅游度假区主营主题公园、豪华酒店、商务会展、高档餐饮、娱乐休闲等服务项目。你去长隆主题公园游玩过吗? 搜集相关资料,结合新服务产品的概念,尝试分析主题公园新产品的形式。

(3) 2023 年微信又出新功能,例如微信 7.0.10 及以上版本可在三小时内操作撤回文件,包括 Word、Excel、PPT;微信 8.0.32 版本的地图支持发送室内的精确位置信息,不仅可以发送精确的楼层位置,甚至可以具体到某家店;微信 8.0.32 版本支持视频画面缩放……从服务创新的角度分析未来微信 App 进行业务研发时还可以从哪些角度入手?

(4) 如果你要在学校附近开设一家饭店,你所设计的品牌是什么呢?

二、实训项目

服务商品策略的应用

1. 实训内容

组织学生实际走访或者网络调研某一服务企业,分析其整体概念、核心服务的生命周期及其品牌的构成情况。

2. 实训目的

根据所学的服务商品策略的理论分析、研究和解决企业存在的实际问题,提高学生的理论应用能力。

3. 实训要求

(1) 组织学生以 6~8 人为一组,由组长负责,利用实训课或其他时间调研。

(2) 以小组为单位座谈讨论,分工协作撰写调研报告。报告的主要内容包括:企业的整体概念;核心服务的生命周期;企业品牌的构成;存在的问题和原因;解决问题的可行性的对策和建议。

项目 **7**

服务定价策略

知识目标

1. 明确影响服务定价的主要因素和定价目标。
2. 掌握几种常见的服务定价方法。
3. 掌握几种常见的服务定价策略。

能力目标

1. 能够根据企业实际选择正确的服务定价目标。
2. 能够灵活运用常见的服务定价方法和定价策略。

素养目标

培养学生正确的职业道德观和法律意识,树立正确的人生价值观和世界观,提高总体职业素养。

● 案例导入

京东低价策略再落子　自营免邮门槛下调至 59 元

2023 年 8 月 23 日,京东宣布调整自营商品运费标准,普通用户自营免邮门槛从 99 元下调至 59 元。同时,京东 PLUS 会员享免邮权益,不再需要使用运费券,全年无限免邮。

据悉,这是京东推行低价策略的又一举措。京东相关负责人表示:"随着'百亿补贴'等低价策略的持续推进,在为消费者带来海量低价优质商品的同时,京东将持续提升服务能力,将更多实惠好物纳入免邮商品范畴。"

针对此次运费标准调整,京东 PLUS 会员对会员权益进行全面升级。相较于此前每月可以领取五张运费券抵减自营订单运费的形式,会员权益升级后,京东 PLUS 会员购买自营商品可享无限免邮。

同时,根据调整后的运费标准,普通用户在购买京东自营商品时,满 59 元即可免邮,消费者依然可以享受到包括"211 限时达"等在内的京东优质服务。目前,依托京东的自建物流,全国已有超过 95% 区县实现当日达、次日达。

此外,结合此次运费标准调整,京东企业业务也进一步加大对中小企业客户的补贴力度,京东企业会员同样可以享受运费减免优惠,帮助企业客户降低采购成本,让采购更为便捷高效。

2024 年以来,京东持续推进低价策略,相继推出了京东"百亿补贴"频道、单件到手价功能、买贵双倍赔服务等一系列举措,此次运费门槛的调整无疑也是京东低价策略的进一步落地。其目的不言而喻,既是追求提高客户黏性、优化客户体验,也是让消费者感受到,在京东不光有丰富的高性价比商品,更有靠谱的品质和服务。

【分析提示】 价格是营销要素中最为敏感的要素,因为绝大部分消费者都是价格敏感者。而定价是一件复杂而微妙的事情,受到成本、需求、竞争、品牌甚至经济环境、国家相关政策的影响,特别是受消费者心理因素的影响。由于服务的无形性和差异性特征,和有形产品的定价相比,服务商品的定价会更困难和复杂。

7.1　服务定价的影响因素和目标

微课:服务定价的
影响因素和目标

服务的价格关系服务企业经营服务所获得的利润和回报。只要服务机构想要盈利就必须面对定价的问题,就要知道影响服务定价的因素及掌握定价的方法和策略。

7.1.1　影响服务定价的因素

1. 经营目标对价格的影响

服务企业的经营目标对服务定价具有指导性作用,两者必须保持一致。当服务企业的目标群体为高端市场顾客,产品定位也是高端产品,则必须尽量定高价;当服务企业为了追求高利润,则要在制定高价格的同时致力于塑造服务的高品质;当服务企业为了追求高市场占有率,以达到短时间占有市场的目的,则要以低价格吸引消费者来体验;当服务企业目前仅仅是以生存为主要目标,则价格只要不低于成本,能够保证服务机构的日常运营即可,其价格相对偏低。

2. 成本因素对价格的影响

服务商品的价格至少要能弥补相应的成本和费用,企业才能持续经营。因此,服务成本决定着服务价格的最低限。服务商品成本是由服务商品的供给过程和消费过程所花费的物质消耗和支付的劳动报酬所形成的,一般分为三种:固定成本、变动成本、准变动成本。①固定成本是指不随服务产出变化而变化的成本,在一定时期内表现为固定的量。例如,服务设施、服务人员的工资、办公设备和建筑物等。②变动成本是指随服务供给量变化而变化的成本,如电费、运输费、非正式员工工资等。③准变动成本是介于固定成本和变动成本之间的那部分成本,同顾客和服务商品的数量多少有关。例如,在节假日正常营业的大型购物商场的服务人员的加班费就属于准变动成本。在产出水平一定的情况下,服务商品的总成本等于固定成本、变动成本、准变动成本之和。

3. 需求因素对价格的影响

需求是市场营销的起点,对服务商品的定价至关重要。服务企业可以按需求及其变化的规律进行定价决策。面对市场需求比较旺盛的情况,服务企业可以制定高价格的策略;面对市场需求逐渐减少,呈明显萎靡趋势的情况,服务企业自然要适应市场的变化,改变定价思路,适时降价。比如,每年春节假期是旅游的高峰期,航空公司机票价格普遍偏高;到了3月,旅游的热潮明显退去,距离五一小长假新的旅游高峰尚有一段时间,航空公司纷纷实施低价策略。

需求对服务定价的影响不单纯体现在"需求量"的影响,还有"需求差异性"的影响。换言之,不同的顾客对服务的需求内容、消费动机均不相同,存在很大的差异性。因此,服务企业的定价也因不同顾客的个性化需求而制定不同的价格。

4. 竞争因素对价格的影响

服务商品的最低价格取决于成本费用,最高价格则取决于市场的需求旺盛状况。那么,在上限与下限之间,企业把服务价格定多高,则取决于竞争者提供的同种服务商品的价格水平。

服务的无形性迫使顾客在消费时使用各种各样的参照物,其中竞争者的同类服务就是最佳的参照物之一。服务的同质性使这种参照更容易导致激烈的价格竞争。在商品差异性较小、市场竞争激烈的情况下,企业制定的价格也比较低。凡是服务商品之间区别很小而且竞争较强的市场,都可以制定相当一致的价格。此外,在某些市场背景之下,传统和惯例可能影响到定价。

5. 供求关系对价格的影响

不论实体商品还是无形的服务商品,其价格都会受到供求关系的影响。当市场上能够提供同类服务的企业过多,供大于求时,服务企业为了争取消费者,往往选择低价策略;当某种服务出现供不应求时,则可以选择高服务定价,甚至价格会一路走高。

6. 政策因素对价格的影响

现代市场经济的一个重要背景就是国家的宏观调控,政府可以通过行政法规、法律、经济的手段对企业定价及社会整体物价水平进行调解和控制。因此,企业在对服务商品定价时,必须遵守政策、法规等。

📝 **见微知著**

酒店自主定价不等于任性涨价

12 月 25—27 日,2022 年全国硕士研究生招生考试初试如期举行。对 457 万名考生来说,"考试期间住在哪儿"成了他们必须预先计划的问题。"平日不足 200 元的经济型酒店,考研期间涨到 1000 多元。"部分地区考研房价格暴涨受到关注,"逢考必涨"一时引发热议。

针对考研房任性涨价现象,有酒店负责人给出的解释是,考研时间恰逢圣诞节,房间需求量明显增加,适当上调价格也在情理之中。这种说辞显然难以服众。

不可否认,按照价格法相关规定,酒店等充分竞争的行业,经营者在遵守明码标价的前提下,有权按照市场供求自主定价。但有权自主定价并非意味着经营者可以漫天要价。比如,平时不足 200 元的"经济房",摇身一变为"考研房"后,瞬间涨到 1000 多元,显然违规。

不可否认,酒店有自主定价权,如果价格涨幅在合理范围内且明码标价,则属于市场调节的范畴。如果涨幅过大,甚至强制以平日价格预订的消费者取消订单,则存在虚夸标价之嫌,是一种违规甚至是违法行为。事实上,在国家列出的必须严厉打击的价格欺诈行为中,虚夸标价就是其中之一。换言之,虚夸标价,实际上就是任性涨价,也属于宰客行为。

相比酒店经营者而言,考生明显处在弱势地位,不仅信息不对称,话语权也不对等。所谓的"一个愿打,一个愿挨",实际上剥夺了消费者的"公平交易权"。因此,对于监管部门,既要看酒店经营者是不是"明码",更要看是不是"实价",这样才能切实维护消费者的合法权益。

酒店自主定价,不等于任性涨价。价格主管部门要加强对酒店等服务业的日常监管,除了明确规定经营者必须明码标价,不得设置最低消费、不得采取虚假优惠折价等方式诱骗他人消费之外,更不能采取明码"天价"的手段虚夸标价。同时,要建立健全酒店商品和服务价格监管机制,完善价格监督检查制度,坚决查处各种乱涨价、乱收费、变相涨价、价格欺诈等价格违法行为。

资料来源:https://baijiahao.baidu.com/s?id=1720381204614947779&wfr=spider&for=pc.2021-10-28.

7.1.2 服务定价目标

一般而言,定价目标有两类:利润导向目标和数量导向目标。

1. 三种利润导向目标

(1)利润最大化目标,是指企业希望获取最大限度的销售利润或投资收益。一般服务企业在推出一项创新服务的最初阶段,常采用通过高价来达到利润最大化的目标,能让企业在短期内收回投资,并在竞争中取得较大的价格空间。但这种通过制定较高价格来追求利润最大化的行为一般都是短期的。在实际市场经营中,很少存在高价垄断能维持很长时间的例子。

(2)投资回报目标,是指一个企业把它的预期收益水平规定为投资额的一定百分比,即投资收益率或投资回报率。定价是在成本的基础上加入了预期收益。这样企业要事先估算,服务定什么样的价格,每年销售多少,多长时间才能达到预期利润水平。预期收益率一般都高于银行利率。

(3)适当利润目标,是指企业为了保全自己、减少风险,或者因为自身力量不足,对服务商品的定价以保证获取一个适当的利润作为定价目标。比如,按成本加成法决定价格,就可以使企业投资得到适当的收益。"适当"的水平则随销量、投资者的要求和市场可接受程度等因素而变化。这种定价目标是绝大多数企业在正常情况下所追求的目标,在确定定价目标时,应注意确定适当的利润率。

2. 两种数量导向目标

(1)销售最大化目标,是指增加服务的销量,从而争取最大的销售收入;保持或扩大市场占有率来保证企业的生存与发展。采用此种目标的企业可大可小,每个企业对本企业在市场中所占有的份额是容易掌握的,因而以此作为保持或增加份额的定价目标是可行的。

(2)适应竞争、争取尽可能多的顾客数量目标。在市场竞争日益激烈的形势下,不管是市场领先者还是市场跟随者,大多数企业对竞争者价格都很敏感,定价前更是多方搜集信息,把自己服务的质量、特点与竞争者比较,然后制定价格策略,争取尽可能多的顾客数量。

这些只是一些常用的,还不是全部的定价目标。定价决策取决于许多因素,例如服务定位、企业目标、竞争状态、需求弹性、成本结构、服务能力、服务的生命周期等。其中成本、需求和竞争三个因素需要更精心的考虑。

【小问答】 对于新开业的小型美容院或者美发店而言,其定价目标是什么呢?

答:一般而言定价目标有两类:利润导向目标和数量导向目标。其中利润导向目标有利润最大化目标、投资回报目标和适当利润目标;而数量导向目标包括销售最大化目标和适应竞争、争取尽可能多的顾客数量目标。

定价决策取决于许多因素,例如服务定位、企业目标、竞争状态、需求弹性、成本结构、服务能力、服务生命周期等。其中成本、需求和竞争三个因素需要更精心的考虑。

对于新开业的小型美容院或者美发店而言,由于其自身实力和面对的市场需求与竞争环境可能是多种多样的,因此,上述各种不同的定价目标都有可能被不同的小型美容院或美发店所采用。

7.2　服务定价方法

微课:服务定价
方法

在服务企业的实际经营中,可供选择的定价方法有很多。由于企业所处行业、经营的服务品种、企业自身实力等因素的不同,不同企业所确定的定价方法也不尽相同。下面介绍几种在实践中最常用的定价方法。

7.2.1　成本导向定价法

成本导向定价法是指企业以服务的成本作为定价的依据。根据服务成本的形态以及在此基础上的核算方法的不同,成本导向定价法可以分为成本加成定价法、投资报酬率定价法、边际成本定价法及盈亏平衡定价法等。

1. 成本加成定价法

成本加成定价法是指在单位服务的成本中加入一定比例的利润作为服务的销售价格的定价方法。在正常的情况下,采用成本加成定价法可以使服务企业获得预期的赢利。但由于此种方法缺乏对市场变化的适应性和对供求关系的灵活性,当企业处于激烈的市场竞争环境中或企业服务组合复杂时就不太适用了。在有形产品性较强的服务领域,如餐饮、零售等行业中,成本加成定价法比较常见。

2. 投资报酬率定价法

投资报酬率定价法又称目标收益定价法,是指根据企业的投资总额、预期销量和投资回收期等因素,在成本中加入预期的投资回报率来确定价格的方法。

以上两种方法很少考虑到市场竞争和需求的实际情况,只是从保证企业利益出发制定价格。而且,先确定服务的销量,再计算价格的做法完全颠倒了价格与销量的因果关系,实际上很难行得通。但如果在科学预测价格、销量、成本和利润四要素的基础上,以上两种方法具有一定的可行性。

3. 边际成本定价法

边际成本是指每增加或减少单位服务商品所引起的总成本的变化量。由于边际成本与变动成本比较接近,而变动成本的计算更加容易一些,因此在实际的定价过程中,多使用变动成本代替边际成本,而边际成本定价法也称为变动成本定价法。

边际成本定价法是把单位服务变动成本和可接受价格的最低界限作为定价依据的定价方法。在价格高于变动成本的情况下,企业出售服务商品的收入除完全补偿变动成本外,尚可用来补偿一部分固定成本,甚至可能提供利润。按照变动成本定价,只要企业服务商品的变动成本低于市场价格,企业每提供一件服务商品都会产生边际贡献,都可以用来弥补已支出的固定成本,即使弥补后仍然出现亏损,企业的服务活动仍然有意义。

4. 盈亏平衡定价法

在销量既定的条件下,企业所销售服务商品的价格必须达到一定的水平才能做到盈亏平衡、收支相抵。既定的销量就称为盈亏平衡点,这种制定价格的方法就是盈亏平衡定价法。采用盈亏平衡定价法的前提是科学地预测销量和已知固定成本、变动成本。

以盈亏平衡点确定价格只能使企业的服务耗费得以补偿,而不能得到收益。因此,实际上通常将盈亏平衡点价格作为价格的最低限度,再加上单位商品目标利润后才作为最终的市场价格。为了开展价格竞争或应对供过于求的市场价格格局,企业常采用这种定价方法获得市场的主动权。

同步案例:
上海迪士尼乐园
迎来新的票务调整

7.2.2 需求导向定价法

需求导向定价法又称顾客导向定价法、市场导向定价法,是以顾客的需求为中心,服务的质量和成本则为配合价格而做相应的调整。这种方法的最大特点是灵活有效地运用价格差异,使平均成本相同的不同服务品种的价格,随市场需求的变化而变化,不与成本因素发生直接关系。此外,运用此法还可以获取最大利益,而对于不同的顾客索要不同的价格。但使用该定价法,需要先进行市场细分,然后,再根据各细分市场的成本、需求和利润目标来确定各细分市场的服务价格。需求导向定价法主要包括理解价值定价法、需求差异定价法和逆向定价法。

1. 理解价值定价法

理解价值又称感知价值、认知价值,是指顾客在观念上所理解的价值,而不是服务品种的实际价值。理解价值定价法是指企业以顾客对服务品种价值的理解度为定价依据,运用各种营销策划和手段,影响顾客对其服务品种的认识,使之形成对企业本身有利的价值观念,再根据服务品种在顾客心目中的价值来定价的方法。一般来说,企业通过广泛的市场调研,了解顾客的需求偏好,根据服务品种的性能、用途、质量、品牌等要素,判定顾客对服务品种的理解价值,有意识地将实际售价在感知价值基础上上下波动,有利于增加市场销量,扩大市场占有率。

2. 需求差异定价法

需求差异定价法通常对同一服务品种在同一市场上制定两个或两个以上的价格,或使不同服务品种价格之间的差额大于其成本之间的差额。其好处是可以使企业定价最大限度地符合市场需求,促进服务商品销售,有利于企业获取最佳的经济效益。由于需求差异定价法针对不同需求采用了不同的价格,实现顾客不同的满足感,能够为企业谋取更多的利润。因此,在实际的营销中得到了广泛运用。

3. 逆向定价法

逆向定价法主要不是考虑服务商品的成本,而是重点考虑需求状况。依据在市场上顾客可以接受的最终销售价格,逆向推算出中间商的批发价和供应企业的出厂价格。逆向定价法的特点是,价格能反映市场需求情况,有利于强化与中间商的良好关系,保证中间商的正常利润,市场产品迅速向市场渗透,并根据市场供求情况及时调整,定价比较灵活。

用户基础使知网高定价高毛利

知网在中国知识信息资源市场具有垄断地位。据公告数据,知网签下期刊 8000 余种,独家和唯一授权期刊达到 2300 余种,实现核心期刊独家占有率 90% 以上,比起其他数据平台几百种期刊的数据量,知网在资源上具有绝对优势。

知网拥有大量的用户资源,使其在与用户谈判时具有强势议价能力,获得超过 60% 的毛利率。

知网的高毛利率与其商业模式和成本控制有关。知网主要通过销售学术资源和服务获取收入,这种商业模式使其成本相对较低,收入相对较高。同时,知网作为同方股份旗下的子公司,能享受母公司的支持和资源,进一步提升了其盈利能力。

外文数据库几乎都有涨幅,我国另外两个较大的文献数据库平台——维普和万方,每年的价格则是固定的,而知网会在第一年的基数上,每年有固定涨幅,且近年还开始提供 AI 类的增值服务。

7.2.3　竞争导向定价法

在竞争十分激烈的市场上,企业通过研究同行业竞争对手的服务条件、服务状况、价格水平等因素,依据自身的竞争实力,参考成本和供求状况,制定高于竞争对手或低于竞争对手的价格,这就是竞争导向定价法。这种方法的特点是价格和服务成本不发生直接关系,只要竞争者价格不动,即使成本或需求发生变动,价格也不变动;反之亦然。

1. 随行就市定价法

随行就市定价法也称参考行业定价法,以此种服务的市场通行价格作为本企业的价格,获得平均报酬。在垄断竞争和完全竞争的市场结构条件下,任何一家企业都无法凭借自己的实力在市场上取得绝对的优势,为了避免竞争,特别是价格竞争带来的损失,大多数企业都会采用随行就市定价法。这种定价方法的优点是:市场平均价格比较容易被消费者接受;避免竞争者之间发生激烈的价格竞争,有利于行业协调发展和维护行业的整体利益;企业还可以集中精力和有限的资源致力于企业管理和市场经营方面。此外,这种方法简单易行,可节约一些不必要的调整费用,减少成本开支。

2. 商品差别定价法

商品差别定价法是指企业通过不同的营销努力,使同种同质的服务品种在顾客心目中树立起不同的商品形象,进而根据自身特点,选取低于或高于竞争者的价格作为本企业商品价格。商品差别定价法的使用要求企业必须具备一定的实力,在某一行业或某一区域市场占有较大的市场份额,这样顾客才能够将商品与企业本身联系起来。另外,在质量大体相同的条件下实行差别定价是有限的,企业必须支付较大的广告、包装和售后服务方面的费用形成"优质形象"。

7.3　服务定价的具体策略

服务企业在明确了服务商品定价的目标之后,便要根据市场的具体情况,选择适当的、灵活的服务定价策略对基本价格进行修改。下面介绍一些常用的定价策略。

7.3.1 新服务品种定价策略

1. 撇脂定价策略

撇脂定价策略是一种高价格定价策略,在商品生命周期的最初阶段,将新服务品种价格定得较高,在短期内获取丰厚的利润,尽快收回投资。一般而言,对于全新的服务品种、受专利保护的服务品种、需求的价格弹性小的服务品种等可以采用撇脂定价策略。这种定价策略的目标对象是那些收入较高的先锋顾客,他们勇于尝试新事物,并具有一定的购买能力。

撇脂定价策略的优点:有利于企业迅速实现预期赢利目标,掌握市场竞争及新品种开发的主动权,减少投资风险;有利于在顾客对新服务品种尚无理性认识之前,树立良好形象,创造高价、优质、名牌的印象;有利于新服务品种进入成熟期后拥有较大的调价余地,可以逐步降价,保持企业一定的竞争力;有利于企业调整市场需求,用高价限制需求过快增长,利用高价获取的高额利润进行投资,逐步扩大服务规模。

撇脂定价策略的缺点:高价格不利于市场的开拓和增加销量,不利于占领和稳定市场,容易导致新服务品种开发的失败;高价高利容易诱发竞争,迫使价格急剧下降,缩短企业的预期赢利期;高价格在某种程度上损害了顾客的利益,容易招致消费者的抵制,甚至诱发公共关系问题,影响企业形象。因此,在顾客日益成熟、购买行为日趋理性化的今天,采用这一策略更应该谨慎。

2. 渗透定价策略

渗透定价策略是与撇脂定价相反的一种低价策略,即新服务品种投入市场时,价格定得较低,使顾客容易接受,很快打开和占领市场。利用这一策略的前提条件是服务新品种的需求弹性较大,并存在着规模经济效益。

这种薄利多销的策略是一种着眼于在大量的销售中获得赢利而不指望在单位商品中贪图高利的定位策略。其优点是能刺激消费者尽早接受新服务品种,迅速占领市场,借助大批量销售降低成本,实现预期赢利;低价薄利信号不易诱发竞争,有利于增强企业自身的竞争力,便于企业较长时期地占领市场。

▓ 同步案例

以退为进? 瑞幸收窄"9.9元喝一杯"范围

2023年6月5日,瑞幸为庆祝全国门店数量破万,推出每周"9.9元喝一杯"的活动。该活动为瑞幸带来了大量客流与关注度,将咖啡卷入了个位数时代,也正式打响了其与库迪咖啡的价格战。"9.9元喝一杯"活动在给瑞幸带来客流量与知名度的同时,也大大压缩了其利润空间,而库迪咖啡、幸运咖等同样主打"个位数咖啡"品牌的入局,进一步加剧了"价格战"的激烈程度,在胜负未分的情况下,稍有退缩便会出局。如今,"9.9元喝一杯"活动推出不到一年时间,瑞幸悄悄收窄活动范围,似有抽身趋势。

首先,瑞幸咖啡小程序上原本显眼的"9.9元"券已经不见踪影,取而代之的是被放在二级入口的"每周9.9"专区。这一变化意味着,消费者想要享受9.9元的优惠,需要付出更多的努力去寻找和使用。其次,适用于"9.9元"券的咖啡品类也从之前的多种缩减到了仅剩下8种。这一变化无疑缩小了消费者的选择范围,使一些消费者感到不满。尽管瑞幸随后将适用品类扩展至 10 种,但这似乎并未能平息消费者的不满情绪。

从经济学的角度来看,瑞幸咖啡此举可能是出于成本控制和盈利压力的考虑。毕竟,持续的低价促销活动虽然可以吸引顾客,提高市场占有率,但也会压缩公司的利润空间。特别是在当前咖啡市场竞争日趋激烈的背景下,瑞幸可能需要更加注重成本控制和盈利能力的提升。然而,这种策略的调整也可能带来一定的风险。"9.9 元喝一杯"作为瑞幸最具吸引力的营销策略之一,曾经成功地帮助公司吸引了大量的消费者。一旦这一优惠政策缩水,可能会影响消费者的忠诚度,进而影响公司的长期发展。

此外,瑞幸咖啡的这一举措也引发了对咖啡市场定价策略的讨论。在中国,咖啡消费文化正逐渐兴起,但消费者对咖啡的价格敏感度相对较高。因此,如何在保持价格竞争力的同时提高商品质量和服务水平,成为咖啡品牌需要面对的挑战。

综上所述,瑞幸咖啡"9.9 元喝一杯"活动的缩水可能是公司在面对市场竞争和成本压力时的一种策略调整。虽然这可能会在短期内带来一些消费者的不满,但从长远来看,如何平衡价格、质量和服务,将是瑞幸乃至整个咖啡行业需要不断探索的问题。

3. 适中定价策略

适中定价策略又称为"君子价格"或"温和价格",是企业为了建立企业与商品的良好形象,把价格定在介于撇脂和渗透之间。这样的中间价格,不高不低,给顾客良好印象,不仅有利于招徕顾客,还能使生产者比较满意。该定价策略尽量降低价格在营销手段中的地位,重视其他在市场上更为有效的手段。许多服务商品都采用这种定价策略。

7.3.2　弹性定价策略

弹性定价策略是指随着服务过程的深入,服务企业根据消费需求的变化在不同的时间和不同的地点采用前后不同的价格策略。

1. 差别定价策略

差别定价策略是一种"依顾客支付意愿"而制定不同价格的定价方法,主要运用于建立基本需求,尤其是对高峰期的服务最为适用;用以缓和需求的波动,降低服务易消失性的不利影响。差别定价的主要形式包括以下几种。

(1)地点差异,服务企业都是以不同的价格策略在不同的地点推广同一种服务品种,即使每个地点的服务成本是相同的。这是因为消费者对不同位置的偏好不同。如剧场不同座位的成本费用都是一样的,但却按不同的座位收取不同的价格;火车卧铺从上铺到中铺、下铺,价格逐渐增高。

(2)时间差异,是指企业根据消费时间差异对服务制定不同的价格,其目的不仅是增加企业的收入,还可以通过调整价格平衡供需,从而降低生产和经营成本。如航空公司根据淡旺季调整机票价格,网约车早高峰时段上涨费用。

(3)顾客差异,企业把同一服务品种按照不同的价格卖给不同的顾客。如在公园、旅游景点等将顾客分为学生、年长者和一般顾客,对学生和年长者收费较低甚至免费。

(4)服务品种差异,根据服务品种的档次收取不同的费用,如汽车租赁公司对使用不同品牌、不同型号汽车的顾客收取不同的租金,银行推出的各种信用卡和储蓄卡具有不同的业务功能。

【小问答】　我国在国庆期间推出的"高速公路"免费政策,使国庆长假的高速公路迎来了超大车流量,全国各地高速公路出现严重的堵车现象。高速公路免费现象属于什么样的定价策略? 出现免费现象的原因是什么?

答:高速公路免费现象属于差别定价策略中的时间差异定价策略,即价格随服务消费时间的不同而变化。

2012 年 7 月 24 日,国务院下发交通运输部等部门制定的《重大节假日免收小型客车通行费实施方案》中明确指出:"为进一步提升收费公路通行效率和服务水平,方便群众快捷出行"而实行免费政策。

重大节假日期间免费政策的实施除了能进一步提升收费公路通行效率和服务水平,方便群众快捷出行外,还有以下作用:一是可以充分发挥各种交通运输工具的效能,避免运输企业资源的闲置或超负荷运转;二是可以在重大节假日期间刺激各种服务消费需求的增长,使服务型企业增加收入,促进第三产业和国民经济的增长。

2. 个别定价策略

个别定价策略是指所制定的价格水准是买方决策单位能力范围内所能遇到的价位,当然这是以该决策单位对该项服务品种感到满意为前提。采用这种定价方式的服务市场,如承包食堂和厂房维修业。采取个别定价法必须清楚地了解卖方的决策者有权决定的价格底线是多少。

3. 诱导定价策略

诱导定价策略也称偏向价格策略,即当一种服务品种原本就有偏低的基本价,或某种服务的局部形成低价格结构现象时,就会产生偏向价格现象。企业对这部分基本的服务商品制定较低的价格水平,以此来吸引顾客,集聚人气。顾客是冲着低价服务商品而来的,但实际消费的又不仅仅是这些低价服务。如餐厅为了增加惠顾而提供价廉物美的实惠简餐(如商务午餐、套餐或 30 元吃饱等),但大多数的客人一旦进入餐厅,最后还是会点其他比较高价的菜;汽车修理厂对一般性服务可能收费偏低,借以招揽更多的高价的修理业务。

4. 牺牲定价策略

牺牲定价策略也称招揽定价,是指服务企业刚进入某一服务领域,顾客对其服务商品还不了解、不信任,不愿意尝试的情况下,企业对第一次合同或第一批顾客的要价很低,希望借此获得更多的生意,而后来的生意则要求较高的价格。此种定价方法通常用在营销顾问业和管理教育训练等专业服务机构。

5. 阶段定价策略

阶段定价策略与牺牲定价策略类似,即基本报价很低,但各种额外事项则要价较高。例如,某管理咨询顾问的报价只是其执行服务花费的时间费而已,并未包括执行服务时有关的差旅费。

7.3.3　折扣定价策略

折扣定价策略是指对基本价格做出一定的让度,将一部分利润转让给顾客,以此来促进服务销售的定价策略。在大多数的服务市场上都可以采用折扣定价策略,服务业企业选择折扣定价策略一般是为了达到两个目的:①折扣是对服务承揽支付的报酬,以此来促进服务的供给和消费(金融市场付给中间者的酬金)的产生。例如,付给保险经纪人的佣金或对单位委托顾问服务的支付。②折扣也是一种促销手段,可以鼓励提早付款、大量购买或高峰期以外的消费。

1. 现金折扣

现金折扣就是对现款交易或按期付款的顾客给予价格折扣,目的是鼓励消费者购买和提前付款,以尽快收回现金,加快资金周转。采用现金折扣一般要考虑折扣比例、给予折扣的时间限制和付清全部货款的期限。在房地产市场中,购买刚刚开盘的楼房的顾客一般会获得价格上的折扣。由于提供现金折扣相当于降低价格,所以,企业在运用这种手段时要考虑本企业的服务是否有足够的需求弹性,保证需求量的增加能为企业带来足够的利润。

2. 数量折扣

数量折扣是指为了鼓励顾客大量消费,集中消费,根据消费数量给予一定的折扣,购买数量越多,折扣越大。其中包括累计折扣和一次性折扣两种形式。累计折扣是指在一定时期内消费达到一定的数量或金额,按总量给予折扣,目的是鼓励顾客经常向本企业购买,成为可信赖的长期客户。如一些高档会所,凡是会所会员,一年内消费金额达到一定的数量,按全部消费额的一定比例返还给该客户。一次性折扣是指消费者每次消费达到一定的数量或金额所给予的价格折扣,目的是鼓励顾客大批量购买,促进商品多销、快销。

3. 功能折扣

为了促进服务企业与服务消费者的顺利结合,服务业中的中间商应运而生。功能性折扣的经济依据是批发与零售之间的区别,两者提供的服务性质不同,进货的数量不同。批发商一般是批量采购、批量销售,零售商是零星购进、零星出售。企业根据中间商在服务分销过程中所处环节、承担的功能、责任和风险不同,给予不同的折扣,以此来促进服务的供给和消费的产生,便是功能折扣。例如,航空公司通过"次卡""多次卡"等产品向旅行社提供批发价。功能折扣的结果是形成购销差价和批零差价。

4. 季节折扣

有些服务的提供是连续的,消费却有明显的季节性。于是,企业采用季节折扣的方式,给那些购买过季商品和服务的顾客提供一定的折扣。它能保证企业均衡供给,服务商品的销售量在一年四季都保持相对稳定,加速资金周转并节省费用。如酒店在旅游的淡季制定较低的价格,吸引顾客,提高客房的使用率。

7.3.4　心理定价策略

心理定价策略是指运用一些心理学原理,根据顾客购买和消费服务时的心理动机来确定价格,引导购买的策略。

1. 保证定价策略

对一项服务进行直接保证对于顾客来说可能是一个非常有力的保险。即使顾客体验完服务后表示不满意,这个保证也将给予他们一个补偿,通常是降低价格或者是全部偿还。如职业介绍所的服务,必须等到当事人获得了适当的工作职位后,才能收取费用。

2. 声望定价策略

现代社会,随着生活水平的提高,人们往往通过消费来肯定自我价值和实现自我。这样的顾客一般都有求名望的心理,认为"价高质必优",尤其在服务业,由于难以形成统一客观的服务质量评价标准,价格在一定程度上就成为衡量服务质量的标准。

声望定价策略是一些服务企业利用本企业或所提供的高质量或高档次服务在顾客中的

良好声望而制定出比市场同类服务价格较高的价格。如高尔夫球厂、五星级酒店等往往采用这种定价策略。声望定价的高昂价格能使顾客产生"一分价格一分货"的感觉,从而在购买过程中得到精神的享受。

3. 整数定价策略

对于那些无法明确显示服务质量的产品,顾客往往通过其价格的高低来判断其质量的好坏。但是,在整数定价方法下,价格的高并不是绝对的高,而是凭借整数价格来给顾客造成高价的印象。整数定价常常以偶数,特别是"0"作尾数。

整数定价策略适用于需求的价格弹性小、价格高低不会对需求产生较大影响的服务,如星级宾馆、高级文化娱乐城等,由于其顾客都属于高收入阶层,也愿意接受较高的价格。

4. 尾数定价策略

尾数定价策略又称"奇数定价""非整数定价",是利用顾客求廉的心理,仅在整数价格之下制定一个带有零头的价格,一般为奇数,以使顾客感到获得了较低的价格,从而激发其购买欲望,促进服务销售量的增加。如 8.99 元和 9 元给人的感觉是不同的。

5. 习惯定价策略

顾客在长期购买某种服务商品的过程中,习惯上已经接受了这种服务的价格水平。企业参考这种习惯性价格来制定服务商品价格的方法就是习惯性定价策略。

一般情况下,只要服务商品的基本功能和用途不变,顾客往往只愿意按原有的价格购买。降价会让他们对产品的质量产生怀疑,涨价则影响市场销量。

7.3.5 其他定价策略

1. 组合定价策略

一般定价的依据是服务的消费单位,如专业咨询服务、酒店客房出租、电话通话服务等按时间收费,运输企业按距离、重量和体积收费。但企业通常不只提供单一的服务,而是形成商品组合进行销售。此时,企业的定价策略就不是那么简单了,通常采用以下几种策略。

(1)服务线定价策略。服务线定价策略是指企业根据顾客对同样服务线不同档次的服务的需要,设计不同的服务和价格点。如酒店的商务套房定价 898 元,豪华套房定价 1598 元,贵宾套房定价 2098 元。顾客根据自己的需要选择不同的房间。

(2)特色定价策略。许多企业提供各种可选择的服务或具有特色的主要服务,以较低价格提供主要服务商品时,还提供具有吸引力的较高价的非必需附带品与之相配,依靠它们的销售来增加利润。如在餐馆中,许多餐馆都主推自己的特色菜,而且价位相对较低。由于顾客一般都会在饭菜之外要酒水。那么将酒水的价格定得很高。这样,餐馆就可以从提供的菜肴中收取成本,用酒水的收入获得高额利润。另外一些餐馆则可能将酒类价格定得低而食品价格定得高,以吸引大量喝酒的顾客。

(3)必需附带品定价策略。与特色定价策略类似,主要利润来自附带品,但附带品与主要商品有着密切的联系。如软件公司将开发的软件低价出售,甚至无偿赠送,但却从不断升级的程序中获取高额利润。

(4)两部分定价策略。就是将价格分为两部分,固定费用和变动费用。在一定范围内,收取固定费用,超出该范围则加收变动费用。如游乐园或旅游景区通常在门票中包含了部门项目的费用,还想玩其他的项目则另外收费。采取这种策略时,企业往往将固定费用定得很低，以便吸引顾客使用该服务项目，并通过变动费用获取利润。

（5）捆绑定价策略。即将数种服务（两种以上的捆绑）或服务特征（一种基本服务和扩展服务的捆绑）组合在一起，以低于分别销售时支付总额的价格销售，从而最大限度地吸引顾客。

2. 系列价格定价策略

价格本身维持不变，但服务质量、服务数量和服务水平则充分反映成本的变动。这种定价方式往往被视为一种并不适于用来处理成本变动的定价方式。只有在固定一套收费方式的一系列标准服务的情况下才适用。租赁公司往往使用此定价方式。

3. 关系定价策略

关系营销包括建立、保持并加强同顾客的关系（通常是指长期关系）。关系定价策略就是考虑提供给顾客长期超值服务，与顾客形成持久合作关系，而采用的使顾客与服务企业双方都获得长期利益的一种定价策略。这种定价策略一般适用于服务上与顾客之间有持续接触的交易，能刺激顾客多购买本企业服务，间接抵制竞争对手提供的服务。一般来说，关系定价策略可以采用"会员"价格和组合服务定价两种方式。

（1）"会员"价格。服务企业通过长期合同的形式发展顾客成为"会员"，可以从根本上转变服务企业同顾客之间的关系，能将一系列的服务交易转变为一种稳定的、可持续的交易。顾客可以凭借其会员身份先行消费服务商品，然后在约定的时间支付费用，或者凭会员证件享受一定的价格折扣。

（2）组合服务定价。组合服务定价是指当顾客消费两个或两个以上相关服务项目时可以享受价格优惠，让消费者确实感到多购买比单独购买便宜。这种组合服务定价能降低成本，吸引顾客从一个服务提供者购买相关的多种服务，顾客也可节省时间和开支。

4. 客观定价策略

客观定价策略是指不论顾客种类，而是先设定服务的单价，再乘以实际提供的服务单位数，即得该项服务的售价。这种定价法常用于律师、管理咨询公司、心理医生、家庭教师等。服务的收费标准通常根据经验或市场价格来确定，但其前提条件必须是该项服务可以被分割，例如，以服务小时计费。

见微知著

警惕大数据"杀熟"

随着互联网技术的不断发展，大数据的运用越来越普遍，人们随时随地都在享受着大数据带来的便利，但其负面作用也接踵而至。网络购物、交通出行、在线购票等多个领域的电商平台均被曝出存在"杀熟"情况。

大数据"杀熟"是指经营者运用大数据收集消费者的信息，分析其消费偏好、消费习惯、收入水平等信息，将同一商品或服务以不同的价格卖给不同的消费者从而获取更多利润的行为。"杀熟"的形式多样，主要有三种表现：一是根据用户使用的设备不同而差别定价，比如针对苹果用户与安卓用户制定的价格不同；二是根据用户消费时所处的场所不同而差别定价；三是根据用户消费频率的不同而差别定价，一般来说，消费频率越高的用户对价格承受能力也越强。

目前，《中华人民共和国消费者权益保护法》（简称《消费者权益保护法》）还未明确将大数据"杀熟"行为纳入规制范围。但《消费者权益保护法》第八条规定,消费者享有了解购买使用商品或接受服务的真实情况的权利。同时第二十条明确,经营者具有真实全面告知义务。在大数据"杀熟"中,消费者难以知悉商品或服务的真实价格,看到的只能是经营者通过对其个人信息的分析后专门为其划定的、令其支付金额最多的价格,这严重侵犯了消费者的知情权。

《消费者权益保护法》第十条规定,消费者有权根据公平的交易条件,获得公平的交易结果,主要体现为消费者有权利以合理的价格购买商品或接受服务。利用大数据"杀熟",经营者并非依据商品本身的性质功能,而是根据分析消费者心理与行为的结果对商品定价,使处于相同交易条件下的消费者面对的价格不同,这种行为极大地违背了公平交易权的内在精神与实质内涵。

此外,《消费者权益保护法》第二十六条规定,经营者应当以显著方式提请消费者注意格式条款中与其有重大利害关系的内容,并且不得做出对消费者不公平、不合理的规定。所以,即使消费者于"服务协议"中同意经营者使用其个人信息,经营者仍需承担保障消费者个人信息安全的义务。

针对实践中大数据"杀熟"的现象,亟须出台相关法律规范规制该行为,为受到损害的消费者提供维权通道。

资料来源:http://www.xinhuanet.com/zgjx/2019-06/13/c_138138928.htm.

项目小结

服务的价格是服务机构经营服务所获得的利润和回报。影响服务定价的因素包括经营目标、成本、竞争、供求关系、政策等。一般而言,定价目标有两类:利润导向目标和数量导向目标。

成本加成定价法、需求导向定价法、竞争导向定价法都是实践中最常用的定价方法。成本导向定价法包括成本导向、投资报酬率、边际成本、盈亏平衡定价法。需求导向定价法包括理解价值、需求差异、逆向定价法。竞争导向定价法包括随行就市定价法和商品差别定价法。

服务新品种定价策略包括撇脂定价、渗透定价和适中定价策略。弹性定价策略包括差别定价、个别定价、诱导定价、牺牲定价、阶段定价策略。折扣定价策略包括现金折扣、数量折扣、功能折扣和季节折扣。心理定价策略包括保证、声望、整数定价策略、尾数、习惯。此外,定价策略还包括组合定价策略、系列价格定价策略、关系定价策略、客观定价策略。

巩固练习

1. 简述影响服务定价的因素。
2. 简述服务定价目标的种类。

项目 7 即测即评

实训课业

一、技能训练

(1) 如果你是学校附近一家网吧的老板,谈一谈制定价格的目标是什么?你会采取哪些定价方法进行服务定价?

(2) 同样是订一张飞机票,长期在平台上订票的熟客,基于其对平台更高的用户黏性和忠诚度,平台会智能地根据搜索频率等分析其对飞机票的迫切程度,进行动态浮动加价。请查找资料,分析携程、去哪儿等平台机票价格变动情况。

(3) 到学校附近的住宅小区调查了解现行的物业费是如何制定的?

(4) 近年来,越来越多的人热衷旅游,旅游景点的价格也水涨船高。研究你所在城市的著名景点,分析其采用了什么定价策略,有没有更好的建议?

二、实训项目

服务商品定价方法和策略的应用

1. 实训内容

组织学生通过实际走访或者网络调研某服务企业,分析该服务企业所提供的服务商品采用的定价方法和定价策略。

2. 实训目的

利用服务定价的理论分析和研究服务企业运用定价方法和定价策略的实际情况,提高学生的实践应用能力。

3. 实训要求

(1) 组织学生以 6~8 人为一组,由组长负责,利用实训课或其他时间到商业街考察和学习。

(2) 以小组为单位座谈讨论,分工协作撰写调研报告。报告的主要内容包括:企业的服务商品组成;选择的定价方法和定价策略;存在的问题和原因;解决问题的可行性的对策和建议。

项目 ⑧

服务渠道策略

知识目标

1. 理解服务渠道的含义和类型。
2. 理解服务直接分销和间接分销的主要形式。
3. 掌握适合网络分销的服务类型。
4. 理解网络分销的具体应用。

能力目标

1. 能够根据不同条件制定不同的服务渠道策略。
2. 能够进行有效的服务渠道管理。

素养目标

1. 弘扬科学家精神，增强开拓创新意识。
2. 增强社会服务意识，践行服务奉献精神，关注服务创新。

● 案例导入

中国移动公司的分销

（1）服务热线，10086 是全国统一的中国移动通信服务热线，顾客可以通过拨打 10086 查询或咨询中国移动通信的基本政策、业务知识、新业务、计费标准等问题，对移动网络通信和服务质量提升进行反映，并对服务及业务提出意见或建议。

（2）短信营业厅，是中国移动通过短信向顾客提供服务功能的渠道，移动客户可以通过发送短信快速便捷地查询话费、了解最新优惠资讯、办理业务和套餐等。随时随地，使用方便。

（3）网上营业厅，是中国移动通信提供给客户进行业务受理、营销推广、信息查询的网上自助平台。网上营业厅是通过中国移动通信的互联网站，向各地顾客提供以互联网为平台的业务咨询和办理服务，顾客可以足不出户就获得和实体营业厅一样的服务与支持，让顾客充分享受自由自在的感受。

（4）掌上营业厅，是将网上营业厅现有功能体现在计算机和手机终端上。客户只需将软件安装在手持终端上，进行简单的操作，就可以随时随地查询、定制最新的移动业务和功能。

（5）实体营业厅，中国移动通信营业厅遍布全国各地，在实体营业厅中，顾客可以向工作人员充分了解中国移动在当地开通的业务，并随时办理各项业务。其中，大型营业厅设有维修中心、VIP 服务、自助营业厅等,中型营业厅提供基本的业务和服务,小型营业厅则更侧重于固定业务和商品售卖。无论在哪种大小的营业厅,都可以购买中国移动的通信商品和服务,并获得专业的咨询和服务。

（6）自助服务站,是为顾客自助服务提供的场所和设备,主要提供自助式业务查询、信息查询、业务办理、详单打印、购买手机卡、手机充电等服务,满足顾客的各种需求,并节省时间。自助服务站通常安装在商场、超市、车站等人流量大的地方,用户不需要排队等待服务员的帮助,也可以完成业务办理。

（7）合作营业厅,属于移动业务分销渠道中的中间商,是合作者自己投资建立的专门经销各种移动业务的经营场所。合作营业厅的所有者买进移动商品的所有权,然后直接销售给顾客。有些合作营业厅也会得到移动运营商的销售支持。

【分析提示】　服务渠道策略是服务企业提供服务时对所使用的位置和渠道所做的决策,它包括如何把服务交付给顾客和应该在什么地方进行。在服务营销中,企业为了获得竞争优势,应该寻找并制定适宜的交付服务方法和地点的渠道策略,方便顾客购买、享用服务商品。

8.1　服务渠道概述

8.1.1　服务渠道的含义

任何一种类型的企业在商品营销活动中都存在如何使企业生产或提供的商品尽快从生产者或提供者手中转移到消费者手中的问题,而这一问题解决的关键在于建立顺畅高效的分销渠道。

分销渠道是指商品从企业向消费者(用户)转移过程中所经过的通道。这个通道包括某种商品的供、产、销过程中所有相关的企业和个人,起点是企业,终点是消费者(用户),位于起点和终点之间的为中间环节。中间环节既包括了商品在生产制造完成后到最终所有权转移到消费者手中,期间所经历的各种获得所有权的、帮助与促进所有权转移的所有的中间商与服务机构,如批发商、零售商等;也包括为加快所有权转移、节省费用、满足需求而优选的商品实体流动路线、分配方式的组织机构,如银行机构、保险机构、运输部门、储存机构等服务部门。

在企业的实际经济活动中,分销渠道的概念不仅仅限于有形产品的营销活动,在服务营销活动中同样存在分销渠道问题。服务企业也要解决如何使自己的服务商品更加接近目标顾客,使空间上较为分散的顾客与机构能够方便快捷地享受到服务企业所提供的优质服务。那么,服务分销渠道就是指服务从提供者转移到消费者的过程中涉及的所有相关的企业和个人。

💿 **知识链接**

服务渠道的职能

随着服务需求的不断膨胀和服务业发展的不断升级,围绕服务渠道职能展开的探讨越来越多。服务渠道的主要职能如下。

（1）引入职能。引入职能是指服务出现在顾客更方便购买的时间和地点，将更多的顾客引入服务的销售系统中。这一职能可以由服务的中介机构完成。中介机构地域分布的广泛性能够使服务在更多的地方、更长的时间内进行销售。如在书店销售音乐会、歌舞剧的门票等。

（2）信息职能。要使潜在购买者了解服务的特点，仅仅依靠媒体广告是远远不够的，还需要销售人员与顾客直接沟通。依靠中介机构的参与可以缓解服务提供者人员不足的问题，以便向潜在的购买者提供更全面的信息。

（3）陈列职能。通过分销渠道进行服务的有形展示，能够增强顾客对服务的直观感受，引发顾客的购买冲动，进而促进服务的销售。相对于直销而言，中介机构可以代理多种服务，包括竞争性、互补性的服务，甚至可以将主要服务、附加服务打包出售，从而形成更强的消费吸引力。

（4）承诺职能。服务提供者关于服务质量保证的承诺能够通过分销渠道有效传递给顾客，并且因为顾客容易接近的原因增加了质量承诺的可信度。中介机构的介入间接增强了服务的可靠性。

（5）支持职能。对服务提供者而言，流通环节的外移节约了其固定成本的投入和管理精力，通过中介机构进行销售在某种程度上弱化了服务提供者的市场风险。

（6）后勤职能。对中介机构而言，在正式服务前的一些准备工作，如旅游团的集合、分组、统一服装等工作可以由它们来进行。

（7）跟踪服务职能。后勤职能通常表现为服务前的准备工作，跟踪服务职能则表现为服务后的一些善后工作，包括解答疑问、取得反馈信息等。中介机构的加入能大幅弥补这一职能的欠缺，如在保险服务中这一点体现得非常明显。

8.1.2　服务渠道的类型

在现实的商业活动中，服务企业的渠道是相当复杂的，不同的分类方法会产生不同的渠道类型。

1. 按有无中间环节，分为直接渠道和间接渠道

（1）直接渠道是服务商品直接由服务供给者提供给消费者，没有中间环节的渠道，是最简单、最直接的渠道。它的特点是供销直接见面、环节少，易于控制价格、降低流通费用，便于提供者了解市场信息。

直销是服务企业最常见的一种销售方式，也是最适合服务商品的配送形式。直销可能是服务提供者经过选择而选定的销售方式，也可能是由于服务和服务提供者不可分割的原因。

（2）间接渠道是指提供者利用中间商将商品供应给消费者，中间商介入交换活动。它的特点是有助于商品的广泛分销，合理配置资源。但相对于直接渠道，间接渠道的流通速度较慢、成本较高。

间接渠道是服务企业经常使用的渠道，它的结构各不相同，而且有些相当复杂。例如，货币与储蓄卡的销售渠道，银行信用卡曾经是信用服务的一种实体化表征，但并不是服务本身。通过信用卡与储蓄卡，银行有能力克服不可分割性的问题，同时利用零售商作为信用的中介机构，而信用卡又有能力扩大地区性市场，因为信用卡可使使用者将银行信用变成"库存",这样,银行就有能力维持远离交易地的信用客户。

随着微信、支付宝等第三方支付机构的涌现,货币分销渠道大大扩展。第三方支付通过技术手段重构了分销网络,使货币流通更高效、场景更丰富。未来,随着数字货币的推广,货币的分销渠道会进一步融合和升级。

2. 按中间环节的多少,分为长渠道和短渠道

从市场营销的角度,对长短渠道的划分不是指空间上商品流通路程的远近,而是商品从供给者转移到消费者手中所经过的中间环节的多少,即渠道长度。经过的环节越多,渠道越长;经过的层次或环节越少,渠道越短。

一般来说,长渠道是商品经过两道以上中间环节后到达消费者手中的渠道。短渠道是商品直接到达消费者或只经过了一道中间环节的渠道。

3. 按中间商的多少,分为宽渠道和窄渠道

在渠道中,供给者在同一类型的中间环节中选用经销自己商品的中间商的多少,被称为渠道宽度。供给者在某一环节选择两个以上的同类中间商销售商品,为宽渠道。如果供给者只选择一个中间商经销商品,为窄渠道。

4. 按渠道形式的多少,分为多渠道和少渠道

渠道广度是指供给者选择渠道形式的多少。多渠道是企业选择较多的渠道经销商品,而少渠道是企业选择较少的渠道经销商品。当企业只选择一种渠道形式经销商品时,称为单渠道。

服务商品因其不可感知性、服务提供者与服务对象的不可分离性、商品本身不可储存性,与商品的分销渠道相比,服务渠道几乎总是直接的。此外,还有许多服务业的销售渠道,则包括一个或一个以上的中介机构。因此,如果不是直接将服务提供给顾客,就是提供给向顾客出售服务的中间商,即中介机构。

服务的中介机构为服务供给者完成了许多功能。第一,他们常常合作提供服务,实现服务供给者对顾客的承诺。诸如理发、配钥匙和干洗这样的特许服务,是由中介机构(受许人)利用服务供给者所开发的流程完成的。第二,服务中介机构还使服务地方化,为顾客提供时间和地点的便利。因为像旅行和保险这样的中介机构代表多个委托人,所以它们把各种选择集中于一个地点,为顾客提供零售的功能。在金融或专业化服务中,中介机构通过建立一种在这些复杂而专业化的销售中所需要的信任关系,起到了顾客与公司品牌或公司名称之间黏合剂的作用。另外,还有承担所有权风险、担任所有权转移的中介角色(如采购)、担当实体移动(如运输)的任务等。

🖳 知识链接

<h3 style="text-align:center">服务渠道类型的三个发展阶段</h3>

服务渠道类型迄今为止经历了以下三个发展阶段。

第一阶段(1982—1992 年),关注省时体验的线下服务渠道阶段。在该时期,服务企业与顾客接触大多在实体店铺完成,也存在部分线上渠道,比如电话、电视和邮寄等方式。

第二阶段(1993—2008 年),关注感官体验的线下线上渠道并存的服务蓝图阶段。这一阶段的服务渠道是线下渠道和线上渠道并存的阶段。1994 年网上店铺出现,之后实体店铺并未消失。当时线上企业与顾客接触基本采取线上服务渠道(仅有配送采取线下渠道),线下店铺基本采取线下服务渠道，也存在着两种渠道并用的情况。

第三阶段（2009—2024 年），关注情感体验，线下线上跨越的服务渠道阶段。

8.2　服务的直接分销渠道

微课：服务的直接
分销渠道

8.2.1　服务直接分销的含义及特点

1. 服务直接分销的含义

直接分销是指服务机构直接或者通过自有的渠道向顾客提供服务商品。与有形产品的可储存性、实体性截然不同，服务的自身特点决定了其不能够稳定地被运输，经过批发、零售等多个环节完成商品的销售功能。所以，直接分销的方式在服务商品的营销活动中非常普遍，如美容美发、教育培训、餐饮服务、医疗服务等服务商品都是采用直接服务的渠道方式。

2. 服务直接分销的特点

直接分销的最大特点是供给者将商品直接供应给消费者或者用户，在销售的过程中没有任何中间商的介入。这样的分销方式除了适合服务商品之外还十分适合大型设备或专用工具等大型、复杂的需要专门服务的工业品销售。直营店、医院、社区服务、殡葬业、服务供给企业自己的网络店铺等大多数销售属于此种类型。由于服务的特殊性，服务型企业多采取这种渠道。企业直接通过自有的渠道为顾客服务，了解顾客的真实需求，进行个性化服务。

1）服务直接分销的优点

直接分销又称为另计渠道，其优点如下。

（1）选择直接分销的渠道策略便于买卖双方沟通和交流，服务供应商可以极好地控制服务商品在流通过程中的质量、规范、营销策略的执行和贯彻力度，并有效降低商品在流通过程中的损耗，加快商品的流转。相反，如果经由中间商进行服务商品的销售，往往无法保证对服务的供应与表现的控制。

（2）选择直接分销的渠道策略便于企业与消费者之间保持良好的交流，能够及时从顾客的反馈中了解其市场需求的变化和顾客满意度，从而能够及时做出调整，更好地适应市场的变化、有效地改进服务，更好地针对顾客的要求提供个性化的服务。

2）服务直接分销的缺点

实施直接分销也就意味着企业必须拥有较高的广泛分销能力和商品销售能力，其实施过程中还是存在一定的缺点。

（1）直接分销渠道的覆盖范围非常有限，有可能只能在一定区域内实施，不利于服务范围、服务质量、服务业务的扩大。

（2）在服务商品的直接分销过程中，服务提供机构必须承担服务商品的销售费用，无形中分散了精力，无法集中精力搞好商品的研发与供给。

8.2.2　服务直接分销的主要形式

常见的服务直接分销的形式主要有店面分销、机器自动化分销、呼叫中心分销等。

1. 店面分销

1）店面分销的优势和劣势

（1）店面分销渠道的优势：①真实性体验，实体店铺顾客的感受是真实的、沉浸式的，顾客的买单率也更高。这种优势对于需要亲身体验的、亲自触摸的服务就更加有优势，比如休闲娱乐场所。这一点是网络渠道无法取代的。②店面分销渠道更有利于推销，推销方式也更加多元化，增加了服务人员与顾客之间的信任感。面对面的信任感是网络渠道解决不了的。③店面分销在当今更是线上服务的补充和体验，为线上电商增加了知名度和口碑。

（2）店面分销渠道的劣势：①运营成本高，店铺租金较高，提高了经营成本；店铺需要更多的员工客服，也进一步提高了管理成本。特别是在网络渠道的快速发展下，线下店的客流大幅降低。②店面营销的影响因素更多，例如由于天气或其他不可控因素，服装店承担房租的同时还需要承担无法营业的风险。

2）店面服务位置的选择

服务网点的位置关系到顾客进入的便利程度，在分销中起关键作用。虽然服务机构位置的重要性依据服务业类型而不同，但通常情况下必须考虑目标市场的要求、服务机构的营销战略和竞争战略、服务机构的追求目标和服务特征、竞争对手选择服务网点的情况、服务业的灵活性和分散程度等多种因素。

此外，各个城市乃至不同的国家都处在不断的变革和动态的调整过程中。因此，店面服务的位置规划应该首先具有一定的前瞻性，在保证城市规划的前提下完成科学合理的店面选址工作。

3）店面服务位置的布局方式

（1）抢先占位方式。抢先占位顾名思义就是在尚没有竞争对手或者竞争对手数量较少的地区率先开设店铺。这种布局方式不仅能够在竞争阻力较小的时候抢占先机、形成自己的优势，还能够避免过度竞争对自身带来的损失，更可以率先锁定顾客的偏好为新竞争者增加进入成本。

（2）集中布局方式。集中布局是指同一家服务机构在一定区域内相对集中地开出足够多的店铺，并在这一区域店铺布局基本饱和后才拓展下一个区域。这种布局方式的最大特点是能够方便顾客的购买，还能够提高本区域内服务机构的知名度和宣传效果，更易于形成规模效应，以达到节省人力、物力、财力的目的，也会起到遏止竞争对手的目的。

（3）聚集布局方式。聚集布局是指服务机构之间相互依托、共同在同一区域内开设店面。这种布局方式追求的是"众人拾柴火焰高"的效果，能够打造一个相对专业的成熟市场，更加便于顾客的选购，如上海的南京路、淮海路和沈阳的中街等城市商业街区。

（4）竞争布局方式。竞争布局是指在成熟的竞争激烈的区域进行布局，通常适合实力较强的服务机构实施针锋相对的竞争战略时使用。服务机构选择这种布局方式既是给自己压力以保持自己的竞争斗志，又是在吸引竞争对手的顾客群体，还是在成熟的市场中保证信息的灵通和借鉴竞争对手的成功之道。例如，蜜雪冰城和瑞幸就是一种对峙性布局，有瑞幸的地方，附近肯定有蜜雪冰城。

2. 机器自动化分销

机器自动化分销是指服务机构运用高新技术设备,如自动售货机、自助银行、自助缴费系统等先进的技术设备为顾客提供服务。这种服务分销方式起源于美国,后进入日本市场,近二十年来,在中国市场上也随处可见。

1) 机器自动化分销的优势和劣势

(1) 机器自动化分销渠道的优势:①自助服务渠道,如自动售货机可以 24 小时提供服务,为当地市场提供了便捷的购物服务。②节省了服务机构的人力,弥补了服务机构网点的不足和死角。例如,为缓解机场值机柜台压力,各家航空公司相继开通网上值机服务。购买电子客票且未办理过变更手续和有确定航班的成人旅客,在航班预计起飞时间前,通过网络,足不出户地确认航班,选择喜爱的座位,打印登机牌,完成办理登机的手续。网上值机帮助旅客高效、便捷地完成值机,同时还起到分流的作用,缓解了服务企业的压力。③减少人际接触,使自助服务机在年轻人群中受到欢迎。

(2) 机器自动化分销渠道的劣势:①故障问题。机器会存在不工作的风险,影响顾客的使用体验。②被损坏的风险。自助服务很多时候是在室外环境,设备遭到破坏的可能性增加。这不仅增加了服务成本,也损害了企业形象。③机器互动会造成缺少沟通。虽然人工智能的兴起大大提高了自助服务的逼真程度,但仍然存在差距,特别是对于一些复杂任务,分流到自助服务,让顾客有被敷衍的感觉。

2) 机器自动化分销的类型

(1) 自动售货机。自动售货机可以放在自办营业厅里,也可以设置在政府机构、大型服务机构、学校、居民小区等固定人口较多的地区,或者商业中心、车站和机场等流动人口较多的地方。自动售货机可以在 24 小时保持不间断的服务,为人们提供便捷服务,弥补了服务机构的不足和服务盲区。又如,很多航空公司都在机场、银行、高档酒店等地方使用自动售票机。

(2) 自助银行。自助银行使商业银行可以在不增加人力成本的前提下扩充营业网点,为顾客节省了排队等候的时间,将 24 小时的金融服务延伸到各个角落。在很多国家,自助银行已经部分代替了传统的银行网点。

(3) 销售点终端。销售点终端(POS 机)是自动柜员机(ATM)在商业网点的延伸,是与银行连接、供顾客消费时自动支付的设备。销售点终端系统扩大了 ATM 的功能,使持卡人享受到了更加便利的消费服务。使用销售点终端能够做到即时交易结算,做到银行、商家和顾客之间的三赢:银行增加业务量的同时节省了人力和物力,商家增加营业额的同时及时收回了货款,顾客安全购物的同时无须携带现金或支票。由于移动支付普及,在中国任何一个小摊贩,都可以接受非现金交易,这种便利也可以提供给入境游客。

3. 呼叫中心分销

呼叫中心分销是综合利用先进的计算机及通信技术,对信息和物资流程优化处理与管理,集中实现沟通、服务和生产指挥的系统,是将服务机构的通信系统、计算机处理系统、人工服务代表、信息等资源整合成统一、高效服务的工作平台。

呼叫中心由于不受时间与空间的约束,可使服务机构的服务能力更强,成本更低,具备以下功能。

(1) 个性化服务。采用计算机电信集成技术后,呼叫中心的座席代表可以在接听电话前就从计算机屏幕上了解到关于来电顾客的姓名、住址、个人爱好等基本信息。根据这些信息资料,座席代表就能为顾客提供更加亲切的个性化服务,减少了查询与相应的时间,提高了所提供的服务质量。由于人工智能(AI)的发展与应用,座席代表大部分已被机器取代。

(2) 主动性服务。呼叫中心能够事先了解顾客的账号信息、购买历史等相关信息,以便为其提供更有针对性的服务;主动向新的顾客群体宣传商品,扩大市场的占有率,树立服务机构的品牌形象;完善的大数据技术已完成顾客信息管理、顾客分析、业务分析等功能,为服务机构的发展、决策提供相当充分的事实依据。

(3) 便捷性服务。呼叫中心可以实现"一号通",便于顾客的记忆;通过自动语音应答的设备做到为顾客提供 24 小时服务;提供灵活的交流途径,允许顾客在与业务代表联络时可随意选择包括传统的语音、邮件、传真、文字交谈、视频等在内的任何通信方式。

(4) 智能化服务。呼叫中心依靠智能化呼叫路由充分利用资源,由自动语音或自动传真可使顾客呼叫分流,或者由不同业务代表提供不同服务的顾客呼叫分流。顾客的电话按预先设置的自动语音系统或人工席位进行转接,顾客也可以在任何时候查询自己的业务处理情况。

(5) 一站式服务。通过呼叫中心可以将服务机构内分属各职能部门的服务,集中在一个统一对外联系的"窗口",采用统一的标准服务界面,最终实现一个电话解决顾客所有问题的目标,有助于进一步协调服务机构的内部管理,避免服务机构内部相互推诿的现象,有效地为顾客提供高质量、高效率、全方位、一站式服务。

呼叫中心已渗透到各个行业,如金融、电信、医疗、教育、零售等,这些行业对呼叫中心的需求越来越大,特别是在提高服务质量、客户满意度和运营效率等方面。未来,随着技术进步和市场发展,呼叫中心行业将迎来更加广阔的发展前景。

8.3　服务的间接分销渠道

8.3.1　服务间接分销的含义及特点

1. 服务间接分销的含义

服务间接分销是指经由中介机构为顾客提供服务。这些中介机构包括被特许人、代理人、经纪人等。对服务机构来说,可以采用一种或者多种服务中间商来向顾客提供服务商品。

2. 服务间接分销的特点

目前,随着互联网技术的发展和智能移动终端的普及,越来越多的服务机构开始采用间接分销的方式来拓展业务。比如,当你出游时,可以在旅行社、航空服务机构集中预订服务,或在与携程网同类型的各种电子渠道上完成住宿服务的消费功能。与此同时,提供住宿服务的酒店也向客户提供风景名胜景区或者演出门票的订购业务。

此外,还应注意到一些特殊的服务中介。比如,当人们在电视或者网络视频频道观看球类比赛直播或转播时,直接为观众服务的是电视台或网络转播平台而不是球队,它们就是球队俱乐部的间接分销渠道。这些间接分销渠道的优缺点如下。

1) 服务间接分销的优点

(1) 覆盖范围广,能够扩大服务机构的服务区域和服务业务,有利于服务机构全面铺开业务。

（2）有利用提高分销的效率。因为中介机构的专业性和丰富的销售经验可以更好地向顾客提供服务业务。

（3）能够提供更加专业化的服务。在实体市场中,有些实力有限的企业更偏重于实体商品的研发和生产,而依赖于专业化的中间商完成商品的销售功能,达到双赢的局面。与此相类似,画家或者演员这类特殊群体必须专注于艺术作品的创作而无暇兼顾艺术服务的销售和推广工作,必须依赖经纪人这样的中介来实现艺术服务的销售。

（4）能够有效地降低服务成本。越来越多的专业化服务中介机构能够实现规模化的经营,实现自身与服务机构的成本节约。比如,许多大城市已经实现了由专业服务机构完成供水、供电等生活服务的收费业务。当然,有了网络支付之后,支付宝、微信也可以实现同样的收费功能。

2）服务间接分销的缺点

在实施过程中,服务间接分销存在与实体商品间接分销同样的问题,即服务机构与最终顾客隔离,可能形成"需求滞后差"和营销信息沟通不畅的问题,也必须面对流通环节中的商品损耗和营销中介难以控制的问题。其中,利用服务间接分销的最大威胁是对于服务机构的策略、制度、规范、标准的执行和贯彻力难以保证,有可能影响服务品质。

▣ 同步案例

航空公司的机票分销渠道

2014年6月,国航率先将代理人佣金由3%降低为2%,随后南航、东航、海航跟进；2015年1月,南航宣布将国内机票代理人佣金降低为1%,6月,降为"零佣金",中小代理转向收取终端服务费。2016年民航局出台政策,实施定额代理费制度,禁止收取票外服务费。2022年东航推出新型收益制代理费政策,将佣金与机票金额及客公里单价双重指标挂钩。国内航空公司销售模式经历"提直降代"后,又开始新一轮转型。

航空公司机票销售的直销渠道,是指航空公司通过自己的销售柜台、官方网站、小程序、App等自建渠道；分销渠道包括代理人、线上旅行代理平台、旅行社等外部上下游企业。航空公司一方面需要压缩分销成本,另一方面需要通过代理销售,使机票覆盖更广泛的用户群体,推动销售增长。

随着移动终端功能的不断强化,线上旅行代理平台和官方小程序已成为国内航线最主要的销售渠道。

8.3.2 服务间接分销的主要形式

常见的服务间接分销的主要形式有代理分销、经销分销、合作伙伴、连锁经营与特许经营等。

1. 代理分销

代理分销是根据代理合同的规定,受服务提供者的授权委托从事某项服务活动。代理也是服务商品分销的一种重要形式。代理业务一般在观光、旅游、旅馆、运输、保险、信用、雇佣和工商服务业市场中出现,如机票、火车票代理、招生代理等。

与直接分销相比,代理分销所需的投资少、风险小。服务机构通过代理机构还可以开拓新市场,以达到扩大市场的效果。但是,采用代理分销时,服务机构必然会面临有些代理机构不够尽心尽力开拓市场,为客户提供周到的服务,难以实现统一、规范的管理。

2．经销分销

经销分销是指将服务商品买进后再售出,进销差价是经销商利润的主要来源。经销分销主要有:批发商,从事服务批发业务的中介机构,如旅游公司;服务零售商,从事服务零售业务的中介机构,如旅行社。

3．合作伙伴

服务机构之间可以结成联盟,相互借力,共享顾客资源,共同为顾客提供增值服务。例如,抖音商城中,发布短视频或者直播时,利用生产制造商的链接进行销售,就是一种伙伴式销售模式。

4．连锁经营

连锁经营是经营同类服务的若干机构(分店),在同一核心机构的领导下,按照统一的经营理念和经营方针,采用规范化经营,进行集中管理和分散服务相结合的经营形式或组织方式。

服务机构采用连锁经营方式既可以扩大服务规模,又能够节约广告、采购等方面的费用,还可以通过标准化经营保证在分店选址、人员培训、店面装修、广告宣传、服务规范方面实现统一同步,并从始至终保证核心机构对其监督与指导。

5．特许经营

在服务业的发展过程中,服务机构为了尽快实现其规模的扩张,往往采取特许经营的方式。在可能标准化的服务业中,特许经营呈现出一种持续增长的现象。一般情形下,特许经营是指特许人授权给受许人,以合同形式使其有权利用自己所拥有的知识产权,包括商号、产品、商标、设备分销、专利和专有技术、经营模式等,受许人则按合同规定,在特许人统一的业务模式下经营,并向特许人支付相应的费用。

特许经营是现代服务业发展的一个趋势,常见的特征有:一个人或一个企业对一个名称、一项创意、一种秘密工艺或一种特殊设备及其相关联的商誉拥有所有权;拥有知识产权的一方,将许可授权于另一方,允许在特定时间、地点使用该名称、创意、秘密工艺及其相关联的商誉等知识产权;为了保证特许人的整体信誉和其他受许人的利益,特许人可以通过特许合同中的各种规定或向受许人派出管理人员等方式,对受许人的经营进行监督和控制;受许人应支付权利金或者为已获得的权利而付出某种补偿。

🔲 知识链接

经销商与代理商的区别

代理商的性质与经销上基本一致,都是借助企业商品、服务的销售获利的商业机构,企业也要借助它们实现分销的目的,只是经销商具有对商品的所有权,而代理商不具有对商品的所有权。经销商与代理商的根本区别在于经销商在渠道中具有对商品的所有权,可以自由定价,而代理商不具有对商品的所有权,只能执行厂家的价格政策。这也正是代理制的优点,即执行统一价格,不会乱价。如联想、格力等都实行代理制,全国所有店铺统一价格。

虽然经销与代理在功能和作用上有较多相似之处,但两者所获得的回报和承担的风险是不一样的,原因就在于两者在经营性质和工作流程上存在多个层面的差异。经销商与代理商的具体差异如表 8-1 所示。

表 8-1　经销商与代理商的区别

项　　目	经　销　商	代　理　商
双方关系	与厂商是一种买卖关系	与厂商是一种委托代理关系
经营地位	以独立法人的身份签订合同	与第三方签订合同时需以厂商的名义签订
利润来源	获得经营利润(差价)	赚取佣金(提成)
库存	保持适当的库存	多半只有样品而无存货,依订单进货
经营自主性	经营活动过程不受或很少受供货商限制	经营活动完全受供货商指导和限制
所有权	拥有商品的所有权	不拥有商品的所有权
独立性	独立的经营机构	不一定是独立经营机构
对称性	与供货商责权对等	供货方权力较大
角色	以自己的名义从事销售	以厂商的名义从事销售
售后服务	在售后服务方面,一般是自己承担	在售后服务方面,一般在合同中注明不负责任
售后责任	发生索赔事件时,一般是自己承担	发生索赔事件时,一般在合同中注明不负责任

8.4　服务的网络分销

微课：服务的
网络分销

8.4.1　服务网络分销的含义及特点

1. 服务网络分销的含义

服务网络分销是企业基于网络开展的分销行为,充分利用互联网的渠道特性,在网上建立产品分销体系通过网络来完成铺货、渠道建设、分销商管理。

2. 服务网络分销的特点

随着信息技术的成熟与互联网的蓬勃发展,网上分销渠道产生了。服务机构利用网络平台为顾客提供服务可以降低运营成本。当前,越来越多的服务机构利用先进的互联网技术来提升效率和更好地为顾客提供服务。网上分销也可分为直接分销和间接分销。网上直接分销是指服务机构通过自建网站将服务提供给顾客。网上间接分销是服务机构利用已有的电子商务平台,如阿里巴巴、8848、淘宝网、团购网等网络平台为顾客提供服务。

1) 网上分销的优点

(1) 效率高。网上分销渠道可使服务机构的服务能力更强、效率更高。例如,高水平医生可以通过网络对病人进行会诊,提出治疗方案,甚至可以通过远程技术为远距离的病人做手术。

(2) 成本低。在网站上,服务机构可通过信息查询、促销宣传、业务受理、顾客投诉、顾客关怀等实现营销、销售和服务的综合职能,服务机构与顾客可以在瞬间完成交易,因而分销成本低;更重要的是服务机构通过网上分销服务的边际成本几乎为零,服务机构多提供的服务并不会相应地增加成本;此外,还能够节省顾客的时间成本和机会成本。

(3) 一致性。网上渠道提供的娱乐节目、财经节目、教育培训等服务总是一样的,这和顾客通过直接与服务提供者面对面接触所获得服务的情况不同,避免通过后者获得的服务可能带有差异性。国家通过普及远程教育,为偏远地区教育水平的提高,提供了重要支撑。

(4) 互动性和自动化。网上服务可实行自动化的顾客服务系统,包括交易和支付系统、顾客关系管理系统以及潜在的分析、报告和运营系统。网上服务比传统服务具有更好的便利性、互动性,更加定制化,例如,网上服务可以提供诸如"常见问题"等板块来回答顾客经常提出的基本问题;社区则可以使顾客共享解决方案,包括顾客讨论列表、顾客链接和顾客聊天论坛等。

2) 网上分销的缺点

(1) 顾客可能缺乏条件、能力或技术来接受网络传递的服务。当顾客没有计算机或操作计算机技能有限时,通过网络传递服务就会遇到困难。另外,服务机构设计的网站在界面和技术上对顾客要高度友好,才不会使顾客在线操作时不知所措。

(2) 存在一定的安全问题。虚假信息、黑客侵入、盗号病毒、窃取口令、窃取隐私信息、冒充网站等,都让顾客在通过网络获取服务时忐忑不安。因此,服务机构开发的网站需要从技术和投入上保证服务的安全性。

同步案例

传统的王府井百货开启了百货互联网的新时代

随着移动互联网的发展及智能手机的普及,新技术营销逐渐成为百货业发展大势。早在 2014 年年初,全国百货零售龙头——王府井百货集团便联手腾讯微生活平台,整合集团旗下门店原微信订阅号,全面升级为零售业微生活服务号。王府井百货集团微信服务号集合了促销信息发布、电子会员卡、电子商务及微信支付等几大功能,每项功能均是根据顾客购物习惯而精心设计。

2014 年 12 月,王府井百货又同腾讯、扫货邦三方联手推出互联网金融类会员卡"王府 UKA"。王府井百货作为平台,提供产品商家资源,扫货邦主要负责王府井商超 O2O 方案的技术执行,腾讯则提供相应技术及接口资源,微信理财通则提供互联网金融支持。"王府 UKA"会员卡功能全面:可以通过大数据的方式获取用户的消费特性与习惯,在为单个顾客提供个性化推荐服务的同时,也可以从宏观上调整卖场布局,以更好地服务目标客户;可以通过微信支付简化支付环节,提升购物体验,而且通过朋友圈红包的分享提高消费者的参与度,进而通过双向的互动来增强用户对于商场的黏合度;王府 UKA 4% ~ 5% 的年化收益率,相当于线下的支付宝,会员卡中的存钱对王府井百货的现金存量有极大的改善,这对发展多元化的业态大有裨益;可以通过微信将线上的客源导向线下,起到开通渠道的作用。

2015 年 12 月王府井集团在合作伙伴年会又一次提出"一个模式""四大任务"的发展战略,加快创新变革。"一个模式"是指回归零售本质,一切以消费者为中心,建立以客户为中心的新型生态圈,积极构建互联网下新的商业模式。"四大任务"分别是:始终以消费者为中心,进行经营模式的创新,持续提升商品经营能力和顾客经营能力;适应新的消费需求变化,进行业态的创新,引导多业态的协同发展;满足消费者多渠道选择,实施全渠道变革,促进线上线下融合;为适应创新发展需要,进行组织变革与机制创新。

同时,王府井百货官方称,2024 年年初试点门店 PC 端、移动端、线下端所有渠道用户已初步统一到公司的 CRM 数据系统,王府井的大用户体系已经开始投入运营,线下门店已全面实现会员卡电子化。

截至 2024 年第一季度,遍及全国各地的王府井会员超过 2100 万,粉丝 2500 万,构筑了王府井庞大的浏览基础,成为公司未来业绩提升和新业务发展的强大支撑和保障。

资料来源:王府井集团股份有限公司官网.

8.4.2 适合网络分销的服务类型

由于互联网技术和移动信息技术的飞速发展,消费者不再拘泥于传统的实体店铺购物体验,开始热衷于"触不可及"的消费便捷。通过网络店铺,浏览产品信息,产生兴趣,依据其他顾客的购后评价,进而形成联想,最终做出购买决策,鼠标点击或者指尖滑动的瞬间完成购买过程。除了网络零售平台外,社交媒体也开始试水"零售"。互联网的使用越来越普遍,数字技术和设备的迅猛发展催生了网络社交媒体和数字社区的浪潮。社交媒体的功能是给人们提供了一个可以彼此聚集、社交并交换想法和信息的网络虚拟空间。消费者原本在社交媒体上了解和发表个人的消费体验,慢慢地可以尝试与志同道合者沟通"以物换物"或者"二手商品置换"等信息(比如,在微博上发布信息之后,在淘宝网络进行交易或者私下交易),进而敏感的网络店铺的店主们便在社交媒体上直接发布产品信息,吸引消费者购买。早期流行的"微商"便源于此。直至今日,微商依然存在,但已从早期粗放模式升级为与私域运营、短视频直播等结合的精细化商业形态。

目前,网络分销面对的消费者群体非常广阔,是众多实体商品的普遍分销渠道。商务部下属的中国国际电子商务中心与中华全国商业信息中心 2016 年 4 月 11 日联合发布"2015 年中国网络零售市场运行情况及未来展望"称,2015 年,中国网络零售市场发展迎来拐点,B2C(企业对个人)模式首次超过 C2C(个人对个人)模式,占据 51.9% 的市场份额,成为市场的主体。但是,值得注意的是,对于服务商品来说,网络分销并不适用于所有服务产品。据调查除了实体商品外,利用网络分销的无形商品主要有如计算机软件、电子券之类的数字商品和本教材主要研究的服务商品两大类。在网络上实现分销的服务商品包括以下几种。

1. 信息服务

网络最基本的功能就是迅速、便捷地提供各种信息。网络新闻平台正成为网民获取新闻资讯的主要渠道之一,根据第 55 次《中国互联网络发展状况统计报告》数据显示,截至 2024 年 12 月,我国网络新闻用户规模达 8.11 亿人,网民使用率已达到 73.2%。当前,云计算、人工智能、虚拟现实等新技术迅猛发展,为媒体融合提供有力支撑,全程媒体、全息媒体、全员媒体、全效媒体特征逐步显现。

2. 沟通服务

互联网作为一种沟通媒介,为网民提供了相互沟通和联系的应用服务。最为大众所熟知和使用的是即时通信,一种可以让使用者在网络上建立某种私人聊天室的实时通信服务,自 1998 年面世以来,特别是近几年的迅速发展,逐渐集成电子邮件、博客、音乐、电视、游戏和搜索等多种功能。时至今日,即时通信不再是一个单纯的聊天工具,它已经发展成集交流、资讯、娱乐、搜索、电子商务、办公协作和企业客户服务等为一体的综合化信息平台。截至 2024 年 12 月,即时通信用户规模达 10.81 亿人,占网民整体的 97.6%。

在国内,微博、微信等也是时下网络交流的必备工具。它们为每一个人提供了一个自由发布信息、交流知识的传播平台。使用者可以很方便地用文字、链接、影音、图片建立起自己个性化的网络世界。

3. 移动服务

随着移动运营商的介入,现在发展最为活跃的是移动通信服务,手机成为及时通信发展的新终端。移动通信服务是指通过移动网络提供的数据服务、信息服务和广告服务。数据服务包括短信、彩信等通信服务和互联网接入服务；信息服务包括信息内容服务、商务服务和娱乐服务，如天气预报或者手机订阅等；广告服务则包括文字、图形、分类等手机广告服务。

4. 交易服务

从互联网上诞生的亚马逊开创了 B2C 的交易服务形式，产品可以通过网络进行分销。此后，B2C 的电子商务形式获得了极大的发展，诞生了许多如当当网、聚美优品、唯品会等的网络零售商店。

5. 平台服务

相对 B2C 的交易服务，许多互联网公司则尝试了供买卖双方交易的第三方平台，根据买卖双方的不同性质又可分为 B2B、C2C 等形式。

📎 **知识链接**

B2C 和 B2B

B2C 是指电子商务的一种模式，也是直接面向消费者销售商品和服务的零售模式。B2C 电子商务的付款方式是货到付款与网上支付相结合，而大多数企业的配送选择物流外包方式以节约运营成本。随着用户消费习惯的改变以及优秀企业示范效应的促进，网上购物的用户不断增长。

B2B 是指进行电子商务交易的供需双方都是商家（或企业、公司），它们使用互联网的技术或各种商务网络平台，完成商务交易过程。B2B 有三个要素：①买卖，B2B 网站或移动平台为消费者提供质优价廉的商品，吸引消费者购买的同时促使更多商家的入驻；②合作，与物流公司建立合作关系，为消费者的购买行为提供最终保障，这是 B2B 平台硬性条件之一；③服务，物流主要是为消费者提供购买服务，从而实现再一次的交易。

6. 娱乐服务

随着经济社会的发展，网络休闲娱乐已经成为人们生活的一种常态。如果想要看网络小说，可以登录潇湘书院、起点网等；如果想要玩网络游戏，可以到盛大网、网易等游戏平台；如果想看电视或者电影，可以打开优酷、爱奇艺、腾讯视频等；如果想自己制作或者欣赏其他普通百姓的生活趣事，可以打开抖音、快手等看直播。

■■ **同步案例**

短视频平台商业化发展概况

近年来，抖音、快手两大短视频平台不断延伸新业务，丰富自身的商业模式，实现营收稳步增长。

一是深耕电商领域，将用户流量转化为商业价值。快手重点发展"信任电商"，通过建立主播和用户之间的信任感，促进交易量增长。目前，电商业务已成为快手商业生态的中心，是拉动业绩增长的重要引擎之一。数据显示，2024 年三季度快手营收 311 亿元，同比增长 11.4%。抖音则向传统电商网站靠拢，上线商城功能，方便用户通过商城入口直接搜索商品。随着用户在短视频平台购物习惯的养成，直接搜索更有利于促进交易和提高复购率。数据显示，2023 年抖音电商 GMV 同比增长超 80%，其中商城 GMV 同比增长 277%。

二是布局本地生活业务，以获取新的业务增量。快手基于下沉市场的天然优势，以重点城市为切入点，一方面通过低价刺激销售转化，另一方面利用"达人探店"吸引流量，提速布局本地生活业务。在石家庄、青岛、哈尔滨等城市,快手本地生活业务运营已较为成熟,未来将快速推广到其他城市。抖音则以餐饮美食为切入点,逐步完善本地生活业务架构。随着业务发展,抖音陆续推出本地生活分类、吃喝玩乐榜等多元入口,结合地图定位、算法推荐的方式,吸引用户消费。目前,抖音生活服务覆盖城市已超 37 个,合作门店超 100 万家,帮助超过 28 万个中小商家实现营收增长。

8.4.3　网络分销的具体应用

移动互联网是利用移动设备接入互联网的方式,融合移动通信与互联网。移动互联网既可以"随时、随地、随身",又可以"分享、开放、互动",从而降低了人们在查找信息和进行信息交流时所付出的成本。这些成本包括时间、精力和金钱等方面,提高了顾客的让渡价值。

移动互联网技术在服务营销中的应用,就是通过移动互联网的终端以在线营销的手段服务于顾客,使顾客享受到更加便利、快捷、满意的服务。移动社交化的信息分享,位置信息服务的应用以及移动支付的便利,能够有效提高服务机构营销绩效和服务顾客的水准。

1. 互联网＋零售

1) B2C

B2C 是 business to customer 的缩写,其中文简称为"商家对客户",是电子商务的一种模式,一般以网络零售业为主,主要借助互联网开展在线销售。B2C 为顾客提供了一个新型的购物环境,即类似天猫、京东这样的网上商店,顾客在网上购物、在线支付。

比如京东商城的发展就是先自建线上京东商城,以其为平台进行营销,线下自营物流系统和与实体店企业合作,让用户享受其线下服务体验,再让用户到线上京东商城进行交易。在线上,京东商城是 B2C 领域的代表。京东除了加大自营品牌和运营力度,还与社交、地图、搜索、本地生活服务等主流平台合作,进一步扩充了线上平台服务领域。在线下,京东与多家实体店企业合作,完成了让用户线上商城搜集订单,线下由合作门店完成配送的服务。为了夯实线下服务基础,京东还加大了合作力度,与唐久、美宜佳等多家便利店合作,形成用户下单后,后台系统自动匹配用户所填地址最近的便利店进行配送。

智能手机和平板电脑等智能移动终端的普及,为顾客提供了更多便利的购物选择。借助互联网,传统零售和线上电商正在融合,跨境电商也成为零售业的新机会,移动电商正在改变整个市场营销的生态。

2) C2C

C2C 是 consumer to consumer 的缩写,即个人与个人之间的电子商务。C2C 电子商务的运作模式包括网上拍卖、第三方交易平台(如淘宝网)、分类广告(如 58 同城),而盈利模式包括会员费、交易提成、广告费、增值服务费、支付环节收费等。

3) O2O

O2O 是 online to offline 的缩写,意思是线上营销、线上购买或预订(预约),带动线下经营和线下消费,特别适合必须到店消费的商品和服务,比如餐饮、健身和住宿等。O2O 通过打折、提供信息、服务预订等方式,把线下商店的消息推送给互联网顾客。O2O 模式要符合三大特征:具备完全打通的线上和线下平台的能力,用互联网的思维方式运营两个平台,一切以用户为中心。信息流与资金流通过线上实现,商业流与服务流则在线下实现。

在现实中,很多本土生活服务性的企业都采用了 O2O 模式,比如腾讯已经搭建起腾讯系大平台,并搭建起 O2O 生态链条:以微信平台为大入口,后端有腾讯地图、微信支付等作支撑,中间整合本地生活服务(比如餐饮由大众点评承接、打车以滴滴打车为主、电影票以高朋网为主),形成了线上线下互动的闭环。

总之,B2C、C2C 是在线支付,购买的商品会包装到箱子里通过物流公司送到客户手中;O2O 模式就是把线上的顾客带到现实的商店中,在线支付购买线下的商品和服务,再到线下去消费和享受。

2. 互联网＋金融

网上银行完全改变了传统柜台交易办理业务的模式,顾客可以不受地点、时间的限制,在家中、办公室或者其他任何地点办理相关业务。银行通过互联网为顾客提供方便、快捷、安全的结算等金融服务,同时也降低了银行的经营成本,提高了经济效益。例如,手机银行,又称为“移动银行”,作为一种结合了货币电子化与移动通信的崭新服务,手机银行不仅能使人们在任何时间、任何地点处理多种金融业务,而且丰富了银行服务的内涵,使银行以便利、高效又较为安全的方式为顾客提供服务。

从余额宝、微信红包再到网络银行……传统金融向互联网金融包括第三方支付、P2P 小额信贷、众筹融资、新型电子货币以及其他网络金融服务平台都迎来全新发展机遇,社会征信系统也会由此建立。P2P(peer to peer,个人对个人)信贷是指个人通过第三方平台(P2P 公司)在收取一定服务费用的前提下向其他个人提供小额借贷的金融模式。

3. 互联网＋教育

“互联网＋教育”是随着当今科学技术的不断发展,互联网科技与教育领域相结合的一种新的教育形式。同时,SNS 社交网络技术的发展和完善也解决了在线教育师生之间难以交流、教学效果差的难题。大数据、云技术等也为在线教育在挖掘顾客需求、提供个性服务等方面的创新提供了很大的可能性。智能移动终端的普及和移动互联网络的推广,顾客可以充分利用碎片化时间进行沉浸式学习。比如,MOOC 就是一种大规模开放的在线课程。这种课程主要是通过与名校的顶级教授合作,专门针对网络学习者开发设计出一套包含教学视频、练习、测试、讨论、在线答疑等在内的教学系统。2019 年《政府工作报告》明确提出发展“互联网＋教育”,促进优质资源共享。在相关政策指引下,在线教育逐渐延伸至广大农村和边远地区。未来,以 AI 技术为驱动的个性化教学将成为在线教育的重要发展方向。

4. 互联网＋旅游

互联网背景下的旅游服务在线化、去中介化的趋势非常明显了,自助旅游已经成为主流,基于旅游的互联网体验社会化分享有很大的发展空间。

第一代在线旅游企业,以携程、艺龙等企业为代表,极大地促进了中国在线旅游以“机票酒店”商旅为主的市场发展。这类网站搭建了顾客与航空公司、酒店之间的桥梁,提供中介服务,为顾客提供机票、酒店预订平台,其利润主要来源于航空公司、酒店在线交易完成后返还佣金。

第二代在线旅游企业,以去哪儿、酷讯等企业为代表,以更低的价格促进了休闲为代表的在线机票、在线酒店市场的发展。这类企业也是垂直搜索网站,以提供信息搜索服务为主营业务,向顾客提供包括实时价格和商品信息在内的搜索结果,其盈利模式以点击收费为主。

第三代在线旅游企业是旅游信息提供类,包括具有特色的单一主题旅游网站(如中国古镇网)、旅游点评类网站(如驴评网)以及以旅游攻略为主的网站(如马蜂窝),其收入主要来源是网络广告和撮合交易等。

总而言之,随着信息技术和自动化技术的不断发展,网络技术在服务分销中的运用越来越广,大大提高了服务的可获得性,但是在引进新技术时必须十分谨慎,有些顾客也许有动力来接受新的技术,但仍然有很大一批顾客更钟爱于传统的分销渠道。

▨ 同步案例

数字文旅成为旅游新宠儿

近年来,数字业态与文旅的有机结合,不断激发数字文旅消费潜能。截至 2024 年 12 月,我国在线旅行预订用户规模达 5.48 亿人。

文旅跨界融合带来新活力,各地方政府充分利用短视频、直播、网络游戏的传播效应,全方位展示文化、美食、景点等特色,带动文旅产业和经济发展。

沉浸式体验成旅游新亮点,仅 2025 年"五一"假期,全国首批 42 家沉浸式体验空间吸引消费者超 430 万人次,实现消费总额超 2.2 亿元。

微短剧成文旅娱乐内容的新势力,截至 2024 年 12 月,微短剧用户规模达 6.62 亿人,网民使用率为 59.7%。"跟着微短剧去旅行""微短剧里看中国"等广受喜爱。

5. 互联网＋医疗

互联网医疗是互联网在医疗行业的新应用,包括以互联网为载体和技术手段的健康教育、医疗信息查询、电子健康档案、疾病风险评估、在线疾病咨询、电子处方、远程会诊及远程治疗和康复等多种形式的健康医疗服务。

▧ 见微知著

科技强国　势在必行

钱学森是我国的"导弹之父""航天之父",是中国现代史上伟大的人民科学家。钱学森出生于中国内忧外患、被人宰割的时代。因此,建设一个强大的祖国是他一生的追求。为了挽救危亡中的祖国,他赴美留学求取知识。

新中国成立后,钱学森决定回国参加新中国的社会主义建设。钱学森争取回国的斗争得到世界各国主持正义的人们的支持,更得到了中国政府的极大关怀。1955 年 8 月,美国政府被迫同意钱学森回到中国。

钱学森回国后,积极参与我国火箭和空间事业的规划和组建工作。在 1956—1970 年短短的 14 年间,克服重重困难,自行设计、制造、试验,并成功发射了导弹、原子弹和人造地球卫星。在钱学森追求科学真理的伟大实践中,爱国、创新、求实、奉献、协同、育人的科学家精神成为他科研工作的灵魂,他的精神品质也鼓舞着一代又一代的青少年。

如今,在这个科技快速发展的时代,习近平同志指出科技立则民族立,科技强则国家强。在党中央坚强领导下,在全国科技界和社会各界共同努力下,我国科技实力正在从量的积累迈向质的飞跃、从点的突破迈向系统能力提升,科技创新取得新的历史性成就。

科技发展涉及人们生活的方方面面,包括衣食住行、医疗、军事、安全保密等多方面内容。这其中人工智能的作用日益突出,人工智能是新一轮科技革命和产业变革的重要驱动力量;加快发展新一代人工智能是我们赢得全球科技竞争主动权的重要战略抓手,是推动我国科技跨越发展、产业优化升级、生产力整体跃升的重要战略资源。要加强人工智能和产业发展融合,为高质量发展提供新动能。要加强人工智能同保障和改善民生的结合,推动人工智能在人们日常工作、学习、生活中的深度运用,创造更加智能的工作方式和生活方式。核心技术受制于人是我们最大的隐患,要掌握我国互联网发展主动权,保障互联网安全、国家安全,就必须突破核心技术这个难题,争取在某些领域、某些方面实现"弯道超车"。要正确处理开放和自主的关系,在科研投入上集中力量办大事,积极推动核心技术成果转化,推动强强联合、协同攻关。大数据是信息化发展的新阶段,更应该推动实施国家大数据战略,加快建设数字中国,更好地服务于我国经济社会发展和人民生活改善。

项目小结

分销渠道是指商品从企业向消费者(用户)转移过程中所经过的通道。分销渠道按有无中间环节,分为直接渠道和间接渠道;按经过中间环节的多少,分为长渠道和短渠道;按选择中间商的多少,分为宽渠道和窄渠道;按选择渠道形式的多少,分为多渠道和少渠道。

服务直接分销是指服务机构直接或者通过自有的渠道向顾客提供服务商品。常见的服务直接分销的形式主要有店面分销、机器自动化分销、呼叫中心分销等。

服务间接分销是指经由中介机构为顾客提供服务。常见的服务间接分销的主要形式有代理分销、经销分销、合作伙伴、连锁经营与特许经营等。

服务网络分销是企业基于网络开展的分销行为,充分利用互联网的渠道特性,在网上建立商品分销体系,通过网络来完成铺货、渠道建设、分销商管理。服务网络分销具有效率高、成本低、服务标准化、互动性和自动化等优点。但是,不是每一种服务商品都适合网络分销;而网络分销的技术性特点和安全问题也进一步限制了网络分销的有效实施。在网络上实现分销的服务商品具体包括信息服务、沟通服务、移动服务、交易服务、平台服务、娱乐服务等。移动互联网技术在服务营销中的应用有互联网＋零售、互联网＋金融、互联网＋教育、互联网＋旅游等。

巩固练习

1. 简述服务直接分销的特点。
2. 简述服务间接分销的特点。

项目 8 即测即评

实训课业

一、技能训练

(1) 走访学校或家附近的美容连锁企业,尝试分析美容企业开展连锁经营的难点是什么?

(2) 走访附近银行,了解商业银行代理保险业务的情况,谈谈你的看法。

(3) 网上订票的优越性使国内越来越多的航空公司着手研制自己的网上订票系统。作为一家低成本航空公司,春秋航空公司为节约成本,鼓励乘客从其网站购票,对乘客可免费携带的行李重量及体积作了较其他航空公司更为严格的限制、简化了机票和登机牌等服务程序。你或你的朋友是否用网络订票的方式购买过机票或者火车票?根据你或你朋友的经历,总结这种网络订票渠道的优势。

（4）走访你所在地附近的肯德基或麦当劳,参考其店址选择的原则,思考如果你要开一家快餐店,你选择店址的依据是什么?

二、实训项目

评估、设计分销渠道

1. 实训内容

组织学生通过实际走访或者网络调研,找到一家连锁快餐店、连锁超市、连锁药房或其他大型服务连锁企业,了解其分销渠道的结构、特点,并对其分销渠道进行评估,提出建议。

2. 实训目的

利用服务渠道的理论分析、研究和解决企业存在的实际问题,提高学生的实践应用能力。

3. 实训要求

（1）组织学生以 6～8 人为一组,到当地连锁快餐店、连锁超市、连锁药房或其他大型服务连锁企业参观访问,听取企业高级管理人员或营销部门主管的介绍,并获得相关资料。

（2）以小组为单位座谈讨论,分工协作撰写调研报告。报告的主要内容包括:企业的服务项目;企业的服务渠道的结构、特点;存在的问题和原因;解决问题的可行性的对策和建议。

项目 9

服务促销策略

● 案例导入

"三八"妇女节期间全国多地景区推出促销政策

2025 年"三八"妇女节期间,全国不少省份的热门景区都推出了促销政策。安徽黄山风景区推出 3 月 3—9 日,全球女性游客可享 7 天免门票;徽州古城等 7 景点,同期门票半价优惠。陕西各景区也紧随其后,铜川溪山胜境宣布,3 月 7—8 日女性免票,2 月 28—3 月 31 日全人群半价;秦岭国家植物园,3 月 8 日女性免票,随行人员半价。浙江西塘古镇,3 月 8—9 日,女性游客凭身份证在指定窗口免费入园;千岛湖红山谷,3 月 8—10 日女性免票,沪马探险乐园免大门票并赠送缆车体验。河南、云南等省也陆续推出相关促销。

【分析提示】 随着互联网技术的发展,顾客获取商品或服务信息正变得越来越容易,越来越多的顾客倾向于在横向比较信息之后再做出理性决策。为此,企业也越来越需要借助服务促销手段吸引顾客的注意、开拓新市场或是传递信息,以塑造更好的企业形象。

9.1 服务促销概述

9.1.1 服务促销的概念与目标

1. 服务促销的含义

服务促销的概念可以解释为:企业在经营过程中,为了获得更多的客户源,利用各种措施和手段把本企业所能提供服务的一切有用信息,诸如服务的内容、方式、特色、价位等,传递给客户的一种经营活动。可以从以下三个方面入手理解这个概念。

(1) 服务促销的根本目的是传递信息,进行市场沟通。

(2) 服务促销的具体目的是激发顾客的购买欲望。

(3) 促销的手段是告知、帮助和说服。

通过服务促销活动,客户可以对企业有一定的认识,进而才可能享用企业提供的服务。因此可以说服务促销是开启企业与客户沟通的一扇必不可少、至关重要的门,它影响着企业的运营效益,能使顾客对企业更信任、更有好感,更能刺激他们重复购买、长期购买,成为企业的忠实客户。因而服务促销非常必要。

无论是附加于实体商品的服务,还是服务企业提供的独立服务商品,都需要促销。促销的方式有人员推销和非人员推销。非人员推销包括广告、营业推广、公关关系等。

2. 服务促销的目标

服务市场营销的促销目标与有形商品市场营销的促销目标大致相同,主要促销目标如下。

(1) 形象认知,即建立对该服务商品及服务企业与服务品牌的认识和兴趣。

(2) 竞争差异,即使服务内容和服务企业本身与竞争者产生区别。

(3) 利益展示,即沟通并描述服务带来的各种利益、好处和满足感。

(4) 信誉维持,即建立并维持服务企业的整体形象和信誉。

(5) 说服购买,即说服顾客购买或使用该项服务,帮助顾客做出购买决策。

对服务促销目标的具体描述见表 9-1。

表 9-1　服务促销目标及其具体描述

促销目标	具体描述
顾客目标	增进对新服务和现有服务的认知
	鼓励试用服务
	鼓励非用户(参加服务展示、试用现有服务)
	说服现有顾客(继续购买服务、增加顾客购买频率)
	改变顾客需求服务的时间
	沟通服务的区别利益
	加强服务广告效果,吸引消费者的注意
	获得关于服务如何、何时及在何处被购买和使用的市场信息
	鼓励顾客改变与服务递送系统的互动方式
中间商目标	说服中间商递送新的服务
	说服现有中间商努力销售更多服务
	防止中间商在销售场所与顾客谈判价格
竞争目标	对一个或多个竞争者发起短期的攻势或进行防御

总之,任何促销努力的目的都在于通过传达、说服和提醒等方法,来促进服务商品的销售。显而易见,这些一般性目标,会根据每一种服务业及服务商品的性质而有所不同。

9.1.2　服务促销与产品促销的异同

1. 服务促销与产品促销的相似点

(1) 促销在整体营销中的角色。

（2）建立各种有效促销方式的问题。

（3）促销执行管理的问题。

（4）为了促销目的而使用的各种各样的方法和媒体。

（5）可利用的协助促销的组织团体。

同步案例：
做好服务其实就
是最好的促销

2. 服务促销与产品促销的差异

1）服务行业特征造成的差异

服务行业因类型不同，各有其特点。因此，要找出所有类别的共同差异，是一件不容易的事。下面所举的各项因素，是为了说明为什么产品和服务的促销之间会有区别。

（1）市场营销导向的不同。有些服务业是产品导向的，因而不十分清楚营销措施对业务有多大程度的帮助，只把自己当作服务的提供者，而不是提供顾客需要的公司。这类服务业的经理人，未受过训练，也欠缺技术，当然更不懂促销在整体营销中应扮演的角色。

（2）专业和道德限制。在采取某些营销和促销方法时，可能会遇到专业上和道德上的限制。传统和习俗可能会阻碍某些类型促销的运用，以致被认为不适当或者品位太差。

（3）许多服务业务规模很小。许多服务业公司规模很小，它们认为自己没有足够的实力在营销或在特别的促销方面花钱。

（4）竞争的性质和市场条件。许多服务业公司，并不需要扩展其服务范围，因为现有范围内的业务已经用尽了自身能力。这些公司普遍缺乏远见，没有认识到在目前的状况下，促销努力可以维持稳固的市场地位，且具有长期的市场营销意义。

（5）对于可用促销方式所知有限，服务业公司对于可利用的广泛多样的促销方式所知有限，可能只知道大量广告和人员推销方式，而根本想不到其他各种各样适当、有效而且可能花费较少的促销方式。

（6）服务本身的性质，可能会限制大规模使用某些促销工具。例如，广告代理服务业公司极少会使用大众媒体广告。也就是说，服务的种类、特定服务业的传统，在某些服务种类中，对某些促销方法的限制，使许多促销方法不能自由发挥。

2）服务本身特征造成的差异

从顾客的观点来看，消费者对产品营销和服务营销两种营销的反应行为，有着很大的差异。

（1）消费者态度。消费者态度是影响购买决策的关键。服务业的非实体性是营销上一项最重要的要素，消费者在购买时，往往是凭着对服务与服务表现者或出售者的主观印象，而这种对主观印象的依赖性，在购买实体性产品时，则没有这么重要。对于服务销售者和服务业，有两方面与制造业不同：服务商品被视为比实体性商品更加个人化；消费者往往对于服务的购买较少满意。

（2）采购的需要和动机。在采购的需要和动机上，制造业和服务业大致相同。不论是通过购买实体性产品或非实体性商品，同类型的需要都可以获得满足。不过，有一种需求，对产品或服务都很重要，即个人关注的欲求。凡能满足这种需求的服务销售者，必能使其服务商品与竞争者之间产生差异。

（3）购买过程。在购买过程上，制造业和服务业的差异较为显著。有些服务的采购被视为有较大的风险，部分原因是买主不易评估服务的质量和价值。另外，消费者也往往受到其他人，如对采购和使用有经验的邻人或朋友的影响。而这种在购买决策过程中易受他人影响的现象,对于服务营销而言有比较大的意义,尤其是在服务的供应者和其顾客之间,有必要发展成一种专业关系,以及在促销努力方面建立一种"口传沟通"方式。这两项做法,势必可以促使各种服务促销努力更有效率。

9.2　服务促销组合

微课:服务促销组合

9.2.1　服务广告

1. 广告的内涵和构成要素

1) 广告的内涵

广告是指企业通过各种付费传播媒体,向目标市场和社会公众进行的非人员式信息传递活动。随着服务业的不断发展,市场竞争日趋激烈,服务企业必须借助广告传递服务信息,建立企业与顾客之间的联系。广告具有吸引顾客的注意力、激起兴趣、唤起需求及产生行动等目的,是组织促销工作的基石。

2) 广告的构成要素

广告作为大众传播的一个重要分支,具备以下四个基本要素。

(1) 广告主。广告主是广告活动的主体,是指为推销商品或者提供服务,自行或者委托他人设计、制作、发布广告的法人、其他经济组织或个人。

(2) 广告信息。广告信息是广告活动的内容,一般是指商品信息、服务信息和观念信息等。

(3) 广告受众。广告受众是广告活动的客体,是广告信息的传播对象,主要指工商企业的买主或流通业者及其他单位用户和个人。

(4) 广告媒体。广告活动是一种有计划、有目的的大众传播活动,其信息的传播必须借助一定的媒体来实现。广告媒体就是这种传播信息的中介工具,所以广告媒体又称广告媒介。广告媒体是沟通企业与消费者之间的桥梁,是传播信息的运载工具,也是广告主与广告对象之间起媒介作用的物质手段。其表现形式有报纸、杂志、广播、电视、户外广告以及其他名目繁多的广告媒体等。

在一个完整的广告活动中,主要是根据广告主的利益而进行商品和服务信息的传播,广告主是整个广告活动的主体;广告信息是广告的内容和核心;广告受众是产生广告效益的基础;广告媒体是广告信息的载体,是沟通供销渠道,传授新知识和新技术的工具。总之,广告的四个要素是相辅相成、互为一体的关系,缺一不可。合理地利用四者之间的相互关系,是做好广告设计的前提条件。

2. 服务广告的指导原则

服务业利用广告的趋势在逐渐扩大,基于服务业的特征,服务业利用广告时,可遵循以下几个指导原则。

(1) 使用明确的信息。服务业广告的最大难题在于,要以简单的文字和图形,传达所提供服务的领域、深度、质量和水准。不同的服务具有不同的广告要求,广告代理商因此而面临的问题是：如何创造出简明精练的言辞，贴切地把握服务内涵的丰富性和多样性，使用不同的方法和手段来传送广告信息，发挥良好的广告效果。

（2）强调服务利益。能引起注意的有影响力的广告，应该强调服务的利益，而不是强调一些技术性细节。强调利益才符合营销观念，也与满足顾客需要有关。服务广告所强调的利益，必须与顾客寻求的利益一致，因此，广告中所使用的利益诉求，必须建立在充分了解顾客需要的基础上，才能确保广告的最大影响效果。

（3）只能宣传企业能提供的允诺。"使用服务可获得的利益"的诺言应当务实，而不应提出让顾客产生过度期望而公司又无力达到的允诺。服务业公司必须实现广告中的诺言，这方面对于劳动密集服务业较为麻烦，因为这类服务业的服务表现，往往因服务递送者的不同而各异。这也意味着，有必要使用一种可以确保表现的最低一致性标准的方法。对不可能完成或维持的服务标准所做的允诺，往往会给员工造成压力（如旅馆服务业和顾问咨询服务业）。最好的做法是，只保护最起码的服务标准，如果能做得比此标准更好，顾客通常会更高兴。

（4）提供有形线索。服务广告者应该尽可能使用有形线索作为提示，才能增强促销努力的效果。这种较为具体的沟通展示可以变为非实体性的化身或隐喻。知名的人物和物体（如建筑、飞机）经常可用来作为服务提供者本身无法提出的有形的展示。使用标志、术语、标语口号；提供数据和事实；利用服务机构的行业排名；采用有形比喻等。

（5）发展广告的连续性。服务公司可以通过在广告中连贯地使用象征、主题、造型或形象，以克服服务业的非实体性和服务商品的差异化两大不利之处。李宁公司的广告标语"一切皆有可能"，就是受益于长期连续使用，使消费者熟记和熟识，消费者甚至可从其象征符号中得知这是一家什么公司。一项对于服务业公司使用的各种广告主题的研究调查发现，效率、进步、身份、威望、重要性和友谊等主题最为突出。

（6）对员工做广告。服务业雇用的员工很重要，尤其是在人员密集型服务业以及必须由员工与顾客互动才能满足顾客需求的服务业。因此，服务企业的员工也是服务广告的潜在对象。由于顾客所要购买的服务是由人表现出来的，因此，服务广告者所要关心的不仅是如何激励顾客购买，而且更要激励自己的员工去表现。

（7）在服务供给过程中争取并维持顾客的合作。在服务广告中，营销者面临两项挑战：①如何争取并维持顾客对该服务的购买；②如何在服务提供过程中获取并保持顾客的配合与合作，这是由于在许多服务业中，顾客本身在服务的供给与表现中扮演着相当积极的角色。因此，构思周到的广告总能在服务供给过程中争取到和维持顾客的配合与合作。

（8）建立口传沟通。口传沟通是一项营销者所不能支配的资源，对于服务业公司及服务商品的购买选择有较大影响，服务广告必须努力建立起这一沟通形态。其可使用的具体方法如下：①说服满意的顾客让其他的人也知道他们的满意；②制作一些资料供顾客转送给非顾客群；③针对意见领袖进行直接广告宣传活动；④激励潜在顾客去找现有顾客谈一谈。

（9）解除购买后的疑虑。服务的消费者，经常会对购买行动的合理性产生事后的疑虑。对于有形商品，可以通过对实物客体的评估解除疑虑，但对于服务则不能如此。因此，在服务营销中，必须在对买主保证其购买选择的合理性方面下更多的工夫，并且应该鼓励顾客将服务购买和使用后的利益转告给其他的人。不过，最好也是最有效的方式是在购买过程中，使消费者在与服务业公司人员接触时,得到体贴的、将心比心的、合适的和彬彬有礼的服务,这时,人员的销售方式就显得尤为重要。

3. 服务广告的主要任务

(1) 在顾客心目中创造公司的形象。这项任务包括说明公司的经营状况和各种活动、服务的特殊之处、公司的价值等。

(2) 建立公司受重视的个性。这项任务是指塑造顾客对公司及其服务的了解和期望,并促使顾客能对公司产生良好的印象。

(3) 建立顾客对公司的认同。公司的形象和所提供的服务应和顾客的需求、价值观和态度息息相关。

(4) 指导公司员工如何对待顾客。服务业所做的广告有两种诉求对象:顾客和公司员工,因此,服务广告也必须能表达和反映公司员工的观点,并让他们了解,唯有如此才能让员工支持和配合公司的营销努力。

(5) 协助业务代表顺利工作。服务业广告能为服务业公司业务代表的更佳表现提供有利的背景。顾客若能事先就对公司和其服务有良好的倾向,则对销售人员争取生意会有很大的帮助。

同步案例

促销怎么玩,品牌才不受伤

对促销活动稍有了解的人都知道,促销是伤品牌的。无论是折扣还是买赠,过于频繁的优惠会成为消费者心目中的常态,不仅会引起促销疲劳,更有可能使品牌恢复原价后无人问津。为了解决这个问题,很多品牌会主动降低促销频率,或者通过买赠取代折扣。

促销最重要的是要给消费者一个优惠的理由,使其信服,我们的低价是有原因的、是暂时的,而非常态的。传统的促销一般会借助节日作为自己促销的理由:春节大回馈、中秋团圆价、国庆大优惠,等等。有些品牌或店铺会搞出一个"周年庆",也算一种创新。电子商务时代,杜撰节日蔚然成风:天猫"双 11"购物狂欢节、京东"6·18"购物节、苏宁"8·18"发烧节,等等。各种原创节日成为电商促销强有力的噱头,取得了不菲的成绩。

资料来源:第 1 营销网.促销怎么玩,品牌才不受伤? http://www.cmmo.cn/article-204106-1.html, 2016-12-20.

企业为什么离不开广告

是不是一个知名的品牌就不需要打广告了? 在运动品牌中耐克绝对是龙头企业,如果它停止投放广告,大家就不会再购买它了吗? 首先,人们总是很健忘,甚至会开始猜测。可是如果有一年,一个知名企业什么广告都不做了,什么宣传都没有了,你会怎么想? 很多人都会开始怀疑,这家公司是不是出了什么状况? 其次,持续推出广告,就有可能吸引和培养新的品牌消费者。再次,宣传品牌理念,广告推出的目的并不是增加曝光量,而是告诉消费者品牌和产品背后的文化是什么、使用我的产品可以帮助你成为什么样的人、有什么样的生活方式等。最后,"生于忧患,死于安乐",竞争无处不在,你有多少竞品,就有多少人在努力,永远不要满足于现在。

资料来源:龙狮品牌策划.品牌策划公司解析:为什么有些品牌很知名了,却还是要打广告.https://www.sohu.com/a/232611772_99927911,2018-05-23.

9.2.2　服务人员推销

微课：服务人员推销

1. 服务人员推销的概念和特点

1）服务人员推销的概念

服务人员推销是一种传统的促销方式,在现代企业营销活动中仍起着十分重要的作用。服务人员推销是企业运用推销人员直接向顾客推销商品和服务的一种促销活动。服务人员推销的基本形式包括上门推销、柜台推销及会议推销等。服务人员推销是一种具有很强人性因素的、独特的促销手段。它具备许多区别于其他促销手段的特点,可完成许多其他促销手段无法实现的目标,其效果极其显著。

2）服务人员推销的特点

作为一种促销方式,服务人员推销与其他促销方式相比,最根本的特点是推销员的工作是促进销售的主要原因。具体来说,它主要有以下几个特点。

(1) 信息沟通双向互动。服务人员推销与其他促销方式相比,具有双向互动信息沟通的特点。通过推销员良好的推销工作,一方面,推销人员向顾客介绍企业服务或商品信息,达到促进销售的目的;另一方面,推销人员通过与顾客的交谈,了解顾客对企业及其提供服务或产品的态度、意见及要求,不断地收集和反馈信息,据此及时调整自己的推销策略和方法,并为企业经营决策提供依据。

(2) 满足需求的多样性。推销人员的工作任务并非单一地推销商品,而是具有双重性,即激发需求促进销售与市场调研相结合;推销商品与提供服务相结合。一方面,推销人员应该寻求机会,发现潜在顾客,创造需求,开拓新的市场;另一方面,推销人员要及时向消费者传递产品和服务的信息,为消费者提供购买决策的参考资料,开展全方位的售前、售中与售后服务。

(3) 推销方法与过程灵活多样。在推销活动开始之前,推销员应该选择具有较大购买可能的顾客进行推销,避免盲目、泛泛地进行推销。还应该事先对未来顾客做深入研究,拟定具体的推销方法、推销策略等,以提高推销的成功率。推销人员可以和顾客直接接触,当面洽谈,根据不同潜在顾客或用户的需求和购买心理,有针对性地进行推销。

(4) 有利于发展和维持客户关系。这是服务人员推销的一个突出特点。它可以把企业与用户的关系从纯粹的买卖关系培养成朋友关系,彼此建立友谊,相互信任并理解,这种感情有助于推销工作的展开,实际上起到了公共关系的作用。

(5) 成本高、要求高。服务人员推销成本费用较高,在市场范围广泛,而买主又较分散的状态下,不宜采用此方法;相反,市场密集度高,买主集中(如有些生产资料市场),服务人员推销则可扮演重要角色。由于服务人员推销可以提供较详细的资料,还可以配合顾客需求,提供其他服务,所以它最适于推销那些技术性较强的商品或新服务品种;而一般标准化商品则不必利用人员推销,以免增加不必要的支出。

2. 服务人员推销的任务

(1) 开拓市场。开拓市场是推销员担负的重要任务,推销员不仅要千方百计巩固和老顾客的关系,还要善于发现和培养潜在客户,使企业的新用户能够源源不断地增加。

同步案例：
三个商贩与老太太

(2) 传递信息。推销人员要把企业商品或服务等各方面的信息及时传达给顾客,与他们保持经常的联系,为推销商品或服务打下基础。

(3) 推销商品或服务。推销商品或服务是推销员的最基本职责。推销员要善于接触消费者,运用灵活的推销技巧,向顾客推荐商品或服务,解答顾客的问题,以促成交易。

(4) 提供服务。向用户提供各方面的服务也是推销员义不容辞的责任。如向用户提供咨询和技术协助,帮助解决财务问题并及时办理交货等。

(5) 协调分配。推销员要协调好供需关系,特别是在发生意外或冲突的情况下,要向用户做好解释工作,以巩固同用户的业务往来和友好关系。

(6) 收集信息。推销员要及时了解市场的变化和顾客对商品或服务的反应,为管理者决策提供有价值的信息,因此,收集情报和信息反馈也是推销员的一项重要任务。有些企业还要求推销员定期写出市场情况报告书。

3. 服务人员推销的工作程序

(1) 寻找顾客。寻找顾客是推销工作的第一步。推销人员首先要善于寻找产品或服务的购买者,包括有支付能力的现实购买者及未来可能成为企业商品购买者的潜在消费者及用户,以减少推销的盲目性,提高成交率。推销人员可以采用的寻找顾客的方法有逐户访问法、连锁介绍法、中心开花法、个人观察法、委托助手法、广告开拓法、竞争插足法、资料查阅法、参加会议法、市场咨询法等。

(2) 分析顾客。发现潜在顾客后,推销员还要进行初步的顾客分析,分析的主要目的就是进一步确认潜在顾客成为现实顾客,实施购买行为的可能性有多大。MAN 法则认为,作为顾客的人是由金钱、权利和需要这三个要素构成的,即只有同时具备购买力、购买决策权和购买需要这三个要素的顾客才是合格的顾客,这种分析就是顾客资格鉴定。

(3) 接近准备。推销人员在确定推销对象、着手进行推销工作之前,应进行充分的准备。在走出去推销之前,推销人员必须知己知彼,掌握三方面的知识:①商品知识,关于本企业、本企业商品或服务的特点、功能等各方面的情况。②顾客知识,包括潜在顾客的个人情况。具体用户的资金情况、用户的需要、购买决策者的性格特点等。③竞争者知识,竞争者的能力、地位和它们的商品或服务特点。

(4) 接近顾客。在做好接近顾客的准备工作后,推销员就要设法与顾客接触。接近顾客又分约见和接近两个环节。①约见是推销员事先征得顾客同意接见的行动。约见可以采取当面约见、书信约见、电话约见、托人代约、广泛约见(利用大众传媒,约见大众顾客)等方式。要确定约定的时间、地点、人物等。②接近顾客就是正式接触推销对象,引起顾客的注意和兴趣,以顺利转入面谈导购阶段的行动。接近的方法有利益接近法、好奇接近法、产品介绍接近法、问题接近法、调查接近法、直接接近法等。

(5) 面谈导购。面谈导购即推销员与潜在顾客正式接触,引导与指导阶段。这是推销过程中的重要一步。在这一过程中,推销员在描述商品或服务性质和特点时,必须使自己的表述充分吸引顾客的注意力,要注意通过顾客的视、听、触摸等感官向顾客传递信息,其中视觉是最重要的。然后,再针对产品或服务本身的特点以及能给顾客带来的利益进行说服与解释。还要特别注意了解对方的反应,以判断买主的真实意图。

(6) 释疑解惑。购买者在听取介绍后,可能提出一些异议,如怀疑商品或服务的价值,不接受交易条件或价格,对企业缺乏信心等。推销员应有巧妙的语言能力并提供有说服力的论据。例如,通过商品或服务详细介绍等工作,说服顾客,克服障碍,达到预期的销售目标。

(7)促成交易。人员推销工作的重要环节是促使顾客采取购买行动,这也是推销工作最困难的阶段。推销员在认为时机成熟时,应抓住有利时机,或者提出购买建议,或者提供价格优惠,或者提供便利的服务,或者归纳销售的重点,以促进顾客做出购买决策。

(8)售后服务。商品或服务销售后,并不意味着整个推销过程的终止,如果推销员希望确保顾客满意并重复购买,就必须对顾客进行"跟踪服务",收集顾客对于商品或服务的改进意见,及时向有关部门反映,以调整营销措施,并帮助顾客解决使用中的问题。这些工作,有利于树立企业信誉,密切双方关系,促成重复购买。

9.2.3 营业推广策略

1. 营业推广的概念与特点

1)营业推广的概念

营业推广也称销售促进,是利用一系列激励性、诱导性的促销方式,促使交易双方的有关人员达成最大交易的促销活动。营业推广可以有效地加速服务新品种进入市场的过程,有效地抵御和击败竞争者的促销活动。在促销活动中,营业推广往往配合人员推销、广告、公关等促销方式使用,使整个促销活动产生热烈的氛围和强烈的激励。

2)营业推广的特点

作为一种促销方式,营业推广与其他促销方式相比,最根本的特点是与日常销售活动紧密配合,产生"短、高、快"的销售效果。它主要有以下几个特点。

(1)辅助作用,协同促销。一般来说,人员推销、广告、公共关系都可以独立开展促销活动,而营业推广则很少单独使用,常常是作为其他促销手段的一种辅助手段,与日常销售活动紧密结合,用于特定时期、特定商品的销售。

(2)即期见效,速度最快。营业推广策略的重心是迅速促进当前的商品销售。在既定的市场上,营业推广策略要考虑如何加速商品的销售,始终围绕迅速激发需求、强化顾客购买动机、有效激励购买行为这一中心来进行。它是促销方式中见效最快的一种。

(3)形式多样,创意无穷。营业推广策划的关键是发掘新颖独特的创新思维,要根据企业所处的客观环境和市场态势以及企业自身的条件,创造性地进行分析决断、选择、组合和创造强烈而新颖的诱导刺激措施,使之能迅速吸引顾客的注意力,唤起并强化顾客购买该商品的利益动机。

(4)短期效益,形成高潮。营业推广策划所要达到的目标是短期的和即时的,而其他促销策划如广告策划、公关策划所要达成的目标是长期的和缓慢的。只要创意新颖、方法得当,就能激发消费者的购买兴趣和参与热情,产生立竿见影的销售效果。正因为其短期性目标的要求,其促销效果必然能在短期内形成购买的高潮。

2. 营业推广策划的程序

1)确立推广目标

进行营业推广策划,首先要明确营业推广的目标是什么,也就是说,营业推广策划方案付诸实施之后,企业希望达到什么样的目的。推广目标制约着营业推广策划的各个方面,只有目标明确,才能根据目标的要求策划具体的推广方式。一般来说,推广目标是促销组合目标的一部分,是受促销组合目标指导和制约的,但在促销组合目标系统内,营业推广也有自己的具体目标。营业推广的目标从环节上可以分为以下三种。

(1) 以消费者为目标的营业推广活动。其目的是刺激其反复购买,包括鼓励重购、促进新用户试用等。

(2) 以中间商为目标的促销活动。其目的是刺激其大批量购买,包括吸引中间商购买新品种和大批量重复购买,鼓励中间商销售过时过季的库存商品,强化中间商对本品牌的信任和偏好等。

(3) 以推销人员为目标的营业推广活动。其促销的目的是鼓励其开拓新市场,包括鼓励推销人员推销某种新商品,促使他们扩大产品销售等。

2) 选择推广方式

营业推广方式多种多样、难以枚举,可以说其创意是无穷无尽的。企业可以选择的促销方式常见的有以下几种。

(1) 服务促销,即通过热情周到的服务促使顾客产生购买动机,具体有售前服务、售后服务、开架服务、订购服务、加工服务、维修服务、培训服务、代办托运服务、保险服务、咨询信息服务等。

(2) 租赁与互惠经销,包括以设备、房屋等商品让渡给买方使用而将其价值分期收回的租赁和既是买方又是卖方的互通有无的互惠贸易促销。

(3) 订货会与展销,即以实物形式集中展现在顾客面前的促进销售。

(4) 折扣促销,折扣促销包括批量、现金等方面的折扣以促进销售。

(5) 物质与精神奖励,即对一定时期内购买数量达到一定标准或购买企业指定商品的顾客,给予一定的货币或物品奖励。

(6) 竞赛与演示促销、现场制作等。

(7) 赠品促销、优惠券促销。

(8) 会员制。

以上主要是以消费者为目标的营业推广方式。针对中间商的营业推广活动形式有销售折扣、资助奖励、节日公关、业务会议、代销等形式。针对推销员的营业推广形式主要有销售红利、推销竞赛、特别推销奖或补助等。营业推广的每一种方式都有其具体特点和适用范围,因此在策划时要反复分析,选择使用。选择营业推广方式时要考虑的因素有推广目标、竞争条件、经济环境。

3) 制订推广方案

制订推广方案要明确以下几个具体问题。

(1) 确定刺激强度。营业推广作为对消费者的刺激手段,刺激的强度越大,消费者购买的反应也越大,但这种刺激是递减的,因此,要根据具体情况确定适当的刺激强度。

(2) 确定推广对象。确定营业推广的目标是针对哪一消费群,换言之,要确定营业推广的目标市场在哪里。

(3) 组合推广方法。根据推广目标的要求,组合运用各种营业推广的方法。

（4）把握推广时机。选择营业推广实施的时机，在营销策划中极为重要，时机选择合理，营业推广就能够达到事半功倍的效果。

4）评估推广效果

在策划过程中，预先对策划方案实施的效果进行评估；在营业推广活动展开后，仍要跟踪研究，评估实施结果，以便为调整方案以及进一步展开推广活动提供依据。

见微知著

金品促销不能逾越法律底线

央视等多家媒体曾报道过"一口价"黄金的套路，消费者维权的案例更是层出不穷。商家折叠商品标签、隐瞒饰品重量、采取有误导性的推销话术……上述这些花式套路让消费者"防不胜防"。

当然，以明码标价的方式销售黄金本身并不违法。市场上，黄金首饰一般分为"按克计价"和"按件计价"。"按克计价"是指按照当日挂牌金价计费，但是会收取加工费；"按件计价"就是所谓的"一口价"黄金，即不按照克重单价计算售卖，而是由金店直接定价销售。相较于按克售卖的黄金饰品，"一口价"黄金饰品在工艺上更加注重款式设计，盈利点包含黄金本身价值之外的品牌溢出、设计加工等附加值。

造型新颖看得见的同时，克重数也不应被隐藏。黄金饰品有一定的特殊性，无论是按件卖还是按克卖，黄金的重量都是消费者选购过程中重要的参考因素。消费者权益保护法中规定，消费者享有知悉其购买、使用的商品或者接受的服务的真实情况的权利，以及在购买商品或者接受服务时，有权获得质量保障、价格合理、计量正确等公平交易条件。价格法也明确规定，经营者不得利用虚假的或者使人误解的价格手段，诱骗消费者或者其他经营者与其进行交易。

根据上述规定，"一口价"商品的相关情况本应由商家向消费者介绍，但一些商家为了"促成"交易，含糊其词。这时，"一口价"黄金饰品看似"明码标价"，实则损害了消费者的知情权和公平交易权，逾越了法律"红线"。就算消费者心甘情愿为造型精美的"一口价"黄金饰品买单，商家也应主动履行告知商品克重数的义务，这也是明码标价的应有之义。同时，商品标签作为消费者获取商品信息的重要来源，如果被折叠起来或者标注不明显，极易引发消费纠纷。

此外，频频出现的"一口价"黄金投诉事件，也暴露了相关监管单位对"一口价"商品缺乏透明、规范化的管理。市场监管部门应定期开展专项活动，认真调处消费者投诉纠纷，对商家存在的商品质量瑕疵、价格欺诈等违法行为依法予以严惩，规范黄金销售市场秩序。相关行业协会也应出台相关自律章程，禁止商家使用信息差诱导消费者购物，促其守住合法经营底线。

"一口价"商品能否获得消费者的青睐，关键不在于"一口价"有多"吸睛"，而是能否真正做到货真价实。当然，黄金首饰行业不是只卖材质，工艺、品牌也是重要组成部分，但是作为经营者要有行业自律意识，达到获得利润和消费者满意共赢的效果才是正道。相信在法律、法规的指引和政府的有效监管下，商家能够在价格标识上予以规范，让"一口价"黄金远离"套路"二字。

9.3 关系营销

9.3.1 关系营销的概念与原则

1. 关系营销的含义

20世纪80年代提出了"关系营销"的概念。所谓关系营销,是把营销活动看成一个企业与消费者、供应商、分销商、竞争者、政府机构及其他公众发生互动作用的过程,其核心是建立和发展与这些公众的良好关系。

关系营销的本质特征可以概括为以下几个方面。

(1)双向沟通。在关系营销中,沟通应该是双向而非单向的。只有广泛的信息交流和信息共享,才可能使企业赢得各个利益相关者的支持与合作。

(2)合作。一般而言,关系有两种基本状态,即对立和合作。只有通过合作才能实现协同,因此合作是"双赢"的基础。

(3)双赢。即关系营销旨在通过合作增加关系各方的利益,而不是通过损害其中一方或多方的利益来增加其他各方的利益。

(4)亲密。关系能否得到稳定和发展,情感因素也起着重要作用。因此关系营销不只是要实现物质利益的互惠,还必须让参与各方能从关系中获得情感的需求满足。

(5)控制。关系营销要求建立专门的部门,用以跟踪顾客、分销商、供应商及营销系统中其他参与者的态度,由此了解关系的动态变化,及时采取措施消除关系中的不稳定因素和不利于关系各方利益共同增长因素。此外,通过有效的信息反馈,有利于企业及时改进产品和服务,更好地满足市场的需求。

2. 关系营销与交易营销的区别

关系营销是与客户建立长期联系的过程,因此会创造更强大的、长期的和互动的关系。这种类型的营销还会增加推荐、价格和服务容忍度。此外,还会得到顾客关于商品开发的积极参与和信息提供。

交易营销是交付功能、基本商品的价值传递过程。这种类型的营销产生的是消极的、短期的和单向的关系,并且很难在未来持续。

关系营销与交易营销的比较见表9-2。

表9-2 关系营销与交易营销的比较

关 系 营 销	交 易 营 销
长期关系的建立、保持与加强	关注一次性交易
高度重视顾客服务	较少强调顾客服务
高度的顾客承诺	有限的顾客承诺
对价格不是很敏感,价格不是主要竞争手段	对价格敏感,价格是主要竞争手段
与对方关系的最佳化	单纯交易的利润最大化
市场风险小	市场风险大
重视长期利益	关注短期利益

3. 关系营销的原则

关系营销的实质是在市场营销中与各关系方建立长期稳定的相互依存的营销关系,以求彼此协调发展,因而必须遵循以下原则。

(1) 主动沟通原则。在关系营销中,各关系方都应主动与其他关系方接触和联系,相互沟通,了解情况,形成制度或以合同形式定期或不定期碰头,相互交流各关系方需求变化情况,主动为关系方服务或为关系方解决困难和问题,增强伙伴合作关系。

(2) 承诺信任原则。在关系营销中各关系方相互之间都应做出一系列书面或口头承诺,并以自己的行为履行诺言,才能赢得关系方的信任。承诺的实质是一种自信的表现,履行承诺就是将誓言变成行动,是维护和尊重关系方利益的体现,也是获得关系方信任的关键,是企业与关系方保持融洽伙伴关系的基础。

(3) 互惠原则。在与关系方交往过程中必须做到相互满足关系方的经济利益,因为各营销关系方都是经济利益的主体,在市场上地位平等,根据商品经济的规律,在公开、公平、公正的条件下进行等价交换,有偿让渡,使关系方都能得到实惠。

4. 关系营销的层次

在关系营销实践中各关系方联系的紧密程度及深度是由浅到深、由表及里分层次发展起来的,一般可分为五个层次。

第一层次是基础层次,是指企业与关系方最先接触的表层。如企业的商品或服务被顾客购买后,顾客可能永远不再来这个企业,仅此一次交易活动的接触,以后再没有什么联系。

第二层次是反应层次,是指各关系方在第一次接触后再继续相互传递信息并有所反应,如企业将商品或服务出售给消费者后,主动向消费者征求使用后的问题。

第三层次是责任层次,是指各关系方相互承担责任,如商店营业员将商品或服务出售给消费者后,不但主动听取顾客意见,而且对商品使用中存在的问题承担责任,让消费者满意。

第四层次是事前行动,是指各关系方经常交流信息,彼此进一步增强了解,使关系一方感到另一方在关心他们的需要,由满意到产生好感甚至忠诚,如商店将商品或服务出售给顾客后,不仅做好售后服务,而且经常与消费者进行相应的信息传递,这样就加深了商店与顾客的情感关系。

第五层次是共生共荣,是指各关系方之间已建立长期稳定的共生共荣的伙伴关系。企业与各关系方建立了长期伙伴关系,特别是与供应商建立这种关系营销,就可以采用实时管理,即制造商把供应商看成自己的原材料车间,而供应商又把制造商看成自己忠诚的顾客,这样双方都能得到稳定的利润。任何一方随意改变这种关系,都会花费高昂的成本,只有相互为对方提供更多的附加值或服务,才有利于彼此合作和发展。

知识链接:
关系营销的六个
市场领域

9.3.2　关系营销策略的内容和实施方式

1. 关系营销策略的内容

关系营销把一切内部和外部利益相关者纳入研究范围,用系统的方法考察企业所有活动及其相互关系。企业的营销策略可分解为:顾客关系营销策略、供销商关系营销策略、竞争者关系营销策略、员工关系营销策略等。其中员工关系营销是关系营销的基础,顾客关系营销是关系营销的核心和归宿。

1）顾客关系营销策略

顾客是企业生存与发展的基础，是市场竞争的根本所在。只有企业为顾客提供了满意的商品和服务，才能使顾客对产品进而对企业产生信赖感，成为企业的忠诚顾客。菲利普·科特勒指出："忠诚的顾客是企业最宝贵的财富，现在日益重视设计出最好的关系组合以争取和保持顾客。好的顾客就是资产，只要管理得当和为其服务，他们就能转为公司丰厚的终身利益来源。在紧张的竞争市场中，公司的首要业务任务，就是持续地用最优的方法满足他们的需要，以保持顾客的忠诚度。"

（1）树立以消费者为中心的观念，即顾客至上。这种观念认为，企业的一切计划和策略应以消费者为中心正确确定目标市场的需要与欲望，比竞争者更有效地提供目标市场所要求的满足。

（2）了解顾客的需要，提高顾客的满意度。了解顾客的需要是企业提高顾客的满意度的前提。

（3）建立顾客关系管理系统，培养顾客的忠诚度。

2）供销商关系营销策略

对于多数企业来说，它不可能也没有必要从原料的生产到产品的销售完全独立完成，较为普遍的模式是供应商—企业—分销商—最终顾客，即企业从供应商那里获取原材料，通过分销商销售商品。因为供应商提供原材料的费用和产品由分销商销售产生的分销费用构成了企业商品的成本，因此，一般认为，供应商和分销商会使企业的收益降低，企业与供应商和分销商之间存在着竞争。但实际上，企业与供应商、中间分销商之间也有共同利益。在竞争日趋激烈的市场环境中，明智的市场营销者会和供应商、分销商建立起长期的、彼此信任的互利关系。最佳状态的交易不需要每次都进行磋商，而成为一种惯例。现代信息技术的应用，为这种惯例的形成创造了条件，不少成功的跨国公司就是这种惯例的受益者。那么，企业该如何制定策略呢？

（1）求实为本，增进了解。企业应该让供销商充分了解企业的实力，培养供销商对企业的信心，同时必须让供销商充分了解企业的营销战略，特别是将企业的战略目标、营销计划充分传达给经销商，以制订有利于本企业的销售计划，树立与企业长期合作的信念。

（2）讲究信用，互利互惠。企业和供销商之间，必须保持供销的畅通和平衡。现代企业的生产经营活动日益复杂，企业在市场活动中对待供销商的态度不应为市场供求波动所左右，而应从长远利益出发，重视建立与供应商之间长期互惠互利的关系。供应商所提供的商品要素的质量和数量以及价格等，直接影响企业的生产经营情况，良好的供应商关系有助于企业摆脱原材料缺乏和价格不稳定的困境。因此，建立良好的供销商关系对于企业运营具有积极的扶持作用。

（3）诚意合作，共同发展。建立企业与供销商之间的良好关系，必须以诚相待，共同解决供应与销售中存在的问题。一方面，提供各种资料与建议，促使采购、收货、营销、会计等部门与供销商加强合作。另一方面，企业应接受并考虑供销商所提的意见和建议，传达给企业各部门并保证予以合理解决。

3）竞争者关系营销策略

在以往的营销观念中，企业与企业的竞争是一场不宣而战的特殊战争，是你死我活的竞争。在这种营销观念的指导下，企业为寻求成功，往往不择手段置对方于死地，有时为了取得竞争上的优势,不惜采取低价倾销的策略,这样做的结果只能是两败俱伤。其实在当今市场竞争日趋激烈的形式下,视竞争对手为仇敌,彼此势不两立的竞争原则已经过时,企业之间不仅存在着竞争,而且存在着合作的可能,以合作代替竞争,实行"强强联合",依靠各自的资源优势实现双方的利益扩张。

只有通过合作而非低层次的恶性竞争,企业才能提高综合竞争力。这种竞争者合作的企业间关系可视为战略联合,它有利于企业在最大限度上发挥自己的资源优势的同时,更好地利用其他资源,使社会资源得到最佳配置,合作各方获得比合作前更多的竞争优势和利益。

4) 员工关系营销策略

内部营销是企业关系营销的基础,其目标是企业员工转向关系营销的新视野,激励员工开发执行关系营销策略。可以说,没有良好的员工关系,企业就无法开展工作,因此,任何企业都必须首先处理好自己内部的员工关系,只有企业内部上下左右关系融洽协调,全体员工团结一致、齐心协力,才能成功地"外求发展",通过员工的协作以实现资源转化过程中的价值最大化。

(1) 造就良好的员工信念。如优秀的组织信念是:尊重个人——尊重组织中每个人的尊严和权利;服务顾客——给顾客提供全世界所有公司中最好的服务;杰出——相信一个组织目标是以卓越的方法完成所有的工作。

(2) 满足员工的不同层次的需要。满足员工不断增长的物质需求,使企业具有光明的发展前景;满足员工对企业的情感需要,使企业内部建立融洽的人际关系;满足员工的成就感,使企业为员工提供实现个人价值和充分成长的机会,并不断根据知识经济的发展需要,对他们进行知识和技能的培训。

(3) 建立企业内部良好的沟通气氛。在企业内部也充满了互相传递信息的沟通活动,因此,在企业内部沟通过程中,企业领导要作风民主,平易近人,要善于倾听不同的意见,鼓励下属大胆提出批评和建议,消除沟通中的地位障碍,形成轻松和谐的沟通环境和气氛。

2. 关系营销策略的实施方式

营销策略实施是将营销策略转化为行动的过程,也是实现预定目标的过程。从宏观的角度来看,关系营销策略的实施,还需要企业从整体上进行统筹规划,具体来说包括组织设计、资源的合理配置以及文化的整合。

1) 组织设计

关系营销的管理,必须设置相应的机构。企业关系的管理,对内要协调处理部门之间、员工之间的关系,对外要向公众发布信息、征求意见、收集信息、处理纠纷等。管理机构代表企业有计划、有准备、分步骤地开展各种营销活动,把企业领导者从烦琐事务中解脱,使各职能部门和机构各司其职,协调合作。关系管理机构也就是企业营销部门与其他职能部门之间、企业与外部环境之间联系沟通和协调行动的专门机构。

2) 资源配置

(1) 人力资源配置。一方面实行部门间人员轮换,以多种方式促进企业内部关系的建立;另一方面从内部提拔经理,可以加强企业观念并使其具有长远眼光。

(2) 信息资源共享。在采用新技术和新知识的过程中,以多种方式分享信息资源。如利用计算机网络协调企业内部各部门及企业外部拥有多种知识和技能的人才的关系;制定政策或提供帮助以削减信息超载,提高电子邮件和语言信箱系统的工作效率;建立"知识库"或"回复网络",并录入更庞大的信息系统;组成临时"虚拟小组",以完成自己或客户的交流项目。

3) 文化整合

关系各方环境的差异会造成建立关系的困难,使工作关系难以沟通和维持。跨文化之间的人们要互相理解和沟通,必须克服不同文化规范带来的交流障碍。文化的整合,是关系双方能否真正协调运作的关键。合作伙伴的文化敏感性非常敏锐和灵活,能使活动双方共同有效地工作,并互相学习彼此的文化差异。文化整合是企业市场营销中处理各种关系的高级形式。不同企业有不同的文化。推动差异化战略的企业文化可能是鼓励创新、发挥个性及承担风险;而成本领先的企业文化,则可能是节俭、纪律及注重细节。如果关系双方的文化相适应,将能强有力地巩固企业与各子市场系统的关系并建立竞争优势。

项目小结

服务促销是指企业在经营过程中,为了获得更多的客户源,利用各种措施和手段把本企业所能提供服务的一切有用信息,诸如服务的内容、方式、特色、价位等,传递给客户的一种经营活动。促销的方式有人员推销和非人员推销。非人员推销包括广告、营业推广、公关关系等。服务市场营销的促销目标包括形象认知、竞争差异、利益展示、信誉维持、说服购买等。

广告是指企业通过各种付费传播媒体,向目标市场和社会公众进行的非人员式信息传递活动。广告包括广告主、广告信息、广告受众、广告媒体四个基本要素。服务业利用广告时必须遵循使用明确的信息、强调服务利益、只能宣传企业能提供的允诺、提供有形线索、发展广告的连续性、对员工做广告、在服务供给过程中争取并维持顾客的合作、建立口传沟通、解除购买后的疑虑等指导原则。人员推销是一种传统的促销方式,具有信息沟通双向互动、满足需求的多样性、推销方法与过程灵活多样、有利于发展和维持客户关系、成本高、要求高等特点。服务人员推销的任务包括开拓市场、传递信息、推销商品或服务、提供服务、协调分配、收集信息。服务人员推销的工作程序是寻找顾客、分析顾客、接近准备、接近顾客、面谈导购、释疑解惑、促成交易、售后服务。营业推广也称销售促进,是利用一系列激励性、诱导性的促销方式,促使交易双方的有关人员达成最大交易的促销活动,具有见效快、形式多样等特点。营业推广策划的程序包括确立推广目标、营业推广策划的程序、制订推广方案。

关系营销是把营销活动看成一个企业与消费者、供应商、分销商、竞争者、政府机构及其他公众发生互动的过程,其核心是建立和发展与这些公众的良好关系。关系营销的本质特征包括双向沟通、合作、双赢、亲密、控制。关系营销必须遵循主动沟通、承诺信任、互惠等原则。关系营销可以分为基础层次、反应层次、责任层次、事前行动、共生共荣五个层次。关系营销策略的内容包括顾客关系营销策略、供销商关系营销策略、竞争者关系营销策略、员工关系营销策略。其实施方式包括组织设计、资源的合理配置以及文化的整合。

巩固练习

1. 简述人员推销的特点。
2. 简述营业推广的特点。

项目 9 即测即评

实训课业

一、技能训练

（1）学习人员推销理论后，以两个同学组成一组，互换角色扮演推销员与顾客，模拟和演示笔记本电脑的推销过程，其他同学观看后进行公开分析讲评，并进一步归纳提炼推销理论。

（2）为某新款汽车制作两个 30 秒的广播广告。首先应考虑消费者的安全需要；其次考虑他们的自尊需求。把广告文案交给教师。

（3）某一培训师向你介绍其机构的培训课程，你觉得作为专业的销售人员，他应该怎样做？

（4）如果你是一家小型超市的经理，谈一谈应该采取哪些促销措施提高超市的营业额？

二、实训项目

服务促销策略的应用

1. 实训内容

对某一服务型企业的服务商品进行调查，然后，根据所学的相关专业知识，为该企业设计出新颖有效的服务产品促销方案。提示：可以登录中国营销传播网、中国策划网参阅有关营销实战人士的促销策划方案。

2. 实训目的

能应用所学的服务促销策略理论，为企业制订符合实际的服务商品促销策略组合方案。

3. 实训要求

（1）采取多种实训教学形式。一是教师可以聘请某一服务企业管理水平较高的高级管理人员到学校为学生做服务产品促销的专题讲座，并解答学生提出的各种问题；二是组织学生以 6～8 人为一组，以团队形式，由组长负责利用实训课的时间或周六、周日的时间，选择某一管理水平较高的服务型企业去观摩、学习和调研。

（2）以小组为单位组织学生座谈和撰写促销方案，培养学生的团队意识和创新精神。

（3）组织学生利用业余时间到某一服务型企业做兼职促销员，提高学生的服务促销能力。

项目 ⑩

服务人员策略

● 案例导入

胖东来八页报告调查顾客与员工争执

胖东来,这个名字在河南许昌乃至周边地区,早已成为品质和服务的代名词。

2023年6月,针对一起顾客与员工之间的争执事件,胖东来公开了一份八页的详细调查报告,进行了深入的调查和反思。

首先,胖东来承认服务存在问题,并将管理人员全部降级三个月,以示对问题的重视和反思。此外,他们还向顾客致歉,并送上礼物和服务投诉奖,以表达对顾客的尊重和关心。

然而,顾客坚决拒绝了500元投诉奖,这表明顾客更看重胖东来对事件的认真态度和解决问题的诚意,而不是仅仅给予金钱补偿。

另外,胖东来给予员工5000元精神补偿,这是对员工尊严和人格的保护。在任何争执中,个人的尊严和人格都应该受到尊重和保护,这是胖东来作为一家企业秉持的价值观。

总的来说,这个事件反映出胖东来在管理和服务上的认真态度和处理问题的诚意。他们公开调查报告并采取明确的处理方案,向公众展示了一个积极的态度和负责任的做法。这不仅有利于解决问题,也有助于维护企业的形象和声誉,不仅让顾客感受到胖东来的重视和尊重,也让员工感受到企业的关心和保护。

在调查报告中,胖东来明确指出服务存在的问题,并对管理人员进行降级处理。这种自我反思和修正的勇气,不仅展示了胖东来的管理能力和责任意识,更让公众看到一个企业的进步和发展。同时,胖东来还为顾客送上礼物和服务投诉奖,以表达对顾客的尊重和关心,这种真诚的道歉方式,不仅让顾客感受到胖东来的诚意,更让人们看到胖东来的服务理念和品质追求。

更值得称赞的是,胖东来在处理员工和顾客之间的争执时,不仅考虑问题的实际解决,更注重对个人尊严和人格的保护。在争执中,员工和顾客都可能受到情感上的伤害,胖东来给予员工5000元精神补偿,是对员工尊严和人格的尊重与保护。这不仅让员工感受到企业的温暖和关怀,更让公众看到胖东来以人为本的管理理念。

资料来源:https://baijiahao.baidu.com/s?id=1770119391504766369&wfr=spider&for=pc.

【分析提示】 一个企业要想在竞争激烈的市场中立足并发展壮大,不仅要有过硬的产品和服务质量,更要有尊重和关心顾客与员工的意识和行动。只有这样,才能真正赢得市场的信任和尊重,实现企业的长期发展和成功。

10.1 服务人员

10.1.1 服务人员的地位与服务利润链

1. 服务人员的地位

在服务商品提供的过程中,人(服务企业的员工)是一个不可或缺的因素。尽管有些服务商品是由机器设备来提供的,如自动售货服务、自动提款服务等,而且,随着人工智能与人形机器人的快速发展,代替员工服务的机器人日益增多,但现阶段零售企业和银行的员工在这些服务的提供过程中仍起着十分重要的作用。而对那些要依靠员工直接提供的服务,员工因素就显得更为重要。一方面,高素质、符合有关要求的员工的参与是服务提供的一个必不可少的条件;另一方面,员工服务的态度和水平也是决定顾客满意程度的关键因素之一。考虑到人的因素在服务营销中的重要性,有学者提出,服务业的营销实际上由三个部分组成(见图10-1)。

图 10-1 服务业营销的三部分

其中,外部营销包括企业服务提供的准备、服务定价、促销、分销等内容;内部营销则指企业培训员工及为促使员工更好地向顾客提供服务所进行的其他各项工作;互动营销则主要强调员工向顾客提供服务的技能与态度。

图10-1清楚地显示员工因素在服务营销中的重要地位。在服务营销组合中,处理好人的因素,就要求企业必须根据服务的特点和服务过程的需要,合理进行企业内部人力资源组合,合理调配好一线队伍和后勤人员。以一线员工为"顾客",以向顾客提供一流的服务为目的,开展好企业内部营销工作。

2. 服务利润链

顾客对企业服务质量评价的一个重要因素是一线员工的服务素质、能力和态度,而要形成并保持一支素质一流、服务质量优异的一线员工队伍,企业管理部门就必须做好员工的挑选和培训工作,同时要使企业内部的"二线""三线"队伍都围绕着为一线队伍的优质服务提供更好的条件这一中心展开。只有为一线员工创造了良好的服务环境,建立了员工对企业的忠诚,进而才能形成其为顾客服务的热诚,通过较高的服务质量赢得顾客对企业的忠诚。服务利润链对这一思路做出了很好的说明。服务利润链如图 10-2 所示。

企业内部服务质量	员工满意率	员工忠诚度	员工生产率	外在服务质量	顾客满意率	顾客忠诚度	企业收入增长	赢利能力增长
内部效应				外部效应				

图 10-2　服务利润链

10.1.2　服务人员与顾客

在服务营销组合中,人的要素是指在服务传递中扮演角色、影响购买者感知的所有人,包括服务人员和顾客等。

1. 服务人员

一般而言,服务企业的人员可分为两类:必须与顾客接触的员工和不需与顾客接触的员工。在研究服务业员工与顾客接触的问题时,应区分员工与顾客接触的程度。高接触度与低接触度的区分,可依据顾客在处于服务体系中的所有时间里接受服务所占时间的百分比来确定。据此,高接触度服务,如电影院、娱乐场所、饭店、公共交通和学校等部门所提供的服务;低接触度服务,如政府主管机构、信息中心和邮电业等所提供的服务。

💬 **知识链接**

服务人员的素质要求

由于服务人员的素质、业务水平及工作能力、工作态度都会影响服务机构的形象,服务的质量也取决于服务人员的操作技巧、态度和才能,所以服务机构必须注意招聘和培养高素质的服务人员,从而为顾客提供专业化的、体贴入微的服务。

1. 服务人员的心理素质要求

(1) 严格遵守服务机构的各项规章制度。

(2) 文明礼貌,谈吐文雅,口齿清晰,对顾客提出的疑问能够细致、明确地回答。

(3) 热爱工作,任劳任怨,不辞劳苦,有高度的责任感和使命感,具有良好的职业道德,真心实意为顾客提供服务。

(4) 温暖、友爱、诚实、可靠,能够与顾客建立和发展良好的个人关系。

(5) 有健全的心智、整齐的仪表和良好的习惯,有强烈的责任心、进取心和积极的态度,时刻准备为服务顾客采取行动。

2. 服务人员的技能素质要求

（1）对服务项目有深入的了解和认识。

（2）掌握为顾客提供优质服务的技巧。

（3）灵活运用沟通技巧与顾客进行有效沟通。

（4）掌握使顾客信服的实用技巧。

（5）把握顾客心理与性格的技巧。

（6）把握异议处理技巧，提高顾客满意度。

（7）见多识广，具有丰富的专业知识及熟练的操作技术。

总之，服务人员要采取专业化的服务导向，外表、动作、态度和行为举止都应尽量符合一名专业人员应有的标准，还要富于应变，善于捕捉被忽视的市场机会。

2. 顾客

对服务企业的营销活动产生影响的另一种因素是顾客之间的关系。一位顾客对某项服务质量的感受，很可能会受其他顾客意见的影响。顾客总会与其他的顾客谈到服务企业，或者当一群顾客同时接受一项服务时，对服务的满足感往往是由其他顾客的行为间接决定的。

10.2　内 部 营 销

微课：内部营销

10.2.1　内部营销的概念

内部营销的概念形成于 20 世纪 80 年代，内部营销是一种将员工视为顾客的管理理念。将员工视为企业的内部顾客，努力为员工提供优质的内部服务，使其能够以营销意识参与服务，从而创造"真正的顾客"。

内部营销是一项管理战略，其核心是发展对员工的顾客意识。在把商品和服务通过营销活动推向外部市场之前，应先对内部员工进行营销。只有恰当的内部营销，企业在外部市场上进行的经营活动才可能获得成功。

内部营销作为一种管理过程。首先，应能保证公司所有级别的员工理解并体验公司的业务及各种活动；其次，能保证所有员工准备并得到足够的激励以服务导向的方式开展工作。内部营销强调的是公司在成功达到与外部市场有关的目标之前，必须有效地组织与其员工之间的内部交换过程。

> **知识链接**
>
> ### 做好内部营销，才是制胜王道
>
> 员工流失率大？员工工作积极性差？员工服务热情不高？这些问题会直接关系到游客体验度，而体验度又对重游、二消等关键指标有重大影响。不单在主题公园行业，所有服务类行业的运营者几乎都面临着同样的难题。不少企业对此的解决办法是简单的金钱激励，但效果并不理想，金钱激励的时效短，数额对于单个员工杯水车薪，对于企业却负担很重。
>
> 你在用自己公司的产品吗？你的老板在用吗？你的员工呢？把自己都不喜欢甚至不认

同的商品推销给客人,真的需要相当的勇气与智慧。比如在某乐园的商店里我希望店员介绍一下我面前的毛绒玩具,她很专业地告诉我它是什么,还有价钱和材质,可这并不能激起我的购买欲。或在饮品店里我希望得到一些推荐,店员只能告诉我哪几款卖得好一点,却连口感、味道一无所知。

其实问题的关键还在于企业的营销策略,并且是相对应外部营销的内部营销。数据显示,一般的企业只有不到 50% 的员工相信自己公司的品牌理念,而具备实现这一理念的员工则更少。

资料来源:搜狐.做好内部营销,才是制胜王道.https://www.sohu.com/a/229581984_314195,2018-04-26.

10.2.2　内部营销的层次

内部营销计划可划分为两个层次:策略性内部营销与战术性内部营销。从策略层次上看,内部营销的目标是:通过制定科学的管理方法、升降有序的人事政策、企业文化的方针指向、明确的规划程序,创造一种内部环境,激发员工主动为顾客提供优质服务的意识。从战术层次上看,内部营销的目标是:向员工推销服务、支援服务、宣传并激励营销工作。

在实务上,营销措施就变成广告活动,不但为了影响顾客,同时也为了影响员工。它侧重于技能与细节,主要包括定期或不定期地举办培训班、内部相互沟通,召开情况介绍会、座谈会、茶话会;内部全员沟通,如定期出版报纸或快报;情况调查,确认员工需求等。

在员工不太情愿销售一种他们本身就不太接受的服务商品的情况下,内部营销就更加重要。例如,银行职员对银行新规定——为其他银行催收贷款的收费办法不愿接受。在这项新规定收费办法实施之初,有些职员即对利用这种催收服务的客户并不按照规定收费,部分原因是考虑到长期客户关系的建立不易,从而使这项规定非修改不可,规定只在可行的情况下才收费。

10.2.3　内部营销的管理过程

1. 态度管理

态度管理即有效管理员工的态度,提高员工服务顾客的意识,并对自觉提供服务的行为给予激励。态度管理是内部营销的关键组成部分。服务企业需要具备超前的管理意识,要创造未来而不仅是适应未来。

2. 沟通管理

经理、接待员和支持人员需要大量的信息,来完成与他们职责相符的工作,为内部和外部顾客服务。这些信息可能包括工作计划、商品和服务的特征、对顾客的承诺(广告或推销员所做出的)等。他们需要沟通他们的要求、改进工作的意见以及他们发现的顾客需要。这是内部营销的沟通管理。

如果企业想要获得成功,这两种类型的管理都是必要的。但人们往往只认识到沟通管理,并且沟通中信息是单向的。通常内部营销以活动或行为的形式出现。例如,向员工分发内部手册,在员工会议上向参加者提供书面的和口头的信息,而双向沟通很少。员工只是接到大量的信息却没有得到精神上的激励。

　　在服务营销中，有两句格言流传甚广，其一是："你希望员工怎样对待顾客，你就怎样对待员工。"其二是："如果你不直接为顾客服务，那么，你最好为那些直接为顾客提供服务的人提供优质服务。"这两句格言提示了两个原则：对人的尊重和树立集体主义观念。因而，企业可以通过内部营销，使"顾客至上"观念深入员工的心坎，从而使服务提供者更好地履行自己的职责。

知识链接：
建立双向互动的
内部沟通体系

10.2.4　内部营销的实施方法

　　内部营销的目的是提高服务质量，使顾客满意，其实施对象是企业内部员工。调动员工的积极性和创造性是内部营销的基本任务之一。企业需要借助营销的理念、技术和方法满足内部员工需要，同时获取外部竞争优势。内部营销活动可以从树立内部营销意识、细分内部市场、创建和培育"服务文化"、充分开发和利用企业的人力资源、加强内部沟通等方面展开。

　　1. 树立内部营销意识

　　内部营销首先是一种经营哲学，它要求服务企业的管理者和员工都树立服务内部顾客的意识，只有这样内部营销才能在企业内推行。这和经常强调的顾客导向是不矛盾的，因为强调内部顾客满意正是为了最终达到外部顾客的满意，而不是否定外部顾客的满意。顾客导向包括外部及内部顾客导向，这也说明了二者的一致性。

　　海尔的企业文化里有一种"源头论"，即把员工当作企业发展动力的真正源头，在企业内部营造尊重人、信任人、关心人、理解人的氛围，把员工的发展作为企业经营管理的重要目标，体现的就是要确立内部营销意识。

　　2. 细分内部市场

　　内部营销对市场的细分就是对企业员工细分，其目的是让适合的人做适合的事，使企业的培训课程、激励措施、工作设计更有针对性。人的需求是有差异的，即使同一个人在不同的阶段也存在着需求差异性，这种差异影响着企业工作设计、激励措施的有效性。在对员工的细分过程中除了采用通常的人口统计变量，如性别、年龄、教育程度外，还需要更多地考虑心理变量和情感变量，因为人的个性、价值观念、生活方式、态度、情感等方面都影响人的工作热情。

　　上海波特曼酒店经理狄高志先生认为：一个人如果能真心地喜欢自己的工作，他就会在工作中自然地发挥天赋和潜能，就能将自己的自然快乐带到职业性的工作中，从而增强员工对工作的满意。他希望员工能自然、快乐地工作。自然的工作状态比工作经验和技能更重要，因为后者可以在工作中进行培训和锻炼，但快乐和自然的工作状态是发自内心的，一般也是难以培训的。如果管理者在安排员工工作时能够找到工作特征和员工行为特征的结合点，员工的潜能就会得到充分的发挥。

　　3. 创建和培育"服务文化"

　　服务文化是精纯的服务导向、顾客导向的文化。因为服务质量是各种资源共同作用的结果，因而要成功地进行质量管理，必须创造和培育一种高质量、稳定的服务文化。企业计划实施内部营销，首先要在企业内部创建和培育本企业的"服务文化"。企业的"服务文化"影响和控制管理人员和各级员工的行为。制定和实施服务战略和策略需要中、高级管理人员的彼此联系以及广大员工的参与和支持,这就需要"服务文化"影响、指导和控制自己的行为。

企业在创建和培育"服务文化"的过程中,高层管理人员要有战略眼光,要努力探索开创"服务文化"的途径,通过制定政策、程序、制度和行动方针来规范和约束企业业务活动中的员工行为。高层管理人员只有自己率先成为企业服务文化的忠实体现者和执行者,以良好的作风和强烈的事业心鼓舞鞭策员工,尊重、关心和理解员工,服务顾客,才能使企业倡导的服务意识、价值观内化为员工的行为,也才能凝聚起员工的参与意识和团队精神,使他们与企业风雨同舟、竭尽全力、自觉为顾客提供高质量的服务,实现企业的营销目标。

4. 充分开发和利用企业的人力资源

为保证企业服务营销有效性,充分开发和利用企业人力资源,加强企业人力资源管理,进行质量控制,必须做好以下工作。

(1)录用合格的人才。聘用优秀人才来实施优质服务是企业服务营销的关键。企业对服务人员的要求不能仅仅是年轻貌美,主要是应聘人员的内在素质,如价值观、个性和成熟度。

(2)教育培训。除向员工传授服务技能外,更重要的是职业道德、服务规范和标准化培训,使员工不仅有"提供优质服务"的意识,而且接受新的服务技能、改善服务态度,丰富服务商品知识,以保证他们提供的服务与企业的目标相一致,与顾客的预期相吻合。

(3)充分授权和倒金字塔形组织管理模式。传统的管理模式是由第一线的员工直接面对顾客,但如未充分授权,一旦碰上问题,员工就无法采取行动,只得将矛盾上交中层管理人员,中层管理人员对信息的传递起着阻碍作用,不了解顾客需求,就会丧失顾客。如果企业实行倒金字塔形的管理模式将顾客放在最上层,第一线员工在第二层,第三层是中层管理人员,最下层为企业决策者,就从组织结构和管理模式上保证了上上下下各级员工都对顾客负责,以顾客为中心,根据服务内容自主地解决问题,企业管理人员的任务就是支持、协助第一线员工完成服务顾客的任务和使命。

▨ **同步案例**

海底捞授权制度

1. 授权对象

经过培训合格的所有员工。

2. 授权操作方式

(1)打单后退菜:任何员工均有权利打单后退菜。

(2)打折、免单:无论任何原因导致顾客不满意,员工可以给顾客打折(任意折扣),包括免单,除此之外的打折、免单必须由收银服务员及以上管理人员操作,谁打折用谁的工号。

(3)抹零、奉送:正常情况下,服务员有5元以内的抹零和30元以内的菜品奉送权,超过权限必须由领班以上人员操作。海底捞分店出纳每月汇总一次免单、抹零、打折、买单后退菜等总金额前十名的员工名单给分店经理。分店经理对前5名的员工数据进行分析,并提交分析结果至片区域经理,然后出纳备案。

(4)免单:无论什么原因免单必须是领班及以上人员亲自落单。

3. 买单、交账的要求

(1)服务员在给客人核对账单时必须用系统中打印的两张预打单,一张用来落单,另一张用来和客人对账。

（2）服务员必须在落单后将开发票凭证提供给顾客，用以开发票。

（3）清账员收账时必须核对收银员所交账是否正确，并作好登记工作，将相应的单据交给财务人员。

4. 回馈顾客的活动要求

不得利用职权贪污积分或者其他回馈顾客的礼品。

5. 奖惩

（1）财务人员不定期检查，对于异常的情况统一由财务部发给内审部，等到内审部的调研结果出来后，由分管副总通知片区经理方可处理员工。

（2）一旦发现员工吃单，则给予开除处理，根据情况移送司法机关处理；若为举报，且举报情况查实，则给予举报人不低于 1 万元的现金奖励，且保密；各级人员自查到部门内吃单，则奖励金豆豆一枚。奖金由海底捞（中国）总经办确认后由片区财务统一发放，金豆豆由海底捞（中国）总经办确认后门店或者部门走 OA 流程领取。

（3）一旦上级查出吃单现象，则由上级决定下级是否负有管理责任，并决定如何处罚。

（4）激励与认同。激励是企业经常采用的刺激方法，能使员工以更高水平、更大主动性和自觉性从事服务。管理有方的企业大都实行"以人为本"的管理模式，根据科学的激励理论，针对员工的不同特点进行激励。安排工作时做到人尽其才，以激发员工内在工作热情；同时要赏罚分明，客观评价员工的工作，激发员工的工作积极性；还应通过教育培训，提高员工素质，增强自我激励能力和进取精神。总之，企业通过改善工作内容、工作环境和工作条件等外在因素，促使员工产生奋发向上的进取精神、努力工作的积极性和满足感。同时，让表现突出的员工得到认同和表扬，也会有助于企业营造良好的服务文化和环境，达到团队的整体发展，使企业整体服务质量得到提高。

5. 加强内部沟通

内部营销是整体营销的要求，整体营销需要企业各部门共同努力，在"顾客至上"观念指导下相互沟通、相互合作、相互支持，其中，各部门的沟通是关键，特别是一线员工和二线员工的沟通在内部营销中十分重要。因为一线员工是直接与顾客接触，为顾客提供服务的，二线员工与顾客接触的机会相对较少，但在顾客眼中任何一名员工都是代表企业的，顾客不会去区分每个员工的具体职责，于是一线员工与二线员工之间关于服务内容、对顾客的承诺信息的沟通就显得尤为重要。

同时，沟通管理作为内部营销目标之一，也需要各部门之间加强沟通，使企业的商品信息、工作计划、服务特征以及对顾客的承诺及时有效地在企业内部传达、运行。而一线员工所获得的最新的顾客需求信息又必须尽快和企业内部相关部门沟通，使这些信息转化为符合顾客要求的商品和服务，以抢占市场先机，提高顾客满意率。

10.3　服务人员的管理与培训

10.3.1　服务人员管理的内容和方式

1. 服务人员在服务营销中的作用

服务是通过服务人员与顾客的交往来实现的，服务人员的行为对企业的服务质量起着决定性作用,因此,在服务营销中企业对员工的管理,尤其一线服务人员的管理相当重要。

"公司—员工—顾客"的链式关系,说明员工在服务营销中的地位和作用。在服务组织内部的人力资源管理比一般的人力资源管理起着更为重要的作用,这一重要性主要体现在以下关系上。

(1) 员工的满意程度与企业内部质量相关。

(2) 员工的忠诚度与员工的满意度相关。

(3) 员工的服务效率与忠诚度相关。

(4) 服务的价值与员工的服务效率相关。

这一系列的推断说明内部质量是基础,可以通过员工对自己工作的评价、对企业内其他人的看法而得到。企业内部对人力资源的管理影响员工的满意程度,从而影响企业服务价值的实现。

通常所说的顾客是指购买企业商品或服务的人。如果通过"公司—员工—顾客"的关系来理解员工的作用,可以认为,企业的最终用户并不是唯一的顾客,员工也是企业的顾客,企业为员工提供的"商品和服务"是信息、资源、支持、放权。

管理人员把自己的下属视为顾客是一种很好的管理方法,当管理人员把员工作为自己产出(即管理工作)的顾客时,就会了解他们的需求,而当管理人员满足员工的需求之后,员工往往能够很好地完成工作。

由于顾客在与一线员工接触时,往往把这些员工作为整个企业的代表,把与这些员工交往得到的感知服务质量作为整个企业的服务质量。因此,如果在企业内部存在这样一个良好的机制,那么,前线的员工一定会尽力给顾客留下良好的印象,并提供优质服务。

知识链接

影响员工满意度的主要因素

过去,一些企业管理者坚持着"大河有水小河满,大河无水小河干"的理念,然而,在人才流动性日益加剧的今天,管理者们逐渐将观念转变为"小河有水大河满,小河无水大河干",员工是企业的根本,是企业运作的核心,是企业输出的主力军,为此,关注并提升员工满意度成为企业管理必不可少的内容。

谈到员工满意度的提升,很多人会想到"薪酬、福利",因此,当员工流动性逐步增大时,管理者首先想到调薪,这不错,但也不完全正确。

影响员工满意度的因素有很多,不仅仅局限于薪资福利,还包括成长、归属感、培训机会、绩效、人际关系、岗位价值、价值认同、软环境、受关注度、硬环境、协作氛围、知情权,这些因素直接影响着员工满意度的高低。

资料来源:中人网.如何有效提升员工满意度.http://www.chinahrd.net/blog/398/1145849/397956.html,2017-06-14.

2. "顾客/员工关系反映"分析

"公司—员工—顾客"给人们的另一个重要启示是"顾客/员工关系反映",即对于服务组织来说,顾客关系反映了员工关系,即组织(尤其是管理人员)如何对待员工,员工就将怎样对待顾客。如果管理人员帮助员工解决问题,员工也就会为顾客解决问题。

1）关心员工遇到的问题并帮助解决

管理人员关心员工,包括公事也包括私事。

（1）不要使员工时时感受到与管理人员之间的距离,要使他们有畅所欲言的环境。

（2）定期举行基层员工会议,高层管理人员从这些普通员工中可得到建议。

（3）企业为员工提供一些福利性的帮助,例如,通过制订、实施援助员工的计划和为员工提供信用担保等方式帮助员工解决生活中遇到的一些困难。

（4）企业制订支持员工的计划,包括提供服务、职位阶梯和分享企业利润。

2）使员工了解组织内部发生的事

什么样的事务能够让所有员工了解呢?

（1）关于销售、利润、新商品、服务和竞争的综合情况。

（2）其他部门的活动。

（3）关于企业在实现目标上的最新发展及完成目标的情况。

3）树立组织的整体观念,增强员工责任感

培养员工共同的责任感应始于新员工加入时,新员工需要学会的是对顾客和对其他员工的责任感。要使这项工作持续进行,还需要关注顾客对负责任的员工的反馈信息,经常回顾工作中员工表现出责任感的行为,对那些很好地为顾客服务的员工当众表扬。

4）尊重员工

当员工感觉不到被上司或同事尊重时,他在对顾客提供服务过程中往往易于急躁,管理人员在与员工的交往中应注意自己的言行,处处体现出对员工的尊重。

（1）及时表扬出色完成工作的员工。

（2）记住下属的名字。

（3）尽量避免当众指责员工。

（4）为员工提供干净、适用的设备。

（5）注意礼貌用语。

（6）认真倾听并尽力去理解员工的看法。

5）给予员工决定的权力并支持员工做决定

管理人员对员工给予充分的支持会令员工做得更好,下放一部分权力会使员工更加主动、积极地为顾客服务。要从以下几方面来理解“支持”。

（1）为员工提供配备的人员、资源及相关知识等以使员工更有效地工作。

（2）合理的加薪计划。

（3）为下属所犯错误承担相应责任。

（4）在其他人面前为自己的下属作辩护。

（5）把注意力集中在解决问题上,而不是一味地责备。

3. 管理人员对员工的管理方式

管理人员所要面对的员工各不相同,并非每个员工都能很好地完成自己的工作。管理人员应学会帮助员工改进做法,做好工作。而对员工来说,为了更好地服务顾客,他们需要知道自己做得怎样,他们需要来自管理人员的反馈信息。因此,管理人员应及时评价员工的工作并帮助他们改正错误。

管理人员应该对员工与顾客的接触给予更多的关心,并获得有关员工的第一手资料,第一手资料能使管理人员更加真切、全面地了解员工及他们遇到的问题。但在实际中往往可以看到,许多管理人员仅仅满足于有关实际工作的二手资料,而这些二手资料往往带有有关人员的主观看法,管理人员难以从中发现员工所遇到的实际问题。

(1) 对员工在工作中取得的成绩,管理人员应及时给予表扬,但不能滥用表扬,应把对员工的表扬用在较为关键的方面,主要包括以下几种情况:①当员工的行为超过企业所要求的行为标准时;②当员工的行为一直都符合标准时;③当员工取得进步时(无论进步的大小);④当员工面对挑剔的顾客保持冷静时;⑤当员工采取灵活措施帮助顾客时。

【小问答】 赞美的力量。

营销界估计没有多少人不知道卡耐基,可是卡耐基小时候是一个公认的坏男孩儿。在他9岁的时候,父亲把继母娶进家门。父亲向继母介绍卡耐基说:"亲爱的,希望你注意这个全郡最坏的男孩儿,他已经让我无可奈何。"出乎卡耐基意料的是,继母微笑着走到他面前,托起他的头认真地看着他。接着她对丈夫说:"你错了,他不是全郡最坏的男孩儿,而是全郡最聪明、最有创造力的男孩儿。"就是凭着这一句话,他和继母开始建立友谊。也就是这一句话,成为激励他一生的动力,使他成为美国的富豪和著名作家,成为20世纪最有影响力的人物之一。

问题:赞美是激励员工最快捷、最实用、最经济的办法。通过赞美可以达到什么效果呢?

答:一是可以培养员工,提高员工的自信心和工作激情;二是可以保证工作质量,促进工作顺利完成;三是可以体现一个店长应有的个人修养;四是可以树立店长的个人威信;五是可以创造良好的企业文化。

(2) 管理人员应该做到:①考虑员工的感受;②冷静地分析每一种可能的情况;③表现出相信员工有作必要改变的能力;④仔细向员工解释所犯错误的本质及管理人员期望的改正效果;⑤在私下里批评员工;⑥向员工描述未来可能发生的错误及其后果,并坚持不断地做这样的描述;⑦公平地对待每一个员工;⑧当错误发生后,迅速给予关注;⑨告知员工惩罚措施的目的;⑩迅速对所有违反规则的行为做出处理。

(3) 管理人员应该避免:①讽刺犯错误的员工;②发脾气;③轻视犯错误的员工;④用带有侮辱性的语气说话;⑤在其他员工面前批评犯错误的员工;⑥对员工进行欺骗或威胁;⑦表现出个人偏好;⑧对员工所犯错误迟迟不进行处理;⑨采取过分严厉的惩罚措施;⑩改正错误的措施不具有连续性。

【小问答】 当员工在工作中出现差错时,管理人员应如何对待?

答:管理人员应以谨慎的态度对待员工的差错,员工这时的心态是很敏感的,如果管理人员处理不当,可能会适得其反。管理人员的谨慎,首先表现在他对待员工错误的态度上,管理人员应对员工错误持理解的态度,在帮助其改正的过程中,应避免触发员工的敌对情绪。

10.3.2 服务人员培训的内容和方式

在探讨企业内部培训之前,先要介绍企业的人员招聘,这是企业进行员工培训的基础,人员招聘工作质量的好坏对培训工作的效果有着直接影响。

1. 人员招聘

在选择一线员工时,不能像招聘普通员工那样只看重经验和技能,而更应考察态度、资质和个性等能为服务人员带来成功的因素。一般的招聘方法不适用于选择一线员工,因为在招聘过程中,招聘人员的决定常常只是基于他们的直觉和应聘者的书面材料产生的。调查资料显示,60%的简历中有不真实内容,大多数推荐信只提供正面意见,面试也不一定可靠,面试只能了解应聘者的外表及在面试中的表现。因此,选择服务组织的一线员工需要更科学的方法。

2. 员工培训

员工招聘只是企业人力资源管理的开始,如何使新员工成为符合企业要求的服务提供者,是企业内部培训要解决的问题。许多企业为培训员工开办了专门的学校,比如假日酒店大学、麦当劳的"汉堡包大学"等。学校的一切活动都围绕着培训企业需要的人而展开。

这些学校的主要任务首先是对员工进行技能培训(针对某些特定的事务),比如关于酒店的会计系统、现金管理技术等。这些培训内容主要是一些行为准则,一般是针对新加入公司的员工。进行这样的培训是为了让新员工能够在今后的工作中以符合标准的行为高效地完成本职工作,并与其他员工取得协调,更好地工作。

其次是对员工进行交往培训。由于员工在与顾客交往中可能遇到难以预料的问题,因此很难在培训中对这些问题加以模拟解决。所以,交往技巧的培训在某种程度上比技能培训更困难。许多航空公司对乘务员进行事件分析培训,以帮助乘务员在意想不到的情形下处理好顾客提出的苛刻要求。还有一些企业把角色扮演、创造性技巧和冲突的模拟作为培训方法。根据服务组织类型的不同,可以对技能培训或交往技巧培训有所侧重。

培训的第三个作用在于向员工灌输企业的价值观,并使员工对一些与企业发展有关的事给予更多的关注,这是有关企业文化的培训内容。

在设计员工培训计划中,首先应考虑的是企业内不同层次的业务需要,这里所说的业务需要,指的是企业各级部门的工作目的、工作内容及所应达到的要求等。在分析各级部门业务需要的基础上制订培训计划以满足需要。在制订培训计划时还应注意对不同部门的员工,不同职能和不同地区的部门及组织内不同级别之间相互影响、相互联系的领域,使制订出的培训计划能增进彼此间的联系,并在公司遇到的问题与业务流程方面建立起员工之间、部门之间、地区之间的理解。

3. 由上而下的培训

企业内部全面的培训一般在以下四个层面展开。

(1)最高管理层。对最高管理层的培训以宏观的管理为特色,主要在于如何制定、实施以顾客为导向的管理战略,还应学会如何加强管理并以身作则,以建立以服务为导向的企业文化。

(2)经理和主管。一般的管理人员需要在下放权力、团队建设,做手下员工的顾问等方面学习如何扮演好自己的角色。管理人员还应掌握必要的技巧使整个组织的计划相互协调以形成整体。

(3)一线与顾客接触的员工。一线员工在培训中应学会有关帮助顾客,为顾客做出安排,把顾客需要放在第一位的看法、策略和技巧。

(4) 其他员工。培训计划应使这些员工知道优质服务给公司、给自己的事业带来的好处,并使他们意识到自己在服务过程中的重要性,同时帮助他们理解"内部顾客"的含义,最重要的是使这些员工学会如何在工作中支持、帮助一线员工。

在这四个层面的培训中,经理和主管以及一线员工这两个层面较为重要。服务组织中经理和主管的培训与其工作特点密切相关,员工对顾客服务的过程不仅受管理人员如何对待员工的影响,而且受到管理人员如何对待顾客的影响。管理人员都应该理解自己的行为对下属具有怎样的影响力,同时也应了解在建立以服务为导向的企业文化中自己应扮演的角色和应有的行为。管理人员在平时的工作中要具有为员工做表率的意识,以顾客为中心,在作决定时考虑多种因素,还应学会如何培训员工关心顾客。

见微知著

深入实施人才强国战略

培养造就大批德才兼备的高素质人才,是国家和民族长远发展大计。党的二十大报告提出"深入实施人才强国战略"。坚持科技是第一生产力、人才是第一资源、创新是第一动力,深入实施科教兴国战略、人才强国战略、创新驱动发展战略,方能开辟发展新领域新赛道,不断塑造发展新动能新优势。推进中国式现代化建设,必须培养造就现代化建设需要的高素质人才,发挥人才引领驱动现代化建设的作用,使人才自身在国家现代化建设中得到全面自由发展,着力探索强化人才支撑作用的实现路径。

1. 从世界人力资源大国迈入世界人才强国行列

教育、科技、人才是全面建设社会主义现代化国家的基础性、战略性支撑。党的十八大以来,我们党着力推动人才强国建设的理论创新和实践探索。习近平总书记强调,要"营造人人皆可成才、人人尽展其才的良好环境,努力培养数以亿计的高素质劳动者和技术技能人才"。

我国从一个技能人才短缺国家一跃成为高技能人才大国,大国工匠辈出。全国技能人才总量到 2024 年末已超过 2 亿,其中高技能人才超过 6000 万,比 2012 年翻了一倍。技能人才占就业人员总量的比例超过 26%,高技能人才占技能人才的比例达到 30%。弘扬劳模精神和工匠精神,建设知识型、技能型、创新型劳动者大军,中国制造的品质革命再创辉煌。

2. 人才强国建设进入高质量发展的攻坚期

习近平总书记在党的二十大报告中提出到 2035 年建成人才强国的奋斗目标,全面部署"完善人才战略布局,坚持各方面人才一起抓,建设规模宏大、结构合理、素质优良的人才队伍"。人才强国建设已经进入高质量发展的攻坚期,人才发展体制机制的深层次矛盾更加凸显,国际人才竞争的环境更加激荡。这就要求人才强国建设必须树立发展新理念新思路,开辟发展新领域新赛道,塑造发展新动能新优势。

3. 着力探索人才强国的基本实现路径

实现人才强国应紧扣支撑现代化建设、推动高质量发展、引领科技创新,应围绕现代化建设的需要和人才发展规律,将人才素质能力、人才发展环境、人才治理体系三个层面作为基本实现路径。

10.4 服务营销文化

10.4.1 服务营销文化的含义与功能

1. 服务营销文化的含义

服务营销文化的含义是：企业追求优质服务,每个人都把向内部的、外部的顾客提供优质服务视为生活的自然方式和最重要的规范。当服务意识、顾客意识和全员营销意识成为服务企业最关注的工作时,服务营销文化就在企业中普遍存在。

服务业的性质决定了服务营销文化的重要性。服务营销文化能够整合服务业员工的思想和行为,培养员工的组织认同感,具有强大的驱动力、凝聚力和感召力。良好的服务营销文化会促使服务业经营业绩的长期增长,正确应对市场环境的变化和企业的变革。

2. 服务营销文化的功能

一般来说,服务营销文化具有以下四项主要功能。

(1) 导向功能。服务营销文化能够使员工具有服务导向的特点,即把企业员工引导到确定的目标上。在服务业内部,服务导向可以增强内部的协作氛围,改善内部服务的质量。从外部看,具备服务导向的员工,将对顾客有兴趣,为顾客做得更多,并努力寻找满足顾客期望的恰当办法,使顾客和相关群体感知优质的服务,同时强化员工与顾客的关系。

(2) 约束功能。服务营销文化对每个员工的思想和行为具有约束和规范作用。服务营销文化注重的是管理中的企业精神、价值观等软因素,这些因素对员工产生心理约束,而心理约束使员工对自己的行为实施自我控制。

(3) 激励功能。优良的服务营销文化能够为员工提供一个良好的组织环境,使员工具有执着的事业追求和高尚的道德情操,以极大的热情投入工作。服务营销文化能够综合发挥目标激励、领导行为激励、竞争激励、奖惩激励等多种激励手段的作用,从而激发出企业内部各部门和所有员工的积极性,而这种积极性也成为企业发展的无穷力量。

(4) 凝聚功能。服务营销文化可以产生巨大的向心力和凝聚力,即用共同的价值观和共同的信念使整个企业上下团结。服务营销文化是全体员工共同创造的群体意识,在这种意识支配下员工积极参与企业事务,逐渐形成对服务企业的归属感。

10.4.2 服务营销文化建设中应解决的主要问题

1. 树立服务导向的价值观

服务营销文化建设首要问题是服务价值观、经营思想、服务理念、精神风貌、服务形象和素质等方面的全局性问题,这些问题都应站在战略的角度来考虑,以使服务营销文化与服务业发展战略保持一致,促进服务目标的实现。其中服务业价值观应该在组织中占主导地位,用于对服务业的日常经营活动的指导和对员工业绩的衡量。

服务业发展战略是关于服务业未来一段时期的发展谋略,对此,服务营销文化建设应尽早谋划,适时介入,为服务业发展营造有利的内外部环境。随着服务业参与国际竞争、商务交往的日趋频繁,这就要求服务营销文化具有兼容性和开放性。

2. 实施人本管理

在服务营销组合中,人员是关键要素。服务业员工不仅仅是一种生产要素、一种"经济人",更是"社会人"和"文化人",是服务业的主体。根据"公司—员工—顾客"的链条关系,在服务传递过程中,员工是联系服务业和顾客的纽带。顾客服务主要是依靠员工与顾客面对面的交流实现的,服务质量的好坏直接取决于员工在服务过程中的表现。因此,服务业比其他行业更加注重人员的选择、培训与管理。

服务业实行人本管理,其核心就是以人为中心,理解人,尊重人,激发人的热情,满足人的合理需求,进一步调动人的积极性和首创精神,使员工积极参与企业事务,逐渐形成对服务企业的归属感,为企业发展贡献自身力量。服务营销文化建设的目的,就是要通过企业文化的培育和推进,帮助服务业员工寻求工作意义,使员工形成团结和谐的团队,让服务营销理念内化为员工共同的价值观和行为规范,使组织和个人得到最优的组合与匹配。

3. 倡导创新精神

服务业能否快速应对市场环境变化,事关服务业生存发展大计。顾客导向的服务理念是服务创新的方向和指导思想,服务创新的每一步都应当符合服务理念。事实上,要让一项新服务让顾客接受,首先要让服务业员工接受。提高员工对新服务接受率的途径可以是:鼓励员工参与新服务的构想和设计;加强服务机构的内部营销。可以说创新是服务业的生命,创新是服务文化内核,同样也是服务营销文化的精神。

因此,把创新这个内核植入服务业价值观,全方位融入服务营销文化诸要素和建设服务营销文化的全过程,培育全体员工的创新精神,使创新成为服务业的基本品质,是服务营销文化建设必须始终关注的焦点问题,也是所有成功服务企业的共同经验。

4. 形成核心能力

所谓核心能力,是指服务业内部一系列互补的技能和知识的结合,它具有使一项或多项业务达到竞争领域一流水平的能力。核心能力是企业的特殊能力,具有价值优越性、异质性、难模仿性、不可交易性、难替代性等特征。具有活的动态性质的核心能力是企业追求的长期战略目标,是企业持续竞争优势的源泉。依据核心能力,确立企业的使命和目标,是服务营销文化建设应明确的方向。有特色的服务营销文化会产生具有异质性的营销、商品和服务,使服务业各种知识、技术和技能有机整合,实现顾客所看重的价值,并把这种竞争优势体现在一系列的商品和服务中,最终形成服务企业的竞争优势,形成服务企业的核心能力。

10.4.3　服务营销文化建设步骤

1. 分析与规划

卓越的服务营销文化是在长期的营造过程中,不断地丰富、积累起来的,它是企业全体员工的汗水和心血的结晶,一旦形成,它就成为企业的一种号召力和鼓舞力,是一笔非常宝贵的精神财富。

(1)分析内外因素。服务企业首先要了解本企业的历史,在此基础上分析企业现在的内外部环境。

① 内部环境是企业文化生长的土壤,对服务营销文化的塑造具有直接、巨大的作用。

内部环境的分析,包括对企业性质、员工素质、企业管理制度、企业经营特色等多方面。

② 外部环境是企业不可控制的因素,但对企业的经营与员工行为影响极大。外部环境分析主要包括市场状况、新的服务技术等方面。企业可根据外部环境的变化及时调节内部环境、规避风险、抓住机遇,以适应日益激烈的市场竞争。

(2)规划未来。在分析企业过去、现在的基础上,服务企业对其服务营销文化进行总体规划。规划的内容主要包括总体思想、实施重点、实施方法以及实施计划等。其中总体思想是核心,其他活动围绕总体思想展开。

2. 组织与实施

(1)调整现有的规章制度。优秀的服务营销文化要形成文字,制定科学的制度来落实这些优秀的理念。尤其对于人力资源制度,包括招聘、培训、考核、薪酬、任免、奖惩等,都应该深刻体现出公司的文化。当企业的规章制度与文化发生冲突时,应调整规章制度。

(2)全面提高员工的素质,强化员工的主人翁意识。服务营销文化并不是只让企业的中高层管理者认同,而是让所有员工,甚至是临时的员工都认同。员工素质影响企业服务营销文化的发挥水平,是其实施的基础,因此增强员工对企业的忠诚度,最为关键。

(3)以身作则,树立榜样员工。一些企业高层管理者总感觉企业文化是为了激励和约束员工,其实更应该激励和约束的,恰恰是那些企业文化的塑造者,他们的一言一行都对服务营销文化的形成和推行起着至关重要的作用。

在服务营销文化实施过程中,找出企业内部现在或者过去先进人物、事迹进行宣传和表扬。按照服务营销文化的要求进行先进人物的评选,并在公司内部和相关媒体进行广泛的宣传,让全体员工都知道他们为什么是先进的,他们做的哪些事是符合公司的服务战略和营销文化的,这样的榜样为其他员工树立了一面旗帜,同时也使服务营销文化的推广变得具体而生动。

(4)设计各种活动,加强宣传与沟通。服务营销文化要得到员工的认同,必须在企业的各个沟通渠道进行宣传和阐释,企业内刊、板报、宣传栏、各种活动、研讨会、局域网,都应该成为服务营销文化宣传的工具,要让员工深刻理解服务营销文化是什么,怎么做才符合公司的文化。同时,企业高层应有意识地宣扬服务营销文化,让顾客和客户认知本公司的文化,只有产生了对服务营销文化的认同,才能成为公司的忠诚客户。

📊 项目小结

在服务营销组合中,人的要素是指在服务传递中扮演角色、影响购买者感知的所有人,包括服务人员和顾客等。

内部营销是一项管理战略,其核心是发展对员工的顾客意识。内部营销计划可划分为策略性与战术性内部营销。内部营销具有态度管理和沟通管理两种类型的管理过程。内部营销活动可以从树立内部营销意识、细分内部市场、创建和培育"服务文化"、充分开发和利用企业的人力资源、加强内部沟通等方面展开。

服务是通过服务人员与顾客的交往来实现的,服务人员的行为对企业的服务质量起决定性作用,因此,在服务营销中企业对员工的管理,尤其是对一线服务人员的管理相当重要。企业内部全面的培训一般在最高管理层、经理和主管、一线与顾客接触的员工、公司里的其他员工四个层面展开,其中经理和主管以及一线员工这两个层面最为重要。

　　服务营销文化是指企业追求优质服务，每个人都把向内部的、外部的顾客提供优质服务视为生活的自然方式和最重要的规范。一般来说，服务营销文化具有导向功能、约束功能、激励功能、凝聚功能。在服务营销文化建设中应解决以下几个主要问题：树立服务导向的价值观、实施人本管理、倡导创新精神、形成核心能力。服务营销文化建设步骤包括分析与规划、组织与实施、以身作则与树立榜样员工、设计各种活动加强宣传与沟通。

巩固练习

　　1．简述内部营销的实施办法。
　　2．简述服务营销文化建设的步骤。

项目 10 即测即评

实训课业

一、技能训练

　　（1）作为一名普通员工，领导把你想做的工作交给别人，把你不擅长的工作交给你来做，你如何与领导协商此事？
　　（2）调查学校中的不同餐饮企业，分析这些企业服务营销文化的差别是什么？
　　（3）从你未来想从事的行业出发，谈一谈未来你作为一名新员工，需要进行哪些入职培训？

二、实训项目

服务人员策略的应用

　　1．实训内容
　　请同学们讨论"在服务企业中是员工为先，还是顾客为先"，分成两组，每组可选出四名辩手，就此问题开展一场辩论赛。

　　2．实训目的
　　掌握塑造服务企业营销文化的措施和服务人员的管理方式。

　　3．实训要求
　　（1）辩论赛环节主要包括：主席开场；正方一辩首先发言；反方一辩发言；正方二辩发言；反方二辩发言；正方三辩发言；反方三辩发言；自由辩论反方四辩总结陈词；正方四辩总结陈词等。
　　（2）以寝室为单位选出辩论赛辩手，组织学生座谈和讨论。

服务过程策略

1. 了解服务过程的含义、分类和基本矛盾。
2. 理解服务业运作效率偏低的原因和提高措施。
3. 理解服务质量的含义、特点和基本属性。
4. 掌握服务质量评估的方法。
5. 掌握提高服务质量的制度、方法和策略。
6. 掌握服务补救的实施对策。

能力目标

1. 能够对企业的服务质量进行正确分析和评价。
2. 能够针对企业服务质量管理工作中的实际问题提出系统的解决方案。

素养目标

培养爱岗敬业的职业素养、吃苦耐劳的劳模精神、精益求精的工匠精神。

○ 案例导入

温州医科大学附属第一医院的流程再造

温州医科大学附属第一医院(简称温医一院)是温州地区的省属大型公立医院,为浙江省首批通过三甲医院评审的四家综合性医院之一。自2010年开始,该院以"就诊流程再造"为切入点,成功解决了"看病难"中最大的难点——排队问题。

在原流程下,患者需要经过多次排队,花费大量时间;医院也需要安排相应的工作人员,增加了人力成本。患者在院期间还要消耗水电、占用医院空间,就医效率低下,医患矛盾突出。为切实优化医疗服务流程,破解患者"看病难"问题,全面提升服务质量,医院有必要再造服务流程。

1. 流程再造的实践

(1) 发短信提前通知。温医一院给患者发出的就诊短信:"【温医一院】您已预约7月8日10时59分,新院区1号楼1层,眼科B区8号诊室第40位就诊号。请提前10分钟到自助机签到、预缴,迟到者原预约号无效,由护士重新安排。请呼叫后再进入诊室。因故不能来,请提前通过支付宝医疗服务或拨打12580、114取消。谢谢配合,祝您健康!"

预约者接到短信后,只需在指定时间内先办理签到、预缴手续,然后直接到指定的诊疗科室就诊即可。

（2）开发新系统解决挂号和结账排队。温医一院开发了"多渠道的挂号与诊疗预约系统"。该系统开放了医院所有号源，患者可通过电话拨打电信114和移动12580，或通过趣医网、微信、支付宝等预约，或在医院 App 上和医院大厅自助机上实现多渠道预约，预约准确率以分为计量单位。当门诊和辅助检查预约成功后，院方便会用短信或小票等方式，提醒病人在指定时间、指定地点就诊和接受辅助检查。

（3）扩展到住院手续及结算过程。自2014年起，温医一院就在国内率先推行了住院患者在护士站直接办理出院结算手续。一方面，实行预住院制，在医保部门许可范围内，住院择期手术的患者可在门诊阶段完成相关的术前检查，住院时将门诊的检查结果转入病房，患者可以在护士站直接刷卡缴费，办理住院手续。另一方面，患者出院时，用现金、支付宝或银联卡等形式预存的多余款项，会原路退回。

2. 流程再造的效果

流程再造以来，医院门诊就医环境得到改善，诊疗结算等待时间大幅缩短。预住院模式的实施节约了患者的医疗费用，提高了病床的使用效率，有效缓解了床位紧张的局面。在护士站办理出入院，不需要收费员的参与，患者或家属不再奔波于病区与收费处，有效缩短了出入院办理时间。流程再造带给了患者全新的就医体验，患者满意度大幅提高。

资料来源：李克芳，聂元昆.服务营销学[M].北京：机械工业出版社，2022.

【分析提示】 业务流程再造是指对现有服务流程的更新。经过业务流程再造，温医一院依托先进的信息化工具，彻底"颠覆"传统诊疗流程，以人为本，开创出独具特色的多渠道预约、实名制就医、自助机服务和多渠道预存结算模式，一举达到方便患者就医、方便医护工作、方便管理决策三个重要目标。在人工智能广泛应用后，虽然上述流程再造已不先进，但适时运用先进技术解决当前矛盾的态度仍值得提倡。

11.1　服务过程及其基本矛盾

11.1.1　服务过程的含义

1. 服务过程的概念

服务过程是指与服务供给、交易和消费有关的程序、任务、日程、结构、活动和日常工作。

2. 服务过程的特征

服务是一个复杂的供给、消费的过程。对绝大多数服务来说，其供给过程与消费过程同时进行，两者始终处于互动状态，互动性成为服务过程最显著的特征。这种互动包括顾客之间的互动、顾客与员工之间的互动、员工之间的互动等。

1）顾客之间的互动

顾客之间的互动是指顾客在服务消费过程中，因为共享人员服务、服务环境或服务设施等，顾客之间通过语言交流、身体接触或其他方式而产生的相互联系和相互影响。当一个顾客接受服务时，在场的其他顾客及其行为会影响该顾客享受服务的质量，其对顾客感知服务质量的影响甚至比服务人员更加深远。研究表明,在服务过程中,顾客之间的相互影响相当普遍,既有积极的正面影响,也有消极的负面影响。其他顾客的影响既能丰富也能减弱顾客的服务体验,从而提升或降低其对服务机构的满意度。

2)顾客与员工之间的互动

由于服务供给与服务消费同时进行,服务提供者与顾客密不可分。在保健、医疗、美容和法律咨询等服务过程中,顾客必须与服务提供者相互作用,才能创造服务价值。例如,患者必须陈述病情,与医生互动,才可能得到良好的医疗服务。顾客与员工之间的互动可分为三类:友好的互动、不友好的互动和过于友好的互动。

(1)友好的互动。在服务过程中,顾客既是服务的接收者,也是服务过程的协作人,友好地对待服务人员,能为这些涉及该服务过程的服务人员留下美好的服务经历,从而使服务人员更加积极地为顾客提供优质的服务。

(2)不友好的互动。顾客对服务人员的工作做出了不恰当的评论,或者服务人员消极对待等,都可能引发不友好的互动。顾客与服务人员之间的误解常常是引起不友好互动的原因。

(3)过于友好的互动。任何事情都有一个度,顾客与服务人员之间发生的过于友好的互动,也会影响服务提供的质量。例如,医生与患者聊得太多,顾客想与服务人员交朋友等,都会使服务人员分心,进而影响其为其他顾客服务的效率。

3)员工之间的互动

员工之间的互动体现在服务过程各环节、各部门的衔接与配合之中。在顾客接受服务的过程中,员工在任何一个环节对顾客的怠慢,都将使其他员工的友好努力毁于一旦。如果服务机构不重视加强员工之间的互动、协同,让顾客满意就只是一句空话。

服务机构可从以下几方面加强,使之成为一种习惯、一种文化。

(1)服务机构要让全体员工了解其服务蓝图(流程图),把握顾客接受服务的过程,尤其要让员工掌握各关键服务接触点的应对技巧,以便协同配合。

(2)强化服务过程中各环节的服务行为规范,使每位员工掌握必备的服务技能和技巧,让顾客能始终如一地感受到服务机构给予的各项承诺。

(3)强调服务过程各环节的互相补救、紧密配合和及时沟通。顾客在前面获得的满意,应在后面得以延续和提升;顾客从前面体验到的不满意,应在后面得到补救,以减轻乃至消除其不满意感。重点培养员工的职业素养和团队合作精神。

(4)大力提倡服务"责任制",这既是服务机构基本的服务管理理念,又是服务中方便顾客的重要措施。当顾客提出问题需要帮助时,第一责任服务人员要能够及时、主动地给顾客一个满意的解决方案,避免互相推诿。

3. 服务过程与服务特点的关系

(1)由于服务的不可分性,服务交易与服务生产、服务消费是融为一体的,服务不可能脱离这个整体。相反,只有经过这个整体过程服务才能完成。

(2)服务的易变性。服务过程虽有标准,但顾客千姿百态,故服务营销只有预先设计,特别是把握好"过程"才能把握好服务的易变性。

(3)大多服务的不可储存性也要求服务营销重视对"过程"的策划。服务营销只有对"过程"精心策划,才能有效地利用服务时间和调节服务的供求,从而把握其不可储存性。

(4) 服务过程还关系到服务消费者的参与感和责任感,设计和实施良好的"过程"有助于增强顾客对服务的参与感和责任感,从而满足服务消费者特殊的行为要求。

4. 服务过程的分类

1) 按过程形态分类

(1) 线性作业,是指各项作业或活动按一定顺序进行。线性作业过程最适合用于较标准化性质的服务业,并且有大量的持续性需求。

(2) 订单服务。订单服务过程是利用活动的不同组合及顺序提供的服务。这类服务可以特别设计定制,以符合不同顾客的需要,并提供预订服务。餐馆及专业服务业的服务过程即属于订单服务过程。

(3) 间歇性作业,是指各服务项目独立计算,做一件算一件,或属于非经常性重复的服务。比如,一个大型计算机系统装置的安装,一部大型影片的制作等,都属于间歇性作业。这类项目的工作浩繁,规模及间断性与前两种方式都大不相同,对管理层而言,作业管理是复杂而艰巨的。这类项目最有助于项目管理技术的转移及关键途径分析方法的应用。

2) 按接触程度分类

按接触程度可将服务过程分为高接触度服务和低接触度服务两类。其作业差异较大,从而对管理者的要求也不同。

(1) 高接触度服务业比较难以控制,因为顾客往往成为服务过程中的一种投入,甚至会扰乱过程。

(2) 在高接触度服务业中,顾客也会妨碍到需求时效,同时其服务系统在应付需求上,较难均衡其供给能力。

(3) 高接触度服务业的工作人员,对顾客的服务印象有极大影响。

(4) 高接触度服务业中的服务日程较难编制。

(5) 高接触度服务业较难标准化,比如难以用技术取代人力。

(6) 将服务系统中的高接触度构成要素和低接触度构成要素予以分开管理较为有利,同时可因此激励员工在各种不同功能中的技能专门化。

3) 按复杂程度和差异程度分类

(1) 复杂程度和差异程度都比较高的服务过程。如外科医生的手术过程,既比较复杂,又随患者的不同或医生的不同而出现比较大的差异。

(2) 复杂程度高而差异程度低的服务过程。如酒店的服务过程比较复杂,但比较标准化,一般不会因为顾客的不同产生很大的差异或出现很大的改变,而且酒店普遍重视对人员统一的培训,这也降低了服务过程的差异程度。

(3) 复杂程度低而差异程度高的服务过程。如理发、美容、照相等服务过程,不同顾客要求不同的发型,甚至要求同一发型但要有细微的差别,美容、照相等也是如此。而且理发师、美容师、摄影师的手艺差异也比较大。

(4) 复杂程度和差异程度都比较低的服务过程。如超市的服务过程。

11.1.2 服务过程的基本矛盾

1. 服务过程基本矛盾的内容

服务过程中普遍存在的一个基本问题是,企业缺乏服务的库存能力。

微课:服务过程
的基本矛盾

不像制造企业,服务企业不能在需求淡季建立库存以备需求增加时使用。特定轮船上没有销售出去的舱位在起航后不可能继续出售,这些舱位在这一班次提供服务的能力已经消失了。缺乏库存能力与市场需求波动共同导致服务过程中的基本矛盾即供求矛盾的产生,这一矛盾几乎困扰了所有的服务企业。

在任何一个既定的时段,一个服务能力固定的服务组织都可能面对下列四种状况之一(见图 11-1)。

需求量

需求大于供给(业务损失)

服务能力使用
现有最大服务能力

需求超过最佳服务
能力(服务质量下降)

最佳服务能力利用
率(供给与需求之间
达到很好的平衡)

理想的使用

过量服务能力
(资源浪费)

低利用率
(可能发出不良信号)

时间周期一　　　　　　　时间周期二

图 11-1　需求与服务能力之间的变化关系

(1) 需求过剩。需求水平超过最大服务能力,因此必须拒绝一些顾客,损失一些交易。对于接受服务的顾客来说,由于顾客过多或员工和设施超负荷运行,质量可能无法达到承诺的水平。

(2) 需求超过最佳服务能力。不会拒绝任何顾客,但是由于顾客太多或已经超出员工提供稳定质量的能力,服务质量会受到损害。

(3) 需求与供给在最佳服务能力水平上达到平衡。员工和设施都处于理想水平,没有人超负荷工作,服务设备得到良好的维护,顾客可以获得高质量的服务而没有意料之外的等待。

(4) 供给过剩。需求低于最佳服务能力。劳动力、设备和设施等服务资源未充分利用,导致利用率低下,利润减少。顾客可以获得质量相当高的服务,因为他们可以充分利用设施,不必等待,可以吸引员工的全部注意力。

图 11-1 中的水平线代表服务能力,曲线代表顾客对服务的需求。在许多服务行业中,能力是固定的,所以在一定时间里可以用水平线表示。然而,服务的需求经常变化,如曲线所示。图中最高的水平线代表最大能力。例如,针对某个酒店,这一水平线就代表它全部客房向顾客提供住宿的能力,或代表一个体育场中的大约 5 万个座位。客房和座位任何时刻都保持不变,但它们的需求是变化的。第 2 条与第 3 条水平线之间的区域代表最佳能力——从顾客和企业角度来看都是最佳能力使用。图中四种基本情形代表能力与需求的不同组合。

2．服务供求不平衡的原因

1) 服务需求具有波动性

在实际工作中,客户的需求量是不断变化的、波动的,这使服务机构在消费旺季或高峰期车水马龙,在消费淡季则门可罗雀。其原因有以下四个方面。

（1）有规律的需求波动。例如,由于文化、习惯以及作息时间的影响,人们在很多情况下产生了步调一致的需求,于是产生了用餐高峰、交通高峰、旅游高峰,用餐低谷、交通低谷、旅游低谷。

虽然人们的需求可能在一天的不同时间、一周的不同日子、一月的不同周或日子、一年的不同季节或日子都会发生差异,但这些需求大多还都有规律——它们往往出现在上班(开学)前、下班(放学)后、节假日的前后与节假日期间等。

对夏令营、冬令营的需求往往发生在长假期。对医院呼吸科的服务需求也与季节性的天气变化相关。风景区、住宿、游乐场、零售服务机构的需求与节假日密切相关,也与一年中的气候变化有关。例如,在"五一"黄金周,中国各地的著名景点,出游人数剧增。

总之,市场上有些需求是存在周期性、阶段性、季节性的,可能是每日循环(变化按时发生)、每周循环(变化按日发生)、每月循环(变化按周或日发生)、每季循环(变化按月或日发生)、每年循环(变化按季或月或日发生)。

（2）无规律的需求波动。有时需求变化是与突发事件相关的,如疾病暴发、台风、暴雨、停电、停水、交通事故、食物中毒、火灾、地震等,这些突发事件可能在瞬间改变相应的服务需求水平。服务机构无法控制这些突发事件的发生,但可以采取相应措施,尽最大努力满足需求。

（3）服务需求的弹性大。客户对服务的需求会因为服务价格的变动而波动——当价格低于客户愿意接受的范围时,服务需求可能会增加;而当价格超出客户承受的范围时,服务需求可能会减少。

（4）服务与商品之间有很强的相互替代性。一方面,人们在消费某些服务后就可能不再购买相关的商品了。例如,人们花钱修好了皮鞋,就可能在一段时间内不再购买皮鞋了。另一方面,人们在购买了某些商品以后可以减少或完全不用某些服务。例如,人们购买了小汽车后,就可能不再去乘坐公共汽车和出租车了。

2) 服务供应具有刚性

尽管从长期来看,服务机构对服务的供应能力是有弹性的,但在一个特定的背景下,服务供给能力的弹性是小的,这是因为服务的供应能力受时间、劳动力、设备、设施等要素的制约。一方面受这些要素的质与量的限制;另一方面也会受到这些要素利用率的影响。所以,服务机构不可能随时调整接待能力来适应客户的需求。

例如,对于交通服务、超市、酒店、电影院、餐馆来说,设备和设施可能是约束服务供给能力的关键因素。运输服务机构的服务能力要受交通工具及座位数的限制,超市结算服务能力要受收银机数量的限制,酒店服务能力要受房间数量和床位数量的限制,电影院里的座位也不能立即增加,餐馆里没有多余的空间可以增加座位和桌子。

另外,制约不同服务机构的服务供应能力的因素也可能不同,有的是"硬件"关键的制约因素,有的则是"软件"是制约因素。例如,对于大学、医院、咨询公司、会计师事务所、律师事务所来说,时间和人员可能是制约服务供给能力的关键因素。即使时间的制约可以通过雇用更多的人员来弥补,但招聘到高质量的教授、医师、咨询师、会计师、律师并不是件容易的事。这里"人员"就是造成服务供应刚性的关键因素。

3)服务的易逝性

服务的易逝性即不可储存性,大多数服务不像有形商品那样生产后可以储存在仓库中以待未来的消费,使相关服务业不能用库存调节供需矛盾。

3. 平衡服务供求的策略

1)供过于求时的平衡策略

(1)减少、转移、调整供应。

① 减少服务供应。当供大于求时,减少或停止供应那些不能适应客户需求的服务;在需求不足的时间、地点、环节,根据实际情况,缩短服务时间、收缩服务网点、减少服务人手和设备的投入。

② 转移服务地点。当出现局部地区服务供大于求时,服务机构应考虑开辟新的市场,进入新的区域。例如,餐饮外卖和家庭病床的设立会刺激期待"上门服务"的消费,一定程度上缓解了供求矛盾。

③ 调整供应结构。服务机构一方面减少或停止不能适应客户需求的服务项目,另一方面可根据市场需求增设新的服务项目。这样一方面可利用闲置人员和设备,降低服务成本;另一方面可以为客户带来新的利益,从而刺激消费、平衡供需矛盾。例如,高档餐厅午间特设学生套餐;电影院在周一至周五将场地出租作为讲座、表演的场所,而在周末的时候用来放电影。

(2)刺激需求。

① 通过营销组合刺激需求。服务机构可通过服务创新、价格优惠及降价、广告促销等方法刺激需求,将需求从高峰期转移到非高峰期,从而使人员和设备得到比较均衡的使用。

例如,电影院用低票价鼓励观众在非周末看电影。

另外,服务机构可以针对一部分重要的目标客户给予优惠,实行 VIP 策略。VIP 策略的优点是在淡季时争取和稳定市场,使淡季不淡,另外,可以吸引初次使用者的再使用。其缺点是旺季时也不得不给予优惠。

② 接受超额预约。预约系统的缺点是客户预约了服务,却没有履约。如果没有其他客户补上空缺,对服务机构来说是一种损失。因此,有的服务组织采取超额预约的做法,即预约出的数量大于实际可以提供服务的数量,以保证在一部分客户未履约的情况下,仍有较高的"上座率"。

超额预约决策的关键是确定超额预约的数量范围,即预约的数量以超过服务能力的多少为宜。有时超额预约数量少,而履约率很低,仍然可能造成服务设施的空闲,丧失获利的机会;有时预约数量多,而履约率很高,仍然可能供不应求,这样不仅使服务机构的信誉受到损害,而且因向客户支付补偿金而承受经济损失。所以,如果不能很好地预测不能履约的人数,超额预约是一种危险的策略,要谨慎使用。

(3)余力管理。在供过于求的情况下,服务机构可以顺势而为,利用这段时间让员工休整,开展服务技能的培训,增强服务理念,提高员工素质,为消费高峰期的到来做好充分准备。此外,服务机构还可对设备和设施安排维修、保养和更换等,甚至出租设备、设施,从而提高资源利用率,降低服务成本。

2) 供不应求时的平衡策略

（1）增加供应。

① 增加服务时间与频率。例如，超市在春节期间将服务时间延长；书店每逢周末会将营业时间延长；春运期间，铁路部门会增加相应的车次，航空公司也会增加飞机的飞行频次。

② 增加服务地点。例如，超市通过增加分店、增加收银台，流动餐车供应早点，来解决供不应求的局面。

③ 增加人手、交叉培训"多面手"。例如，酒店、餐馆、超市在供不应求时招聘季节工、半日制工和小时工等兼职服务人员；麦当劳的员工经过"多面手"的培训，使前台不同岗位的员工可以互相补充替换、互相增援。

④ 增加、租用或改造服务设备和设施。例如，医院增加病房、床位、诊疗设备；快递公司在高峰期向外租用卡车；铁路运输部门调整一列火车的卧铺车厢和硬座车厢的比例，在春运高峰期间，由于旅客多，适当减少卧铺车厢的比例，增加硬座车厢的数量可以使一列火车能够运送更多的旅客。

⑤ 采用现代化的工具、设备、系统和流程提高服务效率。例如，银行设置自动柜员机、存折自动打印机、自动点钞机以提高服务效率；为配合物流和信息流的大范围循环，不断改进管理信息系统和物流体系，建立起世界范围内的卫星传送设备和物流配送系统。现在借助卫星、网络的商业化，尤其是无人机的广泛使用，得以在相对较低的成本下维系巨大的物流、信息流。

⑥ 外部合作互助。例如，在许多城市，医院之间分享设备和设施，医院在诊疗设备或床位出现紧缺时可以与另一家医院合作。

⑦ 简化或适当降低服务标准。例如，在保证服务质量的前提下，医生缩短给患者看病的时间；餐厅对在一定时间范围内结束用餐的客户给予折扣，以便为后来者提供餐位，避免等候时间过长。

（2）转移、分散、消化需求。

① 调高价格或减少优惠，将部分需求从高峰期转移到低谷期。例如，在黄金周的旅游高峰期，旅行社、宾馆、酒店及交通运输服务机构适当提高价格，既可获取高利润，又可引导客户选择非黄金周出游。

② 向客户告示高峰期，将需求从高峰期转移到低谷期。例如，旅游景区、酒店和城市交通管理单位提前发布高峰信息，有利于"削峰填谷"，而不会"雪上加霜"。

③ 采取预约制度有效分散需求。预约之后，额外的服务需求就会分配到同一组织内的服务时间或服务设施上，这种方法相当于存储需求、分散需求。在服务对客户具有高价值、稀缺性的情况下，这种策略用得最多。例如，举办婚宴要事先向酒楼预约，繁忙的律师事务所也要预约。

④ 通过客户自助消化部分需求。例如，银行通过安装自动存取款终端为客户提供方便；自选商场与超市里让客户自己选配商品；自助餐厅里顾客自己选菜、端菜、清理残留物，减少了服务人员。

（3）排队管理。排队管理就是服务机构通过采取一系列措施，缩短客户实际等待时间，或缩短客户心理等待时间，从而使客户愿意加入等待的队伍中，愿意忍受等候。排队管理本质上是一种为服务机构存储需求的行为,服务机构通过对排队等待的设计,可以更好地将客户需求存储起来,为服务供应到位赢得更多的时间,从而减少业务机会的丧失。

一般来说,排队方式有单列排队、多列排队、叫号排队和分类排队。

管理人员可根据各类客户所需的服务时间,为各类客户分别设置服务台,安排一部分员工从事费时的服务工作,另一部分员工从事简便的服务工作,各类客户按指示牌分别排队。这样,需较长服务时间的客户会比较耐心地等待,只需短暂服务时间的客户也可获得快速的服务。

① 接受服务的紧急程度。例如,医院对急诊患者提供专门的快捷通道,不用排队;慢性疑难病症患者就医需全面检查和专家会诊,耗费时间比较长,对此类患者需进行预约服务。

② 服务交易时间的长短。服务时间短的采用快速通道,服务时间长的采用一般通道。

③ 客户的重要性。排队时总有一些客户选择离开,重要客户的离开比其他客户的离开会给服务组织带来更大的损失,因此,服务机构应该优先满足重要客户的需求。例如,银行对优质客户优先排队单独开设大宗业务窗口;机场为头等舱和经济舱的乘客提供不同的通道,头等舱的客户可以比经济舱的客户早一点登机。

④ 购买价格的高低。有些客户为了节省时间和得到优先服务,常常愿意支付较高的价格。这样,服务机构就可以提供不同的队列,使支付较高价格的客户比支付较低价格的客户优先接受服务。

在人工智能广泛应用的今天,应缩短客户心理等待时间。

用充实的等待代替无聊的等待,用轻松、愉快的等待代替焦虑、痛苦的等待,用了解原因的等待代替不了解原因的等待,等等,让各种等待变成享受的过程。

11.2　服务业的效率

微课:服务业的
效率

11.2.1　服务业效率的含义和影响因素

1. 服务业效率的含义

效率本意为单位时间内完成的工作量,亦指机械、电器等工作时,有用功在总功中所占的百分比。服务业的效率则是单位劳动力、设施、设备等投入所完成的服务工作量。

2. 影响服务业效率衡量的因素

服务业效率衡量仍是传统计算方式的沿用。所谓传统方式,基本上是为制造业而不是为服务业设计的。因此,有必要设计一些新的衡量方式,并应考虑会影响效率评估的某些重要的服务业特性及营销方式,如服务是被表现而不是被产出的,服务设备必须存在于被使用之前,服务通常不能储存。

还应考虑以下因素。

(1) 许多服务业属于会受外来因素影响的开放系统而非封闭系统。

(2) 在传统效率衡量方式中,质量被视为一种常数,但服务部门在质量方面变化极大。

(3) 许多服务业,其效率往往有一部分依赖于消费者的知识、经验和动机。

(4) 消费者在服务提供过程中通常扮演一定角色,此项投入的质量也会影响到服务的效率。

消费者在服务业效率方面会扮演一定的角色,这主要基于以下原因。

(1) 物品是被产出的,而服务是被表现的,顾客需要参与或在场。

(2) 营销在交易过程中的位置不同。

物品是从被产出、销售然后到被消费,而服务则是先被销售,然后被表现与被消费同时进行。物品营销的买主和卖主之间,通常只有一个层次的互动关系,而服务业的买主和卖主之间的互动关系则包括两个层次,即营销和服务。至于复杂的物品,营销以后,服务也日益重要,如大型设备在运行全周期提供孪生服务。

服务业效率衡量有数量层次和质量层次两个方面。事实上,对许多服务业而言,服务商品(如餐厅、企业顾问等)的质量层次是其效率的基本。

服务业衡量效率的最后一项困难是:某些服务业的需求和其他厂商或机构的产出的需求具有相关性。比如,一家顾问公司或教育机构的效率,受到被服务影响到的其他个人和机构对服务价值观的影响。

11.2.2　服务业效率偏低的原因

服务业提供服务的过程与制造业的生产过程及提供的产品等具有明显的差异,但服务业工资增长率与产品部门一样快,因而工资问题尤为重要。服务公司一直面临成本不断攀升,而又不能以增加服务量来抵消劳动力成本升高的压力。因此,服务业效率偏低现象可能会形成整体物价水平的通货膨胀压力。

传统上,服务业效率比制造业低的原因大致有三点:①服务业大都为劳动密集型产业;②服务业节约劳动力的方式较少;③许多服务业规模较小,无力使用器械设备。2025 年大模型应用落地,使这一情况有了根本改变。

11.2.3　提高服务业效率的措施

提高效率、增加利润是服务业公司经营的重要目标;公共行政机关也在大力提高效率,以确保服务水准不断提高。

1. 提高服务员工的素质

利用更好的招聘、训练、发展和激励制度,对有关服务递送与表现的新、旧员工,在知识、技能、态度和行为方面进行改进,特别要使之与顾客接触,将处理有形服务要素的员工,训练成可以处理疑难和抱怨,拥有商品的有关知识,并会操作内部系统的员工。采取兼顾服务量与利益分享的效率保证方案,作为奖励提高效率的方法。换言之,可以用激励方式使员工工作更努力。

2. 采用系统化与科技

欲改善服务的质量效率,服务业公司必须采取科技化思维方式,把高成本、精确度不够的手工技术,用低成本、质量可预知的大规模智能化来取代。

近年来,中国服务业的智能化改造发展迅速,如青岛港、上海港、宁波舟山港等大型港口都已成为无人化码头,其智能化水平已领先世界。又如快递公司无人分拣,又快又准。总之,服务业公司要想在效率增进方面有所收获,只能采用更系统化和高技术的方法,把任务视为一个整体来看,寻找出关键性作业及其他可选的表现方法配合使用,众多先行服务企业已经取得良好的服务效果。

服务业系统化管理的应用有三种方式:采用硬件技术、软件技术和混合式技术。

(1) 硬件技术是指以器械和工具取代人力(如自动洗车、机场 X 光检验设备、自动停车场、自动销售设备、视听设备和计算机)。

(2) 软件技术是指各种智能系统,如深度求索(DeepSeek)、华为盘古系列等通用人工智能大模型,各种专业人工智能大模型,如中国科学院大连化学物理所等单位,于 2025 年 5 月 21 日发布智能化工大模型 2.0 Pro,该模型已应用在 40 余家化工企业、设计院和高校,我国化工行业将实现新技术"从实验室一步到工厂"。

(3) 混合式技术是指硬件技术和软件技术相结合,以使服务过程更合理、更快速及更有效率。

3. 用产品代替服务

效率也可以通过以产品代替服务的方式获得改善。

4. 引入新服务

设计一套更有效率的服务来消除或减少对效率较低服务的需求。例如,为了保证能够 24 小时取快递,驿站推出了扫码自助取件服务,在众多快递货物中,马上可以找到属于自己的亮灯快件。

5. 顾客互动性

改变顾客与服务提供者之间的互动性,也可以改进服务业效率,尤其是高接触度服务业。在服务过程中,需要顾客的分量越多,越要了解顾客行为及其背后的种种原因。因此,必须发掘更多的方法,以便更好地掌握顾客。由于消费者主动或被动地参与服务递送过程,因此,可以利用服务递送产生的利益来引导及说服其转变行为,争取并保持消费者在服务过程中的合作与配合,从而激励其购买服务的种种利益。

6. 减少供需间的错位

许多服务业公司的一大问题是其供需之间往往存在错位现象。服务业营销上的目标是:更有效地控制供给与需求,使二者之间趋于均衡。服务营销者面临以下问题:增高需求(如用尽备用服务能力)、减少需求(如存在超额需求情况)、取得更均衡的服务供给(即符合波动需求形态)。

11.3　服务质量管理

服务是服务营销的精髓,而服务质量则是服务营销的关键和核心。无论是生产有形产品的生产企业,还是提供无形商品的服务业,服务质量都是企业在竞争中制胜的法宝。服务质量对服务企业做好市场营销活动有重要意义。第一,加强服务过程的质量管理有利于增强服务性企业的竞争力。第二，加强服务过程的质量管理是防止服务差错、提高顾客感觉中的整体服务质量的有利举措。第三，加强服务过程的质量管理有助于树立企业良好的市场形象，增强顾客"认牌"购买的心理倾向。

11.3.1 服务质量的含义、特点与基本属性

1. 服务质量的含义

世界标准化组织 ISO 对质量的定义：质量是反映产品或服务满足或隐含需要能力的特征和特性的总和。据此，可将服务质量定义为：服务质量是服务业满足规定或潜在要求（或需要）的特征和特性的总和。特性是用来区分不同类别的商品或服务，例如，旅馆具有能让消费者休息和睡觉的特性，而旅游则具有陶冶情操，给人以愉悦的特性；特征则是用来区分同类服务中不同规格、档次、品位的服务，例如，飞机和轮船用舱位的等级来表示服务的规格和档次，而酒店则用星级标准来说明其服务质量的基本特征。

1) 服务质量的内涵

（1）服务质量是顾客感知的对象。

（2）服务质量可以依靠客观方法加以界定和衡量，但更要按顾客主观的认识来衡量和检验。

（3）服务质量是发生在服务提供和交易过程中。

（4）服务质量是在服务企业与顾客交易的真实瞬间实现的。

（5）服务质量的提高需要内部形成有效管理和支持系统。

2) 服务商品与有形产品在质量内涵上的差异

（1）顾客评价服务质量时的主观标准（预期服务质量）更多一些，评价难度更大。

（2）顾客对服务质量的认识主要取决于他们预期与实际所感受到的服务水平的对比。

（3）顾客对服务质量的评价不仅看服务的结果，更注重服务的过程。

3) 服务质量的构成

服务质量是由技术质量、职能质量、形象质量和真实瞬间四要素构成，它是顾客感知质量与预期质量差距的具体体现。

（1）技术质量（也叫结果质量）是指服务过程的体验，也就是顾客在服务过程所得。例如，饭店为顾客提供的饭菜和饮料，旅馆为旅客休息提供的房间和床位。

（2）职能质量（也叫过程质量或功能质量）是指服务推广过程中顾客所感受到的服务人员在履行职责时的行为、态度、着装和仪表等给顾客带来的利益和享受。这种利益和享受很难有一个非常客观的评价标准。那种先入为主而存在于消费者头脑中的主观标准，往往起着决定性的作用。同样的服务，由于服务对象不同，获得的服务质量评价会有很大的差异。人们难以对它进行客观而公正的评价，职能质量完全取决于顾客的主观感受。

技术质量和职能质量构成了感知服务质量的基本内容。

（3）形象质量是指服务企业在社会公众心目中形成的总体印象。企业形象是通过视觉识别系统、理念识别系统和行为识别系统多层次体现的。顾客可以从企业的资源利用、组织结构、市场运作、企业行为方式等多个侧面来认识企业形象。这种总体印象在顾客与企业的第一次接触中就已经获得，并在多次的接触中不断清晰，最后形成一个思维定式。到一个信誉非常好的企业中去享受服务，人们很少担心服务质量问题，而更多关注如何去享受企业所

提供的服务。

优良的企业形象是一笔巨大的无形资产。形象良好的企业,即使服务过程中偶有瑕疵也会赢得顾客的谅解;如果失误频繁发生,则必然会破坏企业形象;如果企业形象不佳,则企业任何细微失误都会给顾客很坏的印象。

(4)真实瞬间是指在特定的时间和特定的地点,服务供应者抓住机会向客户展示其服务质量的过程。它是一种真正的机遇,一旦错过时机,服务过程就结束了,企业也就无法改变顾客对企业提供的服务质量的感知,在这个过程出现的服务质量问题是无法补救的。

由于服务商品的不可储存性和服务过程的不可重复性,要求企业在提供服务商品的过程中应计划周密,执行有序,防止棘手的"真实瞬间"出现。因此,企业的服务质量应从小事抓起,抓好服务过程中的每个细小的环节,给消费者一个美好的印象,使他们高兴而来,满意而归。

4)预期服务质量与感知服务质量

预期服务质量是顾客对服务企业所提供的服务预期的质量水平。感知服务质量是顾客对服务企业所提供的服务实际感知的质量水平。如果顾客对服务的感知水平符合或高于其预期水平,则顾客获得较高的满意度,从而认为企业具有较高的服务质量;反之,则会认为企业的服务质量低。

预期服务质量是影响顾客对整体服务质量感知的重要前提。它受市场沟通、企业形象、顾客口碑和顾客需求四个因素影响。

市场沟通包括广告、人员推销、公共关系以及促销活动等,为企业所控制。这些方面对预期服务质量的影响是显而易见的。

企业形象和顾客口碑只能间接地被企业控制,它们虽然受许多外部条件的影响,但基本表现为与企业绩效的派生关系。

顾客需求则是企业的不可控因素。顾客需求的千变万化及消费习惯、消费偏好的不同,决定了这一因素对预期服务质量的巨大影响。

2. 服务质量的特点

(1)服务质量是一种主观性极强的质量。不同的顾客可能对同一种服务质量产生不同的感知。例如,服务过程中的可靠性常常被视为一个非常重要的服务质量维度,但不同文化背景的顾客对这个问题的感知存在较大差异。对中国顾客和外国顾客关于这个问题感知情况的调查表明,中国顾客比外国顾客更重视服务的可靠性。对于其他服务质量维度,也存在类似的情况。即使是同一个顾客,在不同的时段,对质量的要求也会发生变化。

(2)服务质量是一种互动质量。服务具有供给与消费的同时性,服务质量也是在服务提供者与顾客互动的过程中形成的,如果没有顾客的紧密配合,或者是顾客无法清晰地表达服务要求,那么,服务过程也将失败,服务质量也将是低下的。正是由于这个原因,有些学者将服务营销称为互动营销。

(3)过程质量(即职能质量或功能质量)在服务质量构成中占有极其重要的位置。即使服务结果很好,但服务传递过程很糟,最后形成的顾客感知服务质量也是低下的。忽视结果或忽视过程,在服务质量管理中都是错误的。

3. 服务质量的基本属性

(1)可感知性,是指服务商品中的"有形部分"可以为顾客所感知。尽管从本质上讲,服务商品一般不是实物,而是一个行为过程,具有无形性的特征,但是顾客可以借助这些有形的、可视的部分去感受服务质量的基本水准。一方面,这些可视的部分提供了有关服务质量的有形线索;另一方面,它们又直接影响到顾客对服务质量的感知程度。

(2) 可靠性,是指企业准确无误地完成自己的承诺服务。许多以优质服务著称的企业都是通过"可靠"的服务来建立自己的声誉。可靠性实际上是要求企业避免在服务过程中出现差错,因为服务差错给企业带来的不仅是直接意义上的经济损失,而且可能意味着会失去大量的潜在顾客。

(3) 反应性,是指服务企业随时准备为顾客提供快捷、有效的服务。企业能否及时而有效地满足顾客的要求,体现了企业经营的指导思想,即是否把顾客利益放在第一位,一切以满足顾客需求为出发点。服务效率的高低是服务质量的一种具体表现,它将直接影响到顾客对服务质量的评价。

(4) 保证性,是指服务人员的友好态度和胜任工作的能力。它能增强顾客对企业服务质量的信心和安全感。礼貌、友好、和蔼的服务态度是顾客与服务人员进一步交往与沟通的基础,而服务人员高超的专业技能则是服务质量的可靠保证。前者给顾客带来可信任感,后者则给顾客带来享受服务的安全感。很显然,二者缺一不可。

(5) 移情性,是指企业要真诚地关心顾客,了解他们的实际需要并予以满足,要求服务人员站在顾客的角度,想顾客所想,急顾客所急,使整个服务过程具有"人情味"。

服务质量的上述五个基本属性也称为服务质量的五个维度,研究服务质量维度问题必须注意以下三个问题。

一是对于不同的行业,服务质量维度可能不同。在度量顾客感知服务质量时,很多学者针对研究对象的特点,在研究过程中采用了不同的质量维度。

二是对于不同的服务业,质量维度的重要性存在差异。高接触度的行业和低接触度的行业,服务质量维度的重要性肯定是不同的;以设备为主的服务和以人为主的服务,其服务质量维度的重要性也存在差异。

三是不同的顾客,特别是不同文化背景的顾客,对服务质量维度的理解也存在差异。

11.3.2 服务质量评估方法

1. 服务质量体系

国际标准化组织 1991 年颁布的 ISO 9004-2:1991(GB/T 19004.2—1994)《质量管理和质量体系要素第 2 部分:服务指南》,在其质量体系原则中,将服务质量体系的关键方面用一个"三角四圈"图来表示,如图 11-2 所示。图 11-2 表示出顾客是质量体系三个关键方面的焦点,只有当管理职责、人员和物质资源以及质量体系结构三者之间相互配合协调时,才能保证顾客满意。图 11-2 是服务质量体系中最重要、内容最丰富、最深刻的一个框图,人们称为"服务金三角"。

图 11-2 服务金三角

　　由于服务的供给和消费在时间和空间上是不能分离的,因此,服务业提供的服务过程与顾客的消费过程是在同一时间和空间里进行的。顾客不仅直接接触到服务人员,还会直接接触到服务设施和设备及服务的环境气氛,与此同时,顾客也在营造或影响服务的环境气氛。所以,服务行业必须以顾客为核心,以满足顾客的需求为服务的目的。

　　"服务金三角"的三个顶端圆表示了服务质量体系的三个关键方面——管理职责、人员和物质资源、质量体系结构。管理者的首要职责是制定服务企业的质量方针和目标,以便全体员工理解和掌握,充分调动全体员工的积极性。管理者还要建立一个完善的质量体系,实施对所有环节的服务质量的控制、监督、评价与改进。人员和物质资源都是企业的资源,没有良好的人力资源和物质资源,企业就不能提供优质的服务。三个关键方面必须最大限度地面向顾客这一"服务金三角"的核心与焦点。

2. 服务质量评估模式

　　现代市场经济的竞争特性要求企业必须为顾客提供优质服务,以获取竞争优势。然而,"优质"对服务来讲,却是一个相对的而又难以把握的概念,它既要符合企业制定的服务标准,又要较好地满足顾客的需要;既要考察服务的结果,又要评估服务的过程。而服务标准的制定又必须以顾客满意为指导。因此,现实生活中顾客对服务质量的评估是一个相当复杂的心理判断过程,如图 11-3 所示。顾客感受到的整体服务质量不仅与顾客所接触到的服务经历有关,而且与顾客对服务质量的期

图 11-3　顾客感受到的服务质量

望有关。顾客实际经历的服务质量符合或超过期望,他们感受到的整体服务质量就好;反之,如果达不到期望,他们感受到的整体服务质量就差。

3. 服务质量评价的方式、准则和一般标准

　　1) 服务质量评价的方式和准则

　　服务质量的评价有两种基本方式:一是由鉴定、批准、注册、认证或认可机构给出的质量评价,这种质量评价是:"对实体具备的满足规定要求能力的程度所做的有系统的检查"(见 ISO/DIS 10014《全面质量管理经济效果指南》)。由于质量要求是对需要的具体表述,所以这种质量评价的目的是落实在满足需要上。二是由顾客给出的质量评价,它存在于顾客的主观感觉中,反映在市场的变化中,标准只有一个,即是否满足顾客的需要。所以,两种质量评价的准则只有一个,即满足顾客需要。

　　作为企业家,既要关心第一种质量评价,更要关心第二种质量评价。关心第一种质量评价的目的在于确定商品和品牌乃至企业的知名度和信誉度,从而提高商品的市场占有率。关心第二种质量评价的目的在于提高顾客的满意度,从而从根本上提高商品的市场占有率。

　　顾客的满意度纯粹是一个顾客的主观感觉,顾客的需要满足与否只能由顾客的主观感觉——满意度来确定,组织无法进行精确的预测。

　　2) 服务质量评价的一般标准

　　根据服务质量的四个基本构成要素,并考虑服务管理的自身特点,一般认为一项优质服务至少应满足以下标准。

(1) 规范性和技能化。(参见有关行业技能标准)

(2) 态度和行为。服务人员以和蔼可亲的服务态度,文明规范的行为举止,为每一位消费者提供规范的服务。(岗位标准)

(3) 可亲近程度与灵活性。服务时间、服务地点、服务人员和服务系统的安排与设计,应充分考虑顾客的特点,并依据顾客的要求能够进行灵活的调整,以取得最满意的服务。(和过程标准有关)

(4) 可靠性和忠诚度。全心全意为顾客服务,最大限度满足顾客的利益是企业的宗旨,企业及其员工有能力履行企业承诺,及时为顾客解决疑难问题。让顾客在享受服务的过程中感受到舒心和放心。(和过程标准有关)

(5) 自我修复。服务对象是千差万别的,服务过程也有差异,差错和意外必然存在。及时可行的补救措施是提高服务满意度的有效方法之一。无论发生什么情况,服务供应者有能力并能有效地采取行动,控制局势,寻找新的切实可行的补救措施。(和过程标准有关)

(6) 名誉与可信度。良好的企业业绩和较高的品牌价值,为企业创造良好的声誉。业绩属于企业,价值却属于顾客。企业的经营活动可以信赖,顾客的投资是物有所值。(和形象标准有关)

在以上六个标准中,规范化和技能化与服务的技术质量相关,名誉和可信度与形象有关,可充当过滤器的作用。而其余四个标准——态度与行为、可亲近程度和灵活性、可靠性和忠诚度、自我修复,都显然与过程有关,代表了职能质量。这六个优质服务标准是在大量实证和理论研究基础上提出来的,对一般的服务过程管理具有实用价值和指导意义。各个不同的服务行业都有自己特定的服务内容和服务对象,因此,还有一些专业化很强的质量标准可能会出现在这六个标准之外。即使是采用这六个标准,不同的行业或企业也会有主次之分。

4. 服务质量评估的一般方法

服务质量评估一般采取评分量化的方式,基本程序如下。

(1) 依据行业的特点,确定服务质量的评价标准。

(2) 根据每条标准的重要程度确定其权数。

(3) 针对每条标准设计相关的具体问题(4～5题)。

(4) 问卷制作。

(5) 发放问卷进行市场调查,请顾客逐条评分。

(6) 问卷结果统计。

(7) 依据消费者期望值模型对统计结果进行数学分析,获得评价结果。有一种消费者期望值模型的数学表达式为

$$服务质量 = 预期服务质量 - 感知服务质量$$

值得注意的是,根据消费者期望值模型所获得的服务质量,反映的是感知的服务质量距离预期的服务质量的差距。差距值越大,表明服务质量越差;反之,则服务质量越好。下面举例说明评价方法的运用。

通过市场问卷调查统计五家酒店获得的感知服务质量值,如表11-1所示。

表 11-1 五家酒店市场调查统计表

属　　性	酒　　店					权重
	A	B	C	D	E	
安全性	100	90	90	80	80	0.3
声誉	100	80	70	60	80	0.3
价格	90	100	100	100	100	0.2
客房及浴室的设备	100	100	90	80	70	0.1
地理位置	90	90	100	60	100	0.1

根据表 11-1,可计算出消费者对上述五家酒店的感知服务质量的评分值。计算过程如下：

$$A=100×0.3+100×0.3+90×0.2+100×0.1+90×0.1=97$$
$$B=90×0.3+80×0.3+100×0.2+100×0.1+90×0.1=90$$
$$C=90×0.3+70×0.3+100×0.2+90×0.1+100×0.1=87$$
$$D=80×0.3+60×0.3+100×0.2+80×0.1+60×0.1=76$$
$$E=80×0.3+80×0.3+100×0.2+70×0.1+100×0.1=85$$

假设消费者对这五家酒店的预期服务质量分别为

$$A=98 \quad B=95 \quad C=92 \quad D=85 \quad E=90$$

那么,预期服务质量与感知服务质量的比较结果为

$$A=98-97=1 \quad B=95-90=5 \quad C=92-87=5 \quad D=85-76=9 \quad E=90-85=5$$

上述结果表明,A 酒店服务质量最好,其感知服务质量也最高。B、C、E 三家酒店的服务质量差不多且比 D 酒店要好,D 酒店服务质量最差。

5. 服务质量差距管理

美国营销学家巴拉苏罗门等学者通过对不同服务行业的考察,在认真分析了服务传递过程中所涉及的各主体的沟通差距的基础上,于 1988 年系统地提出了一种服务质量差距模型,并用它来评估企业的服务质量。他们认为,企业服务质量低下的原因在于服务过程中存在五个差距,这些差距共同决定了顾客对服务质量的满意程度,如图 11-4 所示。

首先,模型说明了服务质量是如何形成的。模型的上半部涉及与顾客有关的现象。期望的服务质量是顾客的实际经历、个人需求以及口碑沟通的函数。另外,也受到企业营销沟通活动的影响。

实际经历的服务质量,在模型中称为感知的服务质量,它是一系列内部决策和内部活动的结果。在服务交易发生时,管理者对顾客期望的认识,对确定组织所遵循的服务质量标准起到指导作用。

当然,顾客亲身经历的服务交易和服务过程是作为一个与服务过程有关的质量因素。服务过程实施的技术措施是一个与服务的产出有关的质量因素。

一般来说,无论公司作了多大的努力,顾客感受到的服务质量与其期望之间总是不可避免地存在着差异。图 11-4 所示的服务质量差距模型有助于辨别顾客所得到的、感觉到的服务质量和他们所期望的服务质量之间的差距。

差距 1：顾客期望的服务质量与管理者对顾客期望的服务质量认知的差距。

差距 2：管理者对顾客期望的服务质量的认知与服务质量标准的差距。

图 11-4　服务质量差距模型

差距 3：服务质量标准与实际交付的服务质量的差距。

差距 4：服务交付与顾客的外部沟通的差距。

差距 5：顾客所期望的服务质量与感知的服务质量的差距。

差距 5 是顾客看到的服务质量的不足，而差距 1 至差距 4 是服务机构内的不足，这些差距存在的最后结果，集中反映为差距 5。可以看出，质量差距存在是由质量管理前后不一致造成的。最主要的差距是期望服务质量和感知服务（实际经历）质量差距（差距 5）。

6. 影响服务质量的因素分析

质量的四个因素，即设计、实操、交易及与顾客的关系，其管理方法也影响顾客感知服务的质量。服务的技术质量、与买卖双方有关的职能质量都会受到这些因素的影响。

商品或服务的设计影响着技术质量。这是职能质量的一个因素。例如，顾客或潜在的顾客可能参与设计过程。这可以改进技术质量，但对职能质量也有影响。顾客会认为卖主对他们非常重视，能够尽力解决他们的问题。这就是相互作用过程中职能质量的作用。

就服务业而言，实操是质量的一个因素，参与这个过程中的顾客可以观察到大部分过程。于是买卖双方的相互作用就产生了实操对职能质量的影响。对顾客与生产、生产资源、生产设备、生产过程的相互作用的认识方式，对职能质量也会产生一定的影响。

交易或多或少是全部服务过程的一部分。除此之外，还有与过程有关的因素，即交易的方式。

最后，职员在与顾客关系中越是具有顾客意识和服务导向，买卖关系对质量的影响就越有利。

📝 **见微知著**

弘扬大国工匠精神

工匠精神的美誉一直伴随着海尔。在改革开放初期的 20 世纪 80 年代，大江奔流难免泥沙俱下,制造企业追求效率高过质量的情况很常见。这样的背景下,"砸冰箱"这段流传至今的美谈产生了,砸出了过硬的产品质量和质量管理意识,砸出了当时制造企业少有的工匠精神。

在物资匮乏的 20 世纪 80 年代,制造企业的工匠精神尚停留于产品质量、制造技艺的精益求精,因为质量好零缺陷的产品就能满足用户和市场需求。

"以用户为是,以自己为非。"张瑞敏始终立足用户需求挑战自我、挑战极限,以不断思考与创新的勇者姿态,带领海尔跨越五个战略发展阶段,持续提升工匠精神的境界:从产品质量优,到创出品牌,到多元化发展,到"走出去"打入国际市场,再到推动中国制造业数字化、智能化转型,创世界级物联网模式……张瑞敏用 30 余载的躬行实践,诠释了不断颠覆创新、以兴邦利民为己任的大国工匠精神。

张瑞敏曾创新提出"人单合一"模式。进入物联网时代的新海尔,在"人单合一"模式的引领驱动下,在质量体系、管理模式、商业模式、文化模式等领域中不断突破窠臼、超越时代,助力我国制造业的转型升级。

从对产品质量的精益求精,到以"人单合一"模式为引领创世界级物联网模式、助力我国制造业转型升级,张瑞敏一直在变革与挑战中践行"大国工匠"精神,以兴邦利民为己任,带领海尔在改革开放的时代洪流中勇往直前。

资料来源:https://www.163.com/dy/article/HJSFE3MA0552JNIV.html.

11.3.3　提高服务质量的制度、方法与策略

1. 提高服务质量的制度

1)服务承诺制度

服务承诺又称服务保证,是一种以顾客为尊,以顾客满意为导向,在服务产品销售前对顾客许诺若干服务项目以引起顾客的好感和兴趣,招徕顾客积极购买服务商品,并在服务活动中忠实履行承诺的制度和营销行为。

(1)服务承诺通常包括以下几方面内容:①服务质量的保证;②服务时限的保证;③服务附加值的保证;④服务满意度的保证。

服务承诺制的实行有利于企业提高服务质量,满足消费者需求并令其满意,改善企业自身的形象。承诺服务的优化设计及顾客满意理念引发的经营革命触及行销导向、社会性导向两个层次,将触角深入市场及整个社会,企图通过种种努力,掌握顾客爱好和市场需求这种由微而巨、抽象而复杂的层次。

(2)实行服务承诺制度可以采取以下措施。

① 制定高标准。可以是无条件的满意度保证,也可以是针对例如运送时间等的单项服务提供高标准保证。无条件保证的好处是,不论时间如何变化,顾客所期待的与实际得到的服务都能保持一致。

② 不惜付出相当的赔偿代价。不管提出什么保证,赔偿代价都要有相当的意义,才能吸引心存不满的顾客主动前来抱怨,有效地挽回失望的顾客,刺激企业吸取失败的教训。

③ 特别情况特别处理。面对顾客对服务事故的质问,应通知较高层次的主管处理,他们一方面可采取适当措施;另一方面更可以借此机会,实际了解顾客所遭受的不幸。

④ 提供简洁的保证。企业的服务保证,必须言简意赅,让顾客一看便知。

⑤ 简化顾客申述的程序。提供服务要多花一些心思与代价，尽量减少申述过程的不便，才不致既流失顾客，又失去从申述中学习改善的机会。

⑥ 将服务满意度列入企业发展的经济指标。在现代服务营销活动中，由于人们的价值观、时间观念的进步，企业推行服务承诺的必要性更强烈，服务承诺成为企业提高服务质量不可分割的组成部分。

2）服务质量认证制度

（1）质量认证，是产品或服务在进入市场前，依据国际通行标准或国家规定的标准和质量管理条例，由第三方认证机构进行质量检查，合格后发给合格证书，以提高企业及其产品、服务的信誉和市场竞争力的行为。质量认证包含以下要点。

① 质量认证的对象是商品或服务。

② 标准化机构正式发布的标准是认证的基础。

③ 批准认证的方式是合格证书或合格标志。

④ 质量认证是第三方的活动。

⑤ 质量认证与安全认证统称为合格认证或综合认证、全性能认证。通常对安全认证实行强制性认证制度，对综合性认证实行自愿认证原则。

实行服务质量认证制度的重要作用表现为：指导消费者选购自己满意的服务；帮助服务企业建立、健全高效的质量体系；给服务企业带来信誉和更多的利润；节约大量的社会检验费用；提高服务企业及其服务商品的国际竞争力；国家通过质量认证有效地促进服务企业提高服务质量，保护使用者的安全、健康和利益。

（2）质量认证制度——ISO 9000。质量认证制度最早的雏形为1903年英国工程标准委员会首创的世界第一个用于符合标准的标志，即"BS"标志或称"风筝标志"，用于铁道钢轨的认证标志。20世纪30年代开始形成受法律保护的认证标志，至50年代基本普及所有工业发达国家，60年代起苏联和东欧国家陆续采用，70年代发展中国家相继实施。

服务合格认证与商品合格认证一样，在国际上是由政府或非政府的国际团体进行组织和管理的国际通行的认证制度。各国为进行认证工作都制定了一整套程序和管理制度。国际合格认证是消除国际营销活动中贸易壁垒的重要手段。

质量认证包括服务质量认证、质量体系认证、检查（审核）人员及评审员认可等。它是涉及生产、贸易、检验、标准、计量等部门的一项综合性工作。目前国际上已有60多个国家和地区开展了质量认证工作。

3）全面服务质量管理制度

全面服务质量管理是指由企业所有部门和全体人员参加的，以服务质量为核心，从为顾客服务的思想出发，综合运用现代管理手段和方法，建立完整的质量体系，通过全过程的优质服务，全面满足顾客需求的管理活动。

（1）全面服务质量管理的内容。

① 全企业的服务质量管理。每个企业的服务质量管理都可以分为上层、中层和基层管理，涉及整个企业。上层管理侧重于服务决策，并统一组织，协调各部门、各环节的服务质量管理活动；中层管理则要实施领导层的服务决策，对基层工作进行具体的业务管理；基层管理则要求员工按标准进行操作，严格检查实际操作情况。

② 全员性的服务质量管理。顾客在与企业接触的过程中，会把对某一员工的负面印象

用于企业及企业的其他员工。这虽然不公平,但顾客就是这么想的。把这种思维称为"顾客逻辑"。在顾客看来,员工不是个体,而是集体中的一员,他代表的是整个企业。

随着科学技术的发展和现代生活水平的提高,顾客对服务有越来越多和越来越高的要求,使服务工作向综合性发展,这种综合性表现为组织每一项服务工作都需要企业各职能部门通力协作,共同完成。其中既有直接提供服务的业务部门,也有提供服务支持的资源保障部门。因此服务绝不仅仅是销售部门的事,它要求企业的管理、技术、采购、保管、财务、人事等部门人员都关心服务质量,参与服务质量管理。

③ 全过程的服务质量管理。服务商品的质量是在其过程中体现的,服务质量管理要求从设计、制造、成套供应、安装、调试到使用过程中故障的排除、维修等,为用户提供从售前到售后的长期服务。实施服务质量管理,必须把服务质量产生的全过程管理起来,才能保证和提高服务质量。

(2) 做好全面服务质量管理,提高服务质量,必须加强和健全各项服务管理工作,要重点做好以下几个方面的工作。

① 建立服务计划制度。

② 建立服务质量责任制。

③ 制定服务工作标准。

④ 建立服务信息管理制度。

⑤ 做好服务决策。

⑥ 建立服务统计和分析制度。

(3) 建立和完善营销服务组织。服务在现代市场竞争中显露出的综合性、全面性、快速性、重要性要求企业必须建立一个配备有各种技术、业务力量的精干高效的服务组织。服务组织的建立要根据企业规模、产品类型、市场范围以及竞争对手的情况来决定。服务组织机构一般要求配备知识水平较高、技能精熟、经验丰富并善于交际的服务人员。除配备级别较高的技术工人外,根据情况应配备一定数量的工程师和公关人员。他们能及时、准确地回答顾客提出的各种疑难问题;能迅速、熟练地为顾客进行技术服务;能认真听取和收集顾客对产品质量的意见和要求,具有及时处理和反馈能力。

同步案例:
海尔的管家式服务

服务人员直接面对顾客,代表着企业形象,企业要重视对服务人员的选拔、培养和考核,加强服务质量意识教育和服务技能教育,提高服务人员的综合素质,把为顾客服务的思想真正落到实处。

2. 提高服务质量的方法

1) 标准跟进法

标准跟进法是指企业将自己的产品、服务和市场营销过程等,同市场上竞争对手尤其是最好的竞争对手的标准进行对比,在比较和检验的过程中逐步提高自身的水平。牛奶作为人类重要的营养来源,其质量标准的高低直接关系到消费者的健康。我国虽然目前生乳安全标准依据的是 GB 19301—2010,但众多拥有规模化牧场的牛乳企业,都在积极提升产品质量,乳蛋白、菌落数等指标都达到和超过了欧盟标准,乳制品质量安全已经达到世界领先水平。

(1) 在策略方面,企业应该将自身的市场策略同竞争者成功的策略进行比较,寻找它们的相关关系。比如，竞争者主要集中在哪些细分市场，竞争者追求的是低成本策略还是价值附加策略？竞争者的投资水平如何？他们在产品、设备和市场开发等方面是如何分配的？等等。通过一系列的比较和研究，企业将会发现过去可能被忽略的成功的策略因素，从而制定出新的、符合市场条件和自身资源水平的策略。

（2）在经营方面，企业主要集中于从降低竞争成本和提高竞争差异化的角度了解竞争对手的做法，并制定自己的经营策略。

（3）在业务管理方面，企业应根据竞争对手的做法，重新评估那些支持性职能部门对整个企业的作用。比如，在一些服务企业中，与顾客相脱离的后勤部门，缺乏适度灵活性而无法同前台的质量管理相适应。学习竞争对手的经验，使二者步调一致无疑是企业提高服务质量的重要保证。

2）蓝图技巧法

服务企业要想提供较高水平的服务质量和顾客满意度，还必须理解影响顾客认知服务的各种因素。而蓝图技巧（又称服务过程分析）法为企业有效地分析和理解这些因素提供了便利。蓝图技巧法是指通过分解组织系统和架构，鉴别顾客同服务人员接触点，并从这些接触点出发来改进企业服务质量的一种方法。

蓝图技巧法借助流程图的方法来分析服务传递过程的各个方面，包括从前台服务到后勤服务的全过程，通常涉及以下四个步骤。

（1）把服务的各项内容用流程图的办法画出来，使服务过程清楚、客观地展现出来。

（2）把那些容易导致服务失败的点找出来。

（3）确立执行标准和规范，而这些标准和规范应体现企业的服务质量标准。

（4）找出顾客能够看得见的服务证据，而每一个证据将被视为企业与顾客的服务接触点。

在运用蓝图技巧的过程中，甄别和管理这些服务接触点具有重要意义，因为在每一个接触点，服务人员都要向顾客提供不同的职能质量和技术质量。而在这一点上，顾客对服务质量的感知好坏将影响到他们对企业服务质量整体的印象。

此外，由于服务商品的不可感知性、不可分离性等特征，顾客在购买服务商品时往往显得犹豫不决，因为商品质量可能不符合顾客期望水平的风险很高。而服务企业若能消除或减少这种风险，则对于提高服务商品质量也有莫大裨益。企业减少顾客"质量风险"的顾虑，可从以下几个角度考虑。

知识链接：服务蓝图的构成

（1）集中强调质量。

（2）加强员工培训。

（3）广告的重点是"质量"。

（4）利用推广技巧。站在顾客的立场上，商品质量不佳意味着他们在金钱或面子上的损失。如果顾客认为金钱损失的重要性较大，则企业可充分利用销售推广技巧，例如免费试用等，鼓励顾客勇于尝试。

（5）善用口碑。不少研究发现，在选购服务商品时，顾客容易听取曾经使用过类似服务的朋友或亲人的意见。因此，善用已有顾客的口碑也能增强顾客的信心。

3. 提高服务质量的基本策略

（1）服务公司要在对目标市场和顾客需求深入调查和透彻分析的基础上，制定正确和明确的公司战略并尽力满足顾客的需求,以赢得顾客的长期信赖。

(2) 公司的最高管理者要高度重视服务质量工作,亲手抓质量,负质量管理之责任,建立符合公司实际的质量检查、审核和监督制度,确保服务质量水平。

(3) 制定高标准。例如,《快递服务》系列国家标准中,明确了彻底延误的快件应予以赔偿的时限为同城快件的彻底延误时限为 3 个日历天,省内异地及省际快件的时限为 7 个日历天。顺丰标准快递服务的承诺是省内快件第二天到货,省外快件第三天到货,投递速度明显优于国际标准。建立标准应有适当的高度。区别一家公司,就在于它是提供"最起码"的服务还是"有突破"的服务,即瞄准 100% 的无缺点服务。

(4) 建立服务绩效监督制度。联通公司在开通客户服务热线 10010 和充值服务热线 10011 后,又开通消费者权益保护热线 10015。该号码可以投诉全国各渠道未能得到妥善处理的合理投诉,是专门的监督服务电话,并承诺在 3 个工作日内给出处理结果。

(5) 使顾客不满意变为满意的系统。经营有方的企业都对顾客的抱怨做出随和友善的反应。一家汽车修理商,第一次没有把车修好,于是便开着一辆拖车到顾客家把汽车拉回去重修,并免收任何费用。当该顾客的小汽车修复后,他还同时收到了一件表示问候的礼物。

(6) 通过开展把内部员工当作顾客,尽力满足员工需求,提高员工满意度和综合素质的内部营销,创造出一种能够得到员工支持并对优良服务绩效给予奖赏的环境,提高员工的工作积极性,从而使员工和顾客都满意。

(7) 创造良好的服务环境。服务环境对顾客感觉的整体服务质量有很大影响。在服务消费过程中,顾客不仅会根据服务人员的行为,而且会根据服务环境中的有形证据评估服务质量。因此,服务企业应根据目标细分市场的需要和整体营销策略的要求,做好每一项服务工作和有形证据管理工作,为顾客创造良好的消费环境,以提高顾客感觉中的整体服务质量。

11.3.4 服务补救

1. 服务补救的意义

任何一家服务机构在提供服务的过程中都难免会出现失误。有时候员工会犯错误,系统会出现故障,一些客户的行为会给另外一些客户造成麻烦等。

研究表明,服务失误是服务提供者提高客户感知服务质量的第二次机遇。在出现服务失误之后,如果服务人员能够做出积极的响应,往往会给客户留下深刻的印象,将不利转化为有利。

2. 服务补救对策

1) 服务质量的监控

服务质量的监控是指服务机构为了及时发现服务失误,而依据服务理念和服务标准,建立有效的服务质量监控体系,对服务活动及其质量进行全面监控所采取的措施。

(1) 开通客户投诉和建议的渠道,95% 的不满意客户不会投诉,大多数人仅仅是停止购买。所以,服务机构要主动向客户征求意见,了解服务失误的原因和客户不满意的原因等。服务机构必须给客户提供投诉的方便条件,鼓励客户投诉。现在有些服务机构开设了 800 免费客户热线,客户拨打投诉电话或反映自己的需求由服务机构支付话费。这一做法体现了服务机构倾听客户意见的诚意,服务机构会因此收集到很多宝贵意见。

(2) 经常进行客户满意度调查。服务机构可采取抽样调查和重点调查的方法进行客户满意度调查,也可利用网络技术的各种网上信箱、投诉专区和自由论坛等客户互动方式获取客户意见,及时发现服务中存在的问题,采取措施加以解决。

(3)成立或委托质量监督机构到服务第一线进行监督检查。很多公司为了使考核督导能够尽量真实、客观、全面地反映网点服务状况,委托第三方机构对本公司所属网点进行严格的检查,与此同时,为克服基层应付定期检查临时"抱佛脚"易于失真的弊端,有些公司还推出了"神秘客户"的检查机制,对网点随机、随时进行检查,有力地促进了营业网点服务的长效化、常态化。

所谓神秘客户制度,是指安排隐藏身份的调查研究人员,或者聘请社会人员装扮成客户去各门店体验特定服务,并完整记录整个服务流程,以此测试整个公司的服务水平和销售状况等。

例如,海底捞公司每年都会组织各种各样的活动吸引消费者的注意,其中"海底捞神秘嘉宾"活动备受瞩目。海底捞官方会对报名且符合条件的申请人进行初步筛选,再进行答题,挑选出"神秘嘉宾"。他们以普通顾客身份进入门店,对海底捞的服务和产品进行体验并反馈意见,以用户的真实体验来检查和监督海底捞内部运行中可能出现的纰漏。

这些"神秘客户"来无影、去无踪,没有时间规律,使分店经理及职员丝毫不敢疏忽,不折不扣地按总部的标准去做。此外,这些神秘客户的调查结果,直接关系到员工及管理人员的奖金水准,因此,没有人抱有侥幸心理来对付一天的工作,而是脚踏实地地做好每一项工作。

☞ 知识链接

神秘顾客的作用

"神秘顾客"的作用主要体现在以下几个方面:首先,"神秘顾客"的暗访监督能够比较真实地了解到服务机构的服务情况,在与奖罚制度结合以后,会带给服务人员无形的压力,引发他们提高自身的业务素质、服务技能和服务态度,从而提高服务质量。其次,"神秘顾客"在与职务人员的接触过程中,可以听到员工对服务机构和管理者"不满的声音",从而帮助管理者查找管理工作中的不足,改善员工的工作环境和条件,拉近员工与服务机构和管理者之间的距离,从而增强服务机构的凝聚力。最后,"神秘顾客"调查的最终目的是直观地检查出连锁运营体系中存在的问题。

与顾客满意度调查异曲同工,但两者的区别就在于:"神秘顾客"的专业性和调查目标的明确性。普通顾客对生意运营的描述未必专业,而且事后回忆起来也可能会张冠李戴、缠夹不清。而"神秘顾客"有专业知识又肩负明确的使命,加上亲身的感受,所以其调查更直接,问题反映更有深度。

资料来源:黄静,彭艳,方林.神秘顾客制度如何设计[J].销售与市场,2007(2).

2)服务质量的补救

(1)避免服务失误,争取在第一次做对。服务质量的第一条规则,就是在第一次就把事情做对。如果能这样,补救就没有必要了。

例如,医院经常采用防故障程序来防止出现潜在的危及生命的失误。例如,外科手术工具托盘上每一件工具都有对应的凹槽,并且每一件工具都放在与其外形一致的凹槽内,这样一来,外科医生及其助手们在缝合病人的伤口前,可以清楚地知道是否所有的工具都在它的位置上。

对于服务机构而言,形成一种零缺陷的文化来保证第一次就把事情做对是至关重要的。

(2)以真诚的态度面对客户,提供及时充分的解释。服务机构要主动解决服务失误问题,而不要等客户提出来再被动地去解决。客户还希望看到服务机构承认服务失误并且正在采取措施解决这一问题。

在许多服务失误中,客户尝试着去了解为什么会发生失误,客户希望被诚实、细心和有礼貌地对待。因此,服务提供者要在解决服务失误的过程中,使客户处于知情状态,特别是当不能立刻解决问题时,更应坦诚地告诉客户"我们正在努力,请给我们一些时间"。

研究表明,只要公司能够提供充分的理由,就可以减少客户的不满情绪。为了使客户感知到提供的解释是充分的,首先,服务机构给出的理由和解释的内容必须是正当的。其次,服务机构的解释风格,即接受者的信用度和真诚度要能够让客户感知真诚。

(3)培训并授权给一线员工,以使其能及时有效地进行服务补救。服务补救的及时性影响顾客的感知,因此,应该注重培训并授权给一线员工,使他们具备服务补救的能力并及时解决问题。服务人员要对客户表示同情和关心,要具有在一定范围内不需要事先请示就可直接处理问题的权力。

(4)了解顾客期望,实施恰当的补偿。合理的经济补偿是必要的,它能弥补因服务失误给客户带来的损失,可以避免客户散布服务机构不好的口碑。

服务机构的补偿方式包括道歉、折扣、免费赠送优惠券等多种方式,对于在何种情况下应采取何种补偿方式并无通用标准,服务机构要了解客户的期望,和客户友好协商,才能有效消除客户的不满情绪,重新获得客户的忠诚。

3)跟踪客户对服务补救的满意程度并吸取教训

服务机构要对客户进行追踪调查,了解他们对服务补救的满意程度,不断改进服务工作,直至客户对服务补救表示满意。

服务机构要认真从组织、员工等各个方面查找服务失误的原因,总结经验教训,防止此类事情的再度发生。

通过对服务过程、人力资源、服务系统和客户需要等多方面的详尽分析,服务机构可以找到服务失误的"高发地带",并采取措施加以预防。

项目小结

服务过程是指与服务实操、交易和消费有关的程序、任务、日程、结构、活动和日常工作。按过程形态可将服务过程分为线性作业、订单生产、间歇性作业;按接触程度可分为高接触度服务和低接触度服务;按复杂程度和差异程度可分为复杂程度和差异程度都比较高的服务过程、复杂程度比较高而差异程度比较低的服务过程、复杂程度比较低而差异程度比较高的服务过程、复杂程度和差异程度都比较低的服务过程。在任何一个既定的时段,一个实操能力固定的服务组织都可能面对需求过剩、需求超过最佳服务能力、需求与供给在最佳服务能力水平上达到平衡、供给过剩四种状况。导致服务供求不平衡的原因包括服务需求具有波动性、服务供应具有刚性、服务的易逝性。当供过于求时可以采用的平衡策略包括减少、转移、调整供应,刺激需求,余力管理。当供不应求时可以采用的平衡策略包括增加供应,转移、分散、消化需求,排队管理。

生产率是一种生产过程的产出相对于投入总值的比率。服务业效率比制造业低的原因大致有三点:服务业大都为劳动密集型产业、服务业节约劳动力的方式较少、许多服务业规模较小。提高服务效率的方式包括提高服务员工的素质、采用系统化与科技、用产品代替服务、引入新服务、顾客互动性、减少供需间的错位。

服务质量由技术质量、职能质量、形象质量和真实瞬间四要素构成,它是顾客感知质量与预期质量差距的具体体现。服务质量的特点包括:服务质量是一种主观性极强的质量评价、服务质量是一种互动质量、过程质量(即职能质量或功能质量)在服务质量构成中占有极其重要的位置。服务质量具有可感知性、可靠性、反应性、保证性、移情性等基本属性。一项优质服务至少应满足以下标准:规范化和技能化、态度和行为、可亲近程度与灵活性、可靠性和忠诚度、自我修复、名誉与可信度。服务质量评估一般采取评分量化的方式。提高服务质量的制度包括服务承诺制度、服务质量认证制度、全面服务质量管理制度。提高服务质量的常用方法是标准跟进法和蓝图技巧法。服务补救的实施对策包括服务质量的监控、补救、跟踪客户对服务补救的满意程度并吸取教训。

巩固练习

1. 简述平衡服务供求的策略。
2. 简述某服务企业效率偏低的原因。

项目 11 即测即评

实训课业

一、技能训练

(1) 选择一家星级酒店,以客户的身份去参观考察,感受其服务的流程,然后对服务流程进行评价,并提出改进建议。

(2) 选择一家健身中心去参观考察,感受和评价其服务的质量并提出改进建议。

(3) 假如你是一家超市的经理,请谈一谈要想提高超市的服务质量,一般来说应该采取哪些服务营销策略?

(4) 一辆出租车载客途中突然出现机械故障而不能行使,这种现象在服务营销学中称作服务失误。出租车司机应该怎样处理这种服务失误?出租车公司应该怎样减少或杜绝这种服务失误?

二、实训项目

服务过程质量管理的应用

1. 实训内容

组织学生对某一商业企业进行调研,学习、了解和分析企业的服务质量管理工作。

2. 实训目的

利用服务过程管理和服务质量管理的理论,分析、研究和解决企业存在的实际问题,提高学生的实践应用能力。

3. 实训要求

(1) 采取多种教学形式。一是聘请水平较高的企业高级管理人员到学校做专题讲座;二是组织学生以 6~8 人为一组,由导师负责,利用实训课时间到企业去考察和学习。

(2) 以小组为单位座谈讨论,分工协作撰写调研报告。报告的主要内容包括:企业服务的基本内容和过程有哪些?对服务过程是如何管理和控制的?企业的服务质量如何?服务存在的问题和原因是什么?解决问题的方法和策略有哪些?

服务有形展示

1. 了解服务有形展示的含义。
2. 理解服务有形展示和有形展示管理的意义。
3. 理解服务有形展示的类型。
4. 掌握有形展示策略的引导方法。
5. 了解服务环境的功能和特点。
6. 掌握理想有形环境的创造方法。
7. 掌握影响服务形象形成的关键因素。

能力目标

1. 能够根据企业需要为服务商品设计合适的有形展示。
2. 能够根据具体场景对服务有形展示进行管理。
3. 能够对企业服务环境现状进行分析并进行改进。

素养目标

践行社会主义核心价值观,培育家国情怀,提升文化自信,培养责任担当意识。

案例导入

金科物业:用心创造美好

近年来,我国物业服务行业蓬勃发展,物业服务水平不断提升,物业服务市场竞争也日益激烈。如何在激烈的市场竞争中立于不败之地?金科物业作为"美好生活理念"以及"中国邻里文化"的首倡者与践行者坚持做好精细化服务,用精心设计的"有形线索"展示"金科式美好生活"。

(1) 0~30分贝的上班路。为了使业主在上班时拥有一个美丽整洁的园区,保洁人员会早起开始一天的工作。但在作业过程中机具的使用难免会产生一些噪声,为了使业主有安静的休息环境,金科物业提出了"分贝之路"这个制度化的标准,在保洁工作区域设置分贝仪,将作业声音严格控制在30分贝之内。

(2) 垃圾桶上的5cm刻度线。金科物业所服务社区的套袋垃圾桶,都会在垃圾桶边缘统一设定一条白色刻度线,保洁人员需仔细将垃圾桶内的垃圾袋翻到垃圾桶口往下延伸5cm,误差不得超过1cm。这一小小的标准使园区内的垃圾桶看起来统一美观。

（3）白式刀法。这不是一门"武功"，而是金科人摸索出的一种草坪切边的技术。金科阳光小镇的环境主管白平在进行绿化养护工作时，发觉原有的草坪与灌木间养护沟打理技术效率较低，不美观。于是她认真钻研，最终创造出菜刀＋木条的切边法，使草坪边缘更加整齐。这一技法后来推广到金科物业所服务的各个项目。

（4）"白手套"之约。"白手套"是金科物业的一项内部评优机制，保洁人员每月一次由项目主管随机抽测评比：用干净白手套抚摸电梯、扶手、墙面、地面等，最终评出岗位最优者为"白手套"拥有者。在"白手套"的激励下，小区内的环境越来越整洁美观，成功达成金科物业创立这项制度的初衷。

（5）"平安到家"行动。社区安全作为物业服务的重要一环，一直受到物业管理企业自身和业主的关注。在每个金科社区内，夜间协管队员都会护送独自晚归的业主回家，并用应急手电照亮业主回家路，用行动让每位业主感受到大社区平安美好的生活环境。

（6）电梯真人应急演练。金科物业服务的每个项目每季度会进行一次以上的电梯故障演练，而其中最细致的便是"真人电梯困人演练"。为了演练的真实性，项目服务人员会进入轿厢内演练模拟被困。之后被困员工根据自己的实际体验感受，进行"电梯被困话术"的完善，使业主今后在万一遭遇此类情况时，得到最贴心的安抚。

（7）小区植物的"名片"。居住在小区内的大大小小孩子们拥有无限的好奇心，经常使带着孩子们在小区里玩耍的家长们被"这棵是什么树""这朵花是什么花"的问题困住。金科物业通过为小区内的植物建立"名片"，帮助家长及孩子们了解小区内植物的名称与种属、形成人与自然的良性互动。

金科物业通过多样化的服务有形展示，让业主们切身感受到身边的优质服务。

【分析提示】　金科物业在构建"金科式美好生活"时，"刻意"设计的物业服务有形线索使业主能够真实感受到精致服务的存在。由此可见，服务的有形展示及场景设计在服务价值传递过程中扮演着关键角色。理解服务有形展示的价值，通过科学、严谨的步骤和方法设计服务场景不仅是影响顾客服务消费行为的重要手段，更是服务型企业实现服务价值传递的关键步骤。

12.1　服务有形展示概述

微课：服务有形
展示概述

12.1.1　有形展示的含义和作用

1. 有形展示的含义

所谓有形展示，是指在服务市场营销管理的范畴内，一切可传达服务特色及优点的有形组成部分。

根据环境心理学，顾客利用感官对有形物体的感知及由此所获得的印象，将直接影响到顾客对服务商品质量及服务企业形象的认识和评价。消费者在购买和享用服务之前，会根据那些可以感知到的有形物体所提供的信息而对服务商品做出判断。比如，一位初次光顾某家餐馆的顾客，在走进餐馆之前，餐馆的外表、门口的招牌等已经使他对之有了一个初步的印象。如果印象尚好,他会径直走进去,而这时餐馆内部的装修、桌面的干净程度以及服务员的礼仪形象等,将直接决定他是否会在此用餐。对服务企业来说,借助服务过程的各种有形要素将更有效地实现推销服务商品的目的。因此,学者们提出了采用"有形展示"策略,以帮助服务企业开展营销活动。

【小问答】　有形产品展示和服务商品展示的主要区别是什么?

答:①有形产品可以利用产品实体对产品进行有形展示,也可以借助一些消费者看不见的、抽象的、无形的联想来推广自己的产品。服务商品一般无法用其本身和一些无形的联想来推广,但它可利用环境和所有用以帮助服务和包装服务的一切实体产品和设施来展示服务商品。②服务商品的形象在很大程度上取决于人,所以人就必须被适当地包装。

2. 有形展示的作用

(1) 使消费者形成初步印象。经验丰富的消费者受有形展示的影响较少,而缺乏经验的消费者或从未接受过本企业服务的消费者却往往会根据各种有形展示,对本企业产生初步印象,并根据各种有形展示,判断本企业的服务质量。服务企业应充分利用各种有形展示,使消费者形成良好的初步印象。

(2) 使消费者产生信任感。消费者很难在做出购买决策之前全面了解服务质量。要促使消费者购买,服务企业必须首先使消费者产生信任感。为消费者提供各种有形展示,使消费者更多了解本企业的服务情况,可增强消费者的信任感。不少服务企业将一部分后台操作工作改变为前台。例如,旅游宾馆的厨师经常在餐厅做烹饪表演,根据顾客的特殊要求,为顾客烹调食品。向消费者展示服务工作情况,提供服务工作的透明度,使无形的服务有形化,可提高消费者对本企业的信任感。

(3) 提高消费者感觉中的服务质量。在服务过程中,顾客不仅会根据服务人员的行为,而且会根据各种有形展示评估服务质量。与服务过程有关的每一个有形展示,例如服务设施、设备、服务人员的仪态仪表,都会影响顾客感觉中的服务质量。因此,服务企业应根据目标细分市场的需要和整体营销策略的要求,无微不至地做好每一项基本服务工作和有形展示管理工作,为消费者创造良好的消费环境,以提高消费者感觉中的服务质量。

(4) 塑造本企业的市场形象。服务企业必须向消费者提供看得见的有形展示,生动、具体地宣传自己的市场形象。单纯依靠文字宣传,是无法使消费者相信服务企业市场形象的。在市场沟通活动中,巧妙地使用各种有形展示,可增强企业优质服务的市场形象。

(5) 为消费者提供美的享受。服务也可通过有形展示,为消费者提供美的享受。不少服务企业非常重视建筑物艺术风格和建筑物内部装饰布置,给予消费者某种特殊的美感,吸引消费者来本企业消费。但是,建筑物外表和内部装饰只能向消费者传递初步信息。服务企业更应重视服务环境、服务体系、员工的仪表和服务态度,才能使消费者享受优质服务。

采用这类营销策略的服务企业往往强调娱乐性服务,将服务场所作为舞台,将服务过程作为演出过程,给顾客一个新奇、欢乐、兴奋和有趣的服务经历。

(6) 促使员工提供优质服务。做好有形展示管理工作,不仅可为顾客创造良好的消费环境,而且可为员工创造良好的工作环境。使员工感到管理人员关心他们的工作条件,进而鼓励他们为顾客提供优质服务。做好有形展示管理工作,可使消费者了解服务的现实情况,也可使员工了解应如何提供优质服务,满足消费者的需要和期望。这就要求管理人员通过教育和培训,使员工掌握服务知识和技能,指导员工的服务行为,关心员工的工作条件和生活。

12.1.2 有形展示的类型

有形展示可以从不同的角度作不同的分类,不同类型的有形展示对顾客的心理及其判断服务商品质量的过程有不同程度的影响。

1. 根据有形展示能否被顾客拥有划分

根据有形展示能否被顾客拥有,可将其划分成边缘展示和核心展示两类。

(1)边缘展示是指顾客在购买过程中能够实际拥有的展示。这类展示很少或根本没有什么价值,比如电影院的入场券,它只是一种使观众接受服务的凭证;在宾馆的客房里通常有很多包括旅游指南、住宿须知、服务指南以及笔、纸之类的边缘展示,这些代表服务的物的设计,都是以顾客心中的需要为出发点,它们无疑是企业核心服务有力的补充。

(2)核心展示与边缘展示不同,在购买和享用服务的过程中虽不能为顾客所拥有,但核心展示却比边缘展示更重要,因为在大多数情况下,只有这些核心展示符合顾客需求时,顾客才会做出购买决定。例如,宾馆的级别、银行的形象、出租汽车的牌子等,都是顾客在购买这些服务时首先要考虑的核心展示。因此,可以说,边缘展示与核心展示加上其他现成服务形象的要素(如提供服务的人),都会影响顾客对服务的看法。当一位顾客判断某种服务的优劣时,尤其在使用或购买它之前,其主要的依据就是从环绕着服务的一些实际性线索、实际性的呈现所表达出来的东西。

2. 根据服务展示的内容划分

根据服务展示的内容划分,可以将有形展示分为物质环境展示、信息环境展示和人文环境展示三个层面。

1)服务的物质环境

服务的物质环境主要包括服务机构的建筑物、设施、工具、用品,以及内部装饰、场地布局与陈列设计等。

(1)建筑物。建筑物的规模、造型、使用的材料以及与邻近建筑物的区别,都是塑造客户观感的因素,因为它们往往能令人联想到牢靠、永固、保守、进步等。有人说"建筑是空心的雕塑、建筑是凝固的音乐"。建筑物对塑造服务机构形象起着重要的作用,在不同情况下,可传达威严、安全、老练沉稳、效率、现代精神或传统等风貌。例如,星巴克在中国的一些门店融入了许多本土的元素,北京的前门店、上海豫园店、成都宽窄巷子店等,既透着浓厚的中国传统文化,又保持着原汁原味的美式风情,二者并行不悖,结合得天衣无缝;位于城隍庙的星巴克,外观就像座现代的庙宇;而濒临黄浦江的滨江分店,则表现出花园玻璃帷幕和宫殿般的华丽。

(2)设施。服务机构可以利用服务设施来传递服务能力、服务质量和服务形象,展示为客户提供优质服务的条件。例如,经济型酒店如家舍弃了传统星级酒店过多的豪华装饰及娱乐设施,不设豪华气派的大堂,也舍弃了投资巨大、利用率低的康乐中心、KTV、酒吧等娱乐设施。但空调、电视、电话、磁卡门锁、标准席梦思床具、独立卫生间、24 小时热水等设施一应俱全。

(3)工具、用品是指服务机构对客户实施服务的媒介、载体或客户自助工具,如零售商场的手推车、饭店的菜单等,它们也是影响客户感受的环境因素。例如,麦当劳餐厅使用的桌椅款式通常都比较简洁、时尚,设计尺寸舒适,符合人体工程学。就普通的麦当劳餐厅来说,桌椅主要包括以下分类:软包卡座、固定餐桌、活动餐桌、单椅、固定椅、快餐桌、固定凳、高吧凳、吧台、连体桌椅、儿童椅等。

(4) 内部装饰。恰到好处的内部装饰可加强客户对服务机构的印象和好感。例如,如家酒店的客房装潢十分讲究色彩和空间的运用:墙面以淡粉色、淡黄色为主,挂着法国风格的艺术画;地毯的色彩与墙面协调,小巧的高圆桌代替了写字台和茶几,木质的床头柜简洁到极点。简洁、温馨、方便是客人最直接、最深刻的印象,甚至感受到家的温暖。

(5) 场地布局与陈列设计是指对服务场所内的服务设施、装饰物件、行走路线等进行战略性设计,通过严谨的布局和独特的摆设突出服务机构的服务宗旨和服务特色,展示服务质量和管理水平。例如,医院通过门诊大堂的咨询台、方便病人的自动扶梯、敞开式的收费窗口、为急救开辟的绿色通道等来改善与病人的关系。

2) 服务的信息环境

服务的信息环境主要包括品牌标志与指示、价格、目录、票据、宣传品、图片、照片、题词、橱窗、录像、影视、证明、荣誉、表彰、理念、口号等。

(1) 品牌标志与指示。服务机构的品牌标志和指示可以传达服务机构的服务信息。

(2) 价格、目录、票据。在服务行业,正确的定价特别重要,客户往往把价格看作评价服务优劣的一个线索——价格过低,实际就暗中贬低了他们提供给客户的价值;价格过高,又会给客户"宰客"的印象。因此,价格能培养客户的信任,同样也能降低这种信任,制定正确的价格不仅能获得稳定的收益,而且能传达适当的信息。

目录展示是宜家促销策略的重要组成部分,每年9月初以及新的年度开始时,宜家都要向广大客户免费派送制作精美的目录。这些目录上不仅仅列出产品的照片和价格,而且经过设计师的精心设计,从功能性、美观性等方面综合表现宜家产品的特点,客户可以从中发现家居布置的灵感和实用的解决方案,很多人都把宜家的目录当作装修指导来使用。

票据也承载着传达服务信息的作用,例如,我国香港地铁票分别设计有旅游纪念票和生肖纪念票两款,旅游纪念票为游客设计,以香港风光、名胜为主题,具有纪念价值,票值20元,售价25元;生肖纪念票票值20元,票价30元,可作纪念且会升值(据说龙年纪念票可卖到1000元)。全世界的地铁大多亏损,而香港不亏损且有赢利,票据的设计立下了汗马功劳。

(3) 宣传品、图片、照片、题词。服务机构通过宣传品、图片、照片、题词来展示服务设备的数目和先进程度、分店或连锁系统的数量、员工的人数和素质结构等,展示自己的服务能力。例如,医院通过文字、数字和图片来介绍专家履历、治愈率,通过展示成功开展的医疗项目案例、先进的医疗设备等来显示自己的医疗技术和实力;还可以运用某些辅助事物,如利用石膏或挂图,展示手术前后的变化,帮助患者看清医疗服务的效果。

(4) 橱窗是连接服务内外环境的重要部分,可将内部过程透明化,使客户对服务过程心中有数。服务机构可将一部分后台操作工作改变为前台,透过橱窗向客户展示服务工作情况,提高服务工作的透明度,提高客户对服务的信任感。例如,全聚德烤鸭店现场切烤鸭,锋利无比的刀具,眼花缭乱的刀法总能赢得客户的称赞。

(5) 录像、影视。服务机构可以通过录像、影视等来展现服务特色、服务水平。例如,人们通常不能看到外科手术治疗过程,而医院通过放映录像、影视或视频展示手术全过程,这样就能使人们对外科手术有基本的感知。

(6)证明、荣誉、表彰。服务机构可以通过已证实的成功的历史资料或政府、行业协会等权威机构或第三方评审的结果,如行业排名、获奖证明、荣誉、确定的等级,以及客户、领导或政府的表彰、奖励和重视等方面的信息来进行宣传,以反映其服务规模、质量和水平。例如,学校将办学资源和办学成果,包括学生的学习成果、教师的教学科研成果等用图片、文字等在玻璃橱窗里或在学校网站上展示出来,可以吸引学生及家长对学校的青睐。

(7)理念、口号。服务机构可以通过服务理念、服务口号来展示自己的服务宗旨,使客户认识到服务机构的真诚,增强客户对服务机构的信心。

服务理念是指服务机构用语言文字向社会公布和传达自己经营的思想、管理哲学和服务文化,主要包含机构或公司的宗旨、精神、使命、原则、目标、方针、政策等。

在服务理念中,"宗旨"和"精神"的思想层次较高,但较抽象,较难操作,"目标""方针"和"政策"较具体,较易操作。例如,国航的服务理念是"放心、顺心、舒心、动心",远景和定位是"具有国际知名度的航空公司",其内涵是实现"竞争力世界前列、发展能力持续增强、客户体验美好独特、相关利益稳步提升"的四大战略目标。服务精神强调"爱心服务世界、创新导航未来",使命是"满足客户需求,创造共有价值",价值观是"服务至高境界、公众普遍认同"。

3) 服务的人文环境

服务的人文环境主要包括服务场所的气氛、服务机构的文化、服务人员和其他形象等,也包括服务过程的舒适程度、文明程度、和谐程度等。

(1)服务场所的气氛。气氛是指特定环境中给人以强烈感觉的景象或情调,气氛是影响服务质量的重要因素,优雅、舒适、轻松、愉快的气氛能够提高客户的满意度。影响服务场所气氛的因素除设计、装饰、布局外,还包括气味、声音、色调、灯光、温度、湿度等。

① 气味会影响服务场所的气氛。例如,新鲜而芳香的店堂空气能够使客户感到产品更新程度高。零售商店,如咖啡店、面包店、花店、香水店等,都可使用香味来展示相关服务,从而吸引客户。

② 声音往往是气氛营造的背景,音响效果也会影响客户的感受。例如,不同的餐厅要选择不同风格的音乐,在快餐厅可能适合于播放节奏性较强的流行音乐,而格调高雅的餐厅则更适合旋律优美、速度缓慢的古典音乐等。

③ 色调会给服务场所带来不同的气氛。例如,一个餐厅的标准用色如果选择暖色调的红色和黄色,这样的色彩组合有两个功能:一是可以增进食欲;二是长时间在大面积的红、黄色的氛围中会让人血液循环、心跳加速,人会变得急躁,不愿在此地久留,从而会加速用餐速度。反之,如果选用冷色系则会让顾客感到凉意。

④ 灯光。灯光明暗度对客户影响很大,强烈的灯光使客户感知到热情、豪爽的服务态度,柔和的灯光使客户感到温情,而昏暗的灯光,则很可能使客户感到沮丧、没精打采。

例如,高级西餐厅需要制造柔和的气氛,所以灯瓦数在 60～80 瓦。日本料理店为了使生鱼片显得更新鲜,灯瓦数在 130～160 瓦。咖啡店的灯瓦数则在 40～60 瓦。当然,这里说的灯的瓦数在当今普遍使用节能灯具时只有相对的参照作用。

⑤ 温度、湿度。室内温度、湿度会影响客户对服务的感受。例如,百货公司冬天温暖宜人的温度使客户感到温暖,夏天凉爽的温度又使人感到舒畅。

（2）服务机构的文化就是服务机构在长期的对客户服务过程中所形成的价值取向的总和，是服务机构的灵魂，是凝聚服务机构成员的精神力量，以此形成全体员工共同遵循的最高目标、价值标准、基本信念以及行为规范等。一个没有文化的服务机构是没有生命力的，也是缺乏核心竞争力的。

例如，北京同仁堂已走过三百余年的历程，始终没有放弃"炮制虽繁必不敢省人工，品味虽贵必不敢减物力"的规训，坚持传统的制药特色，以质量优良、疗效显著使其品牌延绵流传。

（3）服务人员和其他客户的形象。对客户来说，服务场所中出现的人，除服务人员外还有其他客户。一方面，服务人员的数量、服务态度和服务技能会影响客户的认知和感受。另一方面，客户之间有很多的接触机会，如饭店、剧院、医院服务等都是在其他客户也在现场的情况下发生的。在这些多客户并存的服务中，其他客户的行为、数量会影响客户的认知和感受。因此，服务机构一方面要通过内部营销，加强对服务人员的培训、激励等方面的管理，提高其综合素质和服务水平；另一方面，要加强对顾客需求的调研、市场秩序的维护等方面的管理。

例如，当客户之间是志趣相投、和谐共处的，就会对客户产生积极的影响；相反，周围客户相互之间的破坏行为、过度拥挤、彼此冲突，则会产生消极影响。

12.1.3　有形展示的效应

有形展示的首要作用是支持公司的市场营销战略，在建立市场营销战略时，应特别考虑对有形因素的操作。有形展示是服务企业实现其商品有形化、具体化的一种手段，在服务营销过程中占有重要地位，其主要效应如下。

1. 影响顾客对服务商品的第一印象

对新顾客而言，在购买和享用某项服务之前，往往会根据第一印象对服务商品做出判断。既然服务是抽象的、不易感知的，有形展示作为部分服务内涵的载体无疑是顾客获得第一印象的基础，有形展示的好坏直接影响顾客对企业服务的第一印象。例如，参加新加坡、马来西亚和泰国七日游的旅客，当抵达他国时，若接旅客去酒店的专车很旧，便马上会引起乘客的不快，甚至有一种可能受骗、忐忑不安的感觉。反之，若接送的专车及导游的服务能让人喜出望外，则顾客会觉得在未来随团的日子里将过得舒适愉快，进而也增强了对旅游公司服务质量的信心。

2. 通过感官刺激让顾客感受到服务给自己带来的利益

商品的外观是否能满足顾客的感官需要，将直接影响顾客是否真正购买该商品。同样，顾客在购买无形的服务时，也希望能从感官刺激中寻求到自己所需要的东西。努力在顾客的消费经历中注入新颖的、令人激动的和娱乐性的因素，从而改善顾客的厌倦情绪。例如，顾客期望五星级酒店的外形设计独具特色，期望高格调的餐厅能提供祥和、愉悦的气氛。因此，企业采用有形展示的实质是通过有形物体对顾客感官方面的刺激，让顾客感受到无形服务给自己带来的利益，进而影响其对无形服务商品的需求。

3. 引导顾客对服务商品产生合理的期望，消除负面影响

顾客对服务是否满意，取决于服务商品所带来的利益是否符合顾客的期望。但服务的不易感知性使顾客在使用有关服务之前，很难对该服务做出正确的理解，他们对该服务的功

能及利益的期望也很模糊,甚至过高。不合乎实际的期望又往往使他们错误地评价服务,以及做出不利的评语,而运用有形展示则可以让顾客在使用服务前能够具体地把握服务的特征和功能,较易对服务商品产生合理的期望,以避免因顾客期望过高而难以满足所造成的负面影响。

4. 促使消费者对优质服务做出客观评价

有形展示是服务商品的组成部分,也是最能够传达企业形象的工具。有形展示如同物质产品的包装,好的包装能使顾客对物质产品产生优质的感觉,完美的有形展示也可使顾客对服务商品产生优质的感觉。服务企业要根据市场需要改变企业形象,这种形象的改变不仅是在原来形象的基础上加入一些新的东西,有时更需要打破陈旧观念。服务中有形产品作为新设计形象的中心载体,形象的改变必须是消费者可见的信息,消费者通过这些信息感知企业形象的改变。例如,服务设施、服务设备和服务人员的仪态仪表,都会影响顾客感觉中的服务质量。有形展示及对有形因素的管理也会影响顾客对服务质量的感觉。优良的有形展示及管理能使顾客对服务质量产生"优质"的感觉。因此,服务企业应强调使用适于目标市场和整体营销策略的服务展示。

5. 帮助顾客识别和改变对服务企业及其商品的印象

有形展示最能有形地、具体地传达企业形象。企业形象或服务商品形象的优劣直接影响消费者对服务商品及公司的选择,影响企业的市场形象。形象的改变不仅是在原来形象的基础上加入一些新的东西,而且要打破现有的观念,所以它具有挑战性。要让顾客识别和改变服务企业的市场形象,更需要提供各种有形展示,使消费者相信本企业的各种变化。

知识链接:
在服务设计中用音乐
规范顾客的行为

6. 协助企业培训服务员工

从内部营销的理论分析,服务员工也是企业的顾客。由于服务商品是"无形无质"的,从而顾客难以了解服务商品的特征与优点,那么,服务员工作为企业的内部顾客也会遇到同样的难题。如果服务员工不能完全了解企业所提供的服务,企业的营销管理人员就不能保证他们所提供的服务符合企业所规定的标准。所以,营销管理人员利用有形展示突出服务商品的特征及优点时,也可利用相同的方法作为培训服务员工的手段,使员工掌握服务知识和技能,为顾客提供优质的服务。

12.2 有形展示管理

微课:有形展示
管理

12.2.1 有形展示管理的意义

成功市场营销活动的关键是管理与无形服务相关的有形因素,通过服务展示管理向顾客传达适当的线索,能帮助顾客更好地理解购买何种商品,以及为何购买。

鉴于有形展示在服务营销中的重要地位,服务企业应善于利用组成服务的有形元素,突出服务的特色,使无形无质的服务变得相对有形和具体化,让顾客在购买服务前,能有把握判断服务的特征及享受服务后所获得的利益。因此,加强对有形展示的管理,努力借助这些有形元素来改善服务质量,树立独特的服务企业形象,无疑对服务企业开展市场营销活动具有重要意义。

服务企业之所以要采用有形展示策略是因为服务商品具有不易感知的特性,对此可从两个方面理解:①服务商品不可触及,即看不见、摸不着;②服务商品无法界定,难以从心理上把握。因此,服务企业要想克服营销方面的难题,采用有形展示策略,也应以这两个方面为出发点,一方面使服务有形化;另一方面使服务易于从心理上进行把握。

1. 服务有形化

服务有形化主要针对服务的无形性特点,对服务商品的有形展示管理的任务之一就是使服务有形化,使服务的内涵尽可能地附着在某些实物上。服务有形化的典型例子是银行信用卡。虽然信用卡本身没有什么价值,但它显然代表着银行为顾客所提供的各种服务,以至于只要"一卡在手,便可世界通行"。

2. 使服务在心理上较容易把握

服务企业如何使服务更容易为顾客所把握,通常有三个原则。

1) 把服务同易于让顾客接受的有形物体联系起来

(1) 使用的有形物体必须是顾客认为很重要的,是他们在此服务中所寻求的一部分。比如,雪白的床单、明亮的床几是患者感受住院治疗服务质量的主要着眼点,而地板的质地、窗帘的图案等也许让设计者耗费心思,但患者却很少关注。

(2) 必须确保有形实物所暗示的承诺,在服务被使用时一定要兑现,质量必须与承诺相符。当然,有些服务广告明显是通过夸张手法进行创意的,顾客能轻而易举地辨识出来。例如,广告语"今年20,明年18"强调了美容服务的效果,但并没有人把这作为一种切实的服务承诺。但对过去的服务成果、服务质量认证、顾客服务感受反馈等有形展示,必须遵守"展示平均质量,保留最高质量"的原则;否则,高期望下的低满意度会使有形展示招致适得其反的营销效果。

2) 重视发展和维护企业同顾客的关系

服务的有形展示不仅为了让顾客对服务产生明确的认同,对服务相关信息实现系统了解,而是要通过有形展示在顾客与服务企业之间建立持久的联系。例如,顾客对某服务人员专业技术的欣赏,对恬静舒适的服务气氛的认同,对服务设备精密准确的首肯等。这条有形线索的存在是培养品牌忠诚、发展长期顾客关系的基础。服务业的顾客,通常都被鼓励去寻找和认同服务企业中的某一个人或某一群人,而不只是认同于服务本身。服务企业的员工直接与顾客打交道,他们的言谈举止、衣着打扮会影响顾客对于服务质量的认知和评价,而且员工与顾客之间的关系将直接决定顾客与整个企业之间的融洽程度。如在广告代理公司的客户经理,管理研究顾问咨询公司组成的客户工作小组等。所有这些都强调以人表现服务。因此,服务企业必须注意培训员工,使员工保持良好的服务形象,并与顾客保持友好的关系。

3) 有形展示必须易在服务空间内定向

定向是顾客进入一个服务环境的第一个行为需要,包括地点定向(如"我在哪里?")和功能定向(如"这个组织是怎样工作的,我应该怎么做?"),当进入某一服务环境时,顾客可以利用企业的有形展示以及以往的经验,来确定我在哪里、将要去哪里以及我需要做什么。如果有形展示不能满足顾客的这些需求,就会降低企业整体的服务水平。通过有形展示的统一管理和设计,可以消除定向问题,消除顾客对企业的不良印象。

同步案例

海底捞是如何通过有形展示开拓市场的

四川海底捞餐饮股份有限公司成立于 1994 年,是一家以经营川味火锅为主、融各地火锅特色为一体的大型跨省直营餐饮品牌火锅店,创始人张勇。

截至 2022 年 12 月 31 日,中国大陆地区共有 1349 家海底捞餐厅,港澳台地区共有 22 家,整个大中华区的海底捞餐厅共计服务顾客超过 2.76 亿人次,同时拥有注册会员超过 1.16 亿人。经过 30 多年艰苦创业,不断进取,团结拼搏,海底捞从一个不知名的小火锅店起步,逐步发展成为今天拥有一批食品、饮食、营养、工程、仓储、管理方面专家和专业技术人员,四个大型现代化物流配送基地和一个底料生产基地(获得 HACCP 认证、QS 认证和 ISO 9001 国际质量体系认证)的股份有限公司。公司曾先后在四川、陕西、河南等省荣获"先进企业""消费者满意单位""名优火锅"等十几项称号和荣誉,创新的特色服务赢得了"五星级"火锅店的美名。2019 年 4 月获中国烹饪协会颁发的"2018 年度中国火锅百强企业",2019 年获评艾媒金榜发布的《2019 国产食品品牌排行榜》第 5 名。

1. 服务态度特别好

因为食客很多,经常要排队,餐厅就为等待的顾客提供免费美甲和手护;免费皮鞋擦拭清理;免费饮料、零食和水果。海底捞服务员来自五湖四海,顾客可以找老乡服务,态度很热情。服务周到,甚至在卫生间里都会有专人服务,包括开水龙头、挤洗手液、递擦手纸等。

2. 味道地道,特色突出

海底捞火锅有 10 多种锅底,如牛油火锅、鸳鸯火锅、番茄火锅、菌汤锅等。价格方面,地区不同,略有差异。大部分店有自助调料台,有 20 余种调料,顾客可根据自己的口味喜好,任意调配。另外,还有免费水果,季节不同,水果也有所不同,如圣女果、哈密瓜、西瓜等,还会有免费小米粥或银耳汤等。

3. 物美价廉

海底捞所有菜品都可以要半份,半份半价。这样就可以品尝更多种类的食品,而且价格不高。

12.2.2 有形展示效果

有形展示效果分为以下三种。

(1)能唤起顾客想到该服务的利益。

(2)可以强调服务提供者和消费者之间的相互关系。

(3)可以连接非有形商品服务和有形物体而让顾客易于辨认。

这些服务展示效果的测定,是用"利用这些展示的广告所能产生说服消费者相信服务利益"的能力来衡量的。有形展示的效果,往往因所考虑的利益不同而不同。至于服务提供者与客户相互之间的展示效果,根据提供者和客户之间对于服务利益的个人信任程度而定。也就是说,服务企业有形展示的类型必须与顾客寻求的利益相关,如果顾客没有考虑这些利益,企业就不应使用该类型的有形展示。服务业营销最重要的问题是找出这些利益点,然后利用企业现有资源,采用适当的有形展示去表现。服务业公司所能利用的展示方式很多,从环境到装潢、设备、文具、颜色和照明等,都是服务企业塑造环境气氛的一部分。

12.2.3　有形展示管理方法

服务展示管理不仅是营销部门的工作,每个成员都有责任传送有关服务的适当线索,下面列出的是一份行动问题清单,所有的管理人员都应定期考虑这些问题。

(1)我们有一种高效的方法来进行服务展示管理吗?我们对顾客可能感觉到的有关服务的每一件事都给予了充分的重视吗?

(2)我们是否积极进行了服务展示管理?是否积极分析了如何使用有形因素来强化我们的服务概念和服务信息?

(3)我们对细节进行了很好的管理吗?我们是否关注"小事情"?举例来说,我们保持了服务环境的一尘不染吗?如果我们的霓虹灯忽然坏了,我们是立即换呢,还是过后再换?我们作为管理人员有没有举例向员工说明没有任何细节小到不值得管理?

(4)我们将服务展示管理和市场营销计划结合起来了吗?例如,当我们做出环境设计的决定时,是否考虑到这一设计能否支持高层营销策略?我们作为管理人员,是否熟知展示在市场营销计划中的作用,进而对计划做了有益的补充?作为管理人员,我们知道在营销计划中什么是首要的吗?

(5)我们通过调查来指导我们的服务展示管理了吗?我们有没有寻找来自员工和顾客的有价值的线索?我们预先有没有测定我们的广告向顾客传递了什么样的信息?在服务设备设计过程中,我们征求过顾客和员工的意见吗?我们有没有雇用"职业顾客"按照清洁度、整齐度、营销工具的适用性等标准,对我们的服务环境做出评价?我们作为管理人员,在提高公司整体形象过程中,是如何运用环境设备和其他展示形式的?

(6)我们将服务展示管理的主人翁姿态扩展到整个组织范围了吗?在服务营销中,我们向员工讲授了服务展示管理的特点和重要性吗?我们是否向组织内的每个人提问,让他们回答个人在展示管理中的责任?

(7)我们在服务展示管理过程中富有创新精神吗?我们所做的每件事都有别于竞争者和其他服务提供者吗?我们所做的事有独创性吗?我们是不断地提高展示水平使之合乎时尚呢,还是跌入沾沾自喜、自鸣得意之中?

(8)我们对第一印象的管理怎么样?和顾客接触早期的经历是否给他们留下了深刻印象?我们的广告、内部和外部的环境设备、标志物,以及我们员工的服务态度对新顾客或目标顾客是颇具吸引力呢,还是使他们反感?

(9)我们对员工的仪表进行投资了吗?我们有没有向员工分发服装并制定符合其工作角色的装扮标准?对于负责联系顾客的员工,我们考虑到为其提供服装津贴了吗?我们考虑过提供个人装扮等级津贴吗?

(10)我们对员工进行服务展示管理了吗?我们有没有使用有形因素使员工对服务不再感到神秘?我们是否使用有形因素来指导员工完成其服务角色?我们工作环境中的有形因素是表达了管理层对员工的关心,还是缺乏关心?

12.2.4　有形展示策略引导方法

1. 充分认识有形展示的战略影响

有形展示在决定顾客期望和感觉方面起着重要作用。对某些服务组织而言,认识有形展示仅仅是第一步，之后它们可以利用有形展示的潜力，进行战略计划。

有效的有形展示策略一定要和组织的总体目标或愿景相一致。因此计划者一定要知道组织的战略，然后决定有形展示如何提供支持。两者必须相互匹配。如果有形展示策略不能很好地配合组织战略，将会对组织经营和发展造成严重影响。

2. 画出服务有形展示图

实际上，每个人都能见到服务的过程和有形展示中的因素。有效地描述服务展示的方法是应用服务图或蓝图，因此，这一步是要画出服务图。服务图有多种用途，从视觉上抓住有形展示的机会时，它们就特别有用。人、过程和有形展示在服务图上清晰可见。还有服务传递的过程、所涉及的行为、顾客和员工以及员工之间交互作用的点，这些点提供了展示的机会和每一步的表示方法。

3. 有形展示机会的确认和评定

设计者通过了解现有的有形展示，结合服务图、外部环境以及组织战略，可以清楚地看到现有展示的优点和需要改进的地方。设计者面临的问题是：组织有没有错过提供服务展示的机会？要开发一种有效的策略以提供更多服务展示，让顾客明确表明他们为什么付钱。

如果设计者发现现有展示向外部传递了无效信息，这种信息不能增强公司形象和目标，也不适合目标市场的需求和选择，就需要对现有展示做相应调整。例如，一家餐厅发现其高价位定位和餐厅的设计不一致，而设计原本建议以家庭用餐为方向。这样，按照餐厅的总体战略，价格和设备的设计都要改变。

4. 做好展示更新和现代化准备

展示的某些方面，特别是服务场景要求经常变化，至少要做到周期性更新和现代化。即使愿景、目标和公司的物品不变，时间本身也会对有形展示产生损害，因此有必要进行更新和现代化。这涉及一个很时尚的因素，随着时间的推移，不同的颜色、设计、款式表示不同的信息。因此，有必要根据外部环境的变化来调整组织的有形展示，使之更适应目标市场的需求。

5. 跨职能部门合作

组织在把自己展示给顾客时，关注的是传播期望的形象，通过各种形式的展示传递一致的、相互协调的信息，提供目标顾客想要的并能够理解的服务有形展示类型。然而，展示的决策经常是在一段时间内由多个职能部门做出的。例如，有关员工制服的决策由人力资源部门做出，服务场景设计的决定由设备管理部门做出，加工设计决定主要由业务经理做出，广告和定价决定由营销部门做出，这样，服务有形展示有时就会不一致。因此，组织内部不同职能部门就需要沟通，使组织的有形展示保持一致，向目标顾客传递一致的信息。

12.3　有形展示与服务环境

微课：有形展示与
服务环境

12.3.1　服务环境的功能

在实施有形展示策略的过程中，服务环境的设计往往是企业营销努力的重点，因为，顾客在接触服务之前，他们最先感受到的就是来自服务环境的影响，对那些先入为主的顾客而言,环境因素的影响至关重要。

所谓服务环境,是指企业向顾客提供的服务的物理场所、信息及人际关系的各个方面,它包括服务的物质环境、信息环境和人际环境。

服务环境在整个服务营销管理中具有贯穿性的作用,顾客的服务期望、服务调研、服务标准、服务人员、服务承诺、服务定价等都直接与服务环境有关。服务环境内的各组成部分实际上可被视为有形实据,在服务过程中具有服务包装、服务使用、服务关系和服务特色四大功能。

1. 服务包装

服务环境就是服务包装。一家服务机构的服务是无形的、不容易被感知的,因此需要用环境对服务进行包装,让顾客根据环境包装感知和判断"里面"的服务质量,这有助于强化服务在顾客脑海中的印象和促进建立服务机构的形象。包装是服务环境的首要功能。

2. 服务使用

服务供给与消费的不可分性和服务过程顾客的参与性,顾客需要使用服务环境,并在环境的使用中感知服务质量。让顾客通过使用服务环境如服务场所为消费服务,是服务环境的重要功能。这类似于产品包装的使用功能。如香水瓶,不仅是香水的包装,而且在使用香水时具有喷雾的功能。服务环境也是存放服务"香水"的"瓶",不仅能包装和提示里面的服务"香水",而且能在顾客享受服务时发挥各种功能。尤其在顾客自助服务中,服务环境的使用功能更加明显。如零售超市、仓储店、便利店的内部环境,包括货架的设计、布局、商品的陈列、商品的标牌、各种信息或促销指示牌、室温、灯光、行走路线、食品冷藏条件、手推车、篮筐等,都具有明显的使用功能。

3. 服务关系

服务环境可用来建立和发展顾客关系,开展关系营销。比如,关系营销的一项策略是开展社交活动,而开展社交活动需要提供活动场地或环境。又如,结构型关系营销策略要运用结构性整合手段,而许多结构性整合手段都涉及服务环境。例如,健身房向顾客提供免费培训是一种结构性整合手段,而提供免费培训需要场地、健身器材和培训手册等,这些都属于服务环境的内容。

4. 服务特色

服务环境还具有明显的展示服务特色的功能,许多服务特色是通过服务环境的各方面来体现的。如智利首都圣迭戈有一座造型别致的双蜗牛商场,就是靠环境设计来体现特色的。这家商场的建筑是连在一起的两只"蜗牛"——顾客走进其中一个商场,沿着坡面,在选购商品的过程中,不知不觉地从顶层走到底层;然后经过通道,走到另一个蜗牛商场,又在不知不觉中从顶层走到底层。由于它建筑形式新颖、独特,顾客不必走回头路,便于流通。既免除了乘电梯的烦恼,又满足了部分顾客逛商场的心理需求。

▨ 同步案例

古竹度假村酒店包厢名称及环境的差异化

古竹度假村以竹子命名酒店的包厢和楼层名称,集中体现了"古竹"这一酒店名称中包含的古典意蕴与自然风情,以竹为主的酒店文化概念,更能够为酒店的整体设计带来一定的特色和主题性。众所周知,"竹"乃中国本土植物,具有悠久的历史和较强的观赏性并赋予了

"高洁"的特质和文化气息,以竹子命名,紧扣一个"古"字,很自然地把清新与高雅结合在一起。当顾客前来度假村就餐,不但会欣赏到优美的古典音乐,就餐环境内处处设有竹子建筑,竹子流水般的声音,包房的布置、图案等都体现了以"竹"为主题的特色,并且在每一道菜的设计和餐具的使用上也都别具匠心……

12.3.2 服务环境的特点

对大多数服务业公司而言,环境的设计和创造并不是件容易的工作。虽然对于在顾客处所或家庭中提供服务的服务业,这个问题并不很重要,但它们也应该注意到器械装备的设计、制服、车辆、文具以及可能会在顾客心目中形成对服务公司印象的类似事项。

从服务环境设计的角度看,环境具有以下特点。

(1) 环境是环绕、包括与容纳。

(2) 环境往往是多重模式的。

(3) 边缘信息和核心信息总是同时展现。

(4) 环境的延伸所透露出来的信息总是比实际过程更多。

(5) 各种环境均隐含目的和行动以及种种不同角色。

(6) 各种环境包含许多含义和许多动机性信息。

(7) 各种环境均隐含有种种美学的、社会性的和系统性的特征。

因此,服务业环境设计的任务,关系着各个局部和整体所表达出的整体印象,影响顾客对服务的满意度。

12.3.3 理想服务环境的创造方法

设计理想的服务环境除了需要大量的资金外,一些不可控制的因素也会影响环境设计。一方面,现有的关于环境因素及其影响的知识及理解程度还很不够,例如,空间的大小、各种设施和用品的颜色与形状等因素的重要性如何?地毯、窗帘、灯光和温度等因素之间存在怎样的相互关系?诸如此类的问题具有较强的主观性,很难找到一个正确的答案。另一方面,每个人都有不同的爱好和需求,他们对同一环境条件的认识和反应也各不相同。因此,设计满足各种人的服务环境,如旅馆、大饭店、车站或机场等,存在一定的难度。尽管如此,服务企业如果能深入了解顾客的需求,根据目标顾客的实际需要进行设计,仍可达到满意的营销效果。虽然顾客之间需求各异,但某些顾客群体却具有需求共性,如同一年龄段的顾客、处于同一社会阶层的顾客或者是其他群体等。企业根据他们的需求共性来设计服务环境,无疑将拥有更多的顾客。

以一家餐厅为例,其环境的设计应该考虑以下几个方面。

1. 适当的地点

适当的地理位置容易吸引更多的顾客。不过,适当的地点主要是指使餐厅接近于目标顾客集中的地区,并非单纯指餐厅应处于客流量较多的繁华商业区或交通便利的地方。这说明,了解各种地段的特点,了解顾客的消费需求是有效地推广服务商品的前提。

【小问答】 为什么一些高档健身中心选择在邻近市区的郊区开办健身会馆?

答:因为停车方便,其内在逻辑是郊区地价比市区低很多。

2. 餐厅的环境卫生状况

环境卫生是餐厅经营的最基本条件。顾客选择餐厅前,首先要看的就是餐厅是否清洁卫生。从外部看,它要求招牌整齐清洁、宣传文字字迹清楚、盆景修剪整齐;从内部看,要求顾客座席、餐厅摆设和陈列台、厨房、备餐间以及洗手间等整齐清洁。

3. 餐厅的气氛

餐厅的气氛是影响餐厅服务质量的重要因素,无论餐厅外部还是内部的设计与装饰,都要烘托出某种气氛,以便突出餐厅的宗旨和强有力地吸引现有的和潜在的顾客。餐厅的设计、装饰、布局、照明、色调和音响等都会影响餐厅的气氛。比如音响,餐厅中通常都要播放音乐,音量适中的音乐能使顾客心情愉快,增加食欲;反之,音量过大则可能影响顾客的交谈,使人感到厌烦。不同的餐厅也要选择不同风格的音乐,在快餐厅适合于播放节奏性较强的流行音乐,而格调高雅的餐厅则更适合旋律优美、速度缓慢的古典音乐等。

环境设计如此重要,室内设计应配合全套营销组合的有形展示策略。很多中小企业虽然认识到有形展示的战略性作用,却碍于缺乏资金,而视有形展示为一种奢侈的投资。事实上,有形展示除了环境与气氛因素以及设计因素外,还有社交因素。社交因素代表服务员工的外观、行为、态度、谈吐及处理顾客要求的反应等,它们对企业服务质量乃至整个营销过程的影响不容忽视,且远较其他两类因素显著。因为根据对社交因素的观察,顾客可以直接判断服务员工的反应性、能否诚心诚意地处理顾客的特殊要求、能否给顾客一种对企业服务质量颇具信心的感觉以及服务员工是否值得信赖等。

同步案例:
万达集团是如何营造购物模式的

12.3.4　影响服务形象的关键因素

一家服务公司所要塑造的形象,受很多因素的影响。营销组合的所有构成要素,如价格、服务本身、广告、促销活动和公开活动,既影响顾客与当事人的感觉,又成为服务的实物要素。影响服务环境形成的关键性因素主要有以下两点。

1. 实物属性

服务公司的建筑构造设计,有若干层面对其形象塑造产生影响。如零售场所的外形、颜色、商品陈列、灯光等,其中任何一项都会影响其他各项的个别属性的表现。

服务公司的外在有形表现会影响其服务形象。一栋建筑物的具体结构,包括其规模、造型、建筑使用的材料、其所在地点的位置以及与邻近建筑物的比较,都是塑造顾客感观的因素。其相关因素,诸如停车的便利性、可及性、橱窗门面、门窗设计、招牌标示等也很重要。因为外在的观瞻往往能联想到牢靠、保守、进步或其他各种印象。而服务业公司内部的陈设布局、装饰、家具、材料使用、空气调节标记,视觉呈现如图像和照片等,所有这一切合并在一起往往就会创造出"形象"和"印象"。从更精细的层面而言,内部属性还包括记事纸、文具、说明小册子、展示空间和货架等项目。

能将所有这些构成要素合并成为一家服务公司"有特色的整体个性",需要具有相当的技术性和创造性。有形展示可使一家公司或机构显示其"个性",而"个性"在高度竞争和无差异化的服务商品市场中是一个关键特色。

2. 气氛

服务设施的气氛也会影响形象。"氛围"就是指一种借以影响买主的"有意的空间设计"。气氛对于员工以及前来公司接洽的其他人员也都有重要的影响。所谓的"工作条件"，是指它会影响到员工对待顾客的态度。就零售店而言，每家商店都有各自的实物布局、陈设方式，有些局促，有些宽敞。每家店都有其"感觉"，有的很有魅力、有的豪华典雅、有的朴素大方。商店必须保有一种规划性气氛，适用于目标市场，并能诱导购买。

许多服务公司都已认识到气氛的重要。餐馆的气氛和食物同样重要，大型饭店、旅馆应该让人感觉温暖与亲切，零售商店也应注意尊重顾客，进而增添一些魅力气氛；有些广告公司细心地下功夫做气氛上的设计；银行、律师事务所和牙医诊所的等候室，往往由于气氛的缘故，而使顾客产生"宾至如归"或"望而却步"的差别。影响"气氛"的一些因素如下。

（1）视觉。零售商店使用"视觉商品化"一词来说明视觉因素的重要性。视觉与形象的建立和推销有关，零售业的视觉商品化，旨在确保无论顾客在搭电梯，或在等待付账时，服务的推销和形象的建立仍在持续进行。照明、陈设布局和颜色，显然都是"视觉商品化"的一部分。此外，服务人员的外观和着装也是如此。总之，视觉呈现是顾客对服务商品惠顾的一个重要原因。

形状这种视觉符号可以产生巨大的营销效果，某品牌即食凉面的包装袋可轻易撕掉上半部，下半部呈立式，消费者可以当作碗来使用，最大程度方便了消费者，也让企业获得了比其他同类产品更大的营销利益。形状也是独特的标志中的主要要素，并且容易跨越文化差异。圆形等同于柔和、持续甚至完美；对称消除紧张，不对称带来忧虑，对称和少许的不对称放在一起又产生平衡的感觉。

红、橙、黄是暖色，给人以热情温暖的感觉，而蓝、绿、紫是冷色，宁静而平和。红色强有力、令人激动，但具有保护性，黄色令人愉悦，绿色和蓝色给人以宁静、放松、悠闲的感觉。黑、白和金、银色是有影响力的颜色。黑与白通常代表着浓度与亮度的两个极端，金、银等金属色具有灿烂的形象，给人以明亮、豪华和优雅的感觉，使之联想到富裕和贵金属。

（2）气味。味觉主要来源于嗅觉，嗅觉是最强烈的感觉。气味会影响形象、建立识别，但通常不太引人注意。不同成分组成的气味产生各异的感觉。零售商店，如咖啡店、面包店、花店和香水店，都可使用香味来推销其产品。面包店可巧妙地使用风扇将刚出炉的面包香味吹散到街道上；餐馆、牛排馆、鱼店或洋芋店，也都可以利用香味达到良好的效果；至于那些服务业的办公室、皮件的气味和皮件亮光蜡或木制地板打蜡后的气味，往往可以发散一种特殊的豪华气派。

人类具有优秀的辨别各种气味的能力，对气味的记忆可能是最强烈的记忆之一，因此通过气味来建立企业所期望的认知和感觉非常有效。

（3）声音。音乐是一种强大的感情和行为暗示，许多服务业者，酒店、饭店、超市、百货商店、美发厅、机场，以及专业服务提供者，如医生、律师、会计师等，经常利用听觉刺激来加强与顾客的联系，从而得到顾客的认可、令人愉快的联想，以及较高的评价。在销售大厅、候客室，以及其他任何顾客可能会访问的地方，都会存在音乐。

音乐往往是气氛营造的背景。服务业可以根据其细分市场确定目标顾客最喜欢的音乐和曲调。青少年流行服装店的背景音乐，所营造出的气氛当然与大型百货店升降梯中听到的莫扎特笛音气氛大不相同，也和航空公司在起飞之前播放给乘客们听的令人舒畅旋律的气氛全然迥异。若想营造一种"安静气氛"，可以使用隔间、低天花板、厚地毯以及销售人员轻声细语的方式。这种气氛在图书馆、书廊或皮毛货专卖店往往是必要的。对零售店播放音乐的一项研究指出，店里的人潮往来流量，会受到播放音乐的影响，播放缓慢的音乐时，营业额度往往会比较高。例如，*Dream It Possible*（《我的梦》）是华为公司全球发布的品牌音乐短片，以一个心怀音乐梦想的女孩的成长历程为背景，讲述在家人陪伴支持下，女孩通过努力获得成功的故事。这首歌曲曲调明快，歌词中表达的只要坚持不懈努力，就能实现梦想的主题，为努力奋斗中的人们点亮了前进的灯，正是华为品牌内核精神的真实写照。

（4）触觉。材料可使顾客产生某种"感受"，材料的质地可成为非常好的感觉来源。厚重质料铺盖的座位的厚实感、地毯的厚度、壁纸的质感、咖啡店桌子的木材感和大理石地板的冰凉感，都会带来不同的感觉，并发散出独特的气氛。某些零售店以样品展示的方式激发顾客的购买欲，但有些商店，如精切玻璃、精制阀瓷店，古董店、书廊或博物馆，就禁止利用触感。但不论何种情况，产品使用的材料和陈设展示的技巧都是重要的因素。皮革温暖和柔软，能使人产生与温暖、力量和自然有关的联想；花草树木能使人们放松，融入大自然；砖块被认为冷且硬，但由于其红色色调，仍然可以体现出温暖的感觉，适用于壁炉、内墙、露台等。表面粗糙的纸质材料配上皮革表面，适于做西餐厅与酒吧的菜单；光滑洁白的信纸唤起顾客写上漂亮文字的欲望。

📝 见微知著

读懂"博物馆热"背后的文化自信

党的二十大报告指出："全面建设社会主义现代化国家，必须坚持中国特色社会主义文化发展道路，增强文化自信。"

定闹钟抢票、多个设备同时抢票、不停刷新系统……2025 年这个暑假，不少观众为预约到博物馆门票，使出浑身解数。从"高冷"到"出圈"，"博物馆热"体现了公众对传统文化的深厚感情，也彰显了传统文化的魅力与自信。

截至 2024 年年底，我国备案博物馆达 7046 家，较上一年增加 213 家，实现每 20 万人拥有一家博物馆。另据中国国家博物馆数据报告（2024 年度）显示，2024 年，国家博物馆累计接待观众 6956830 人次，同比增长 3%。35 岁以下的观众占比超过 60%，年轻人已成为国家博物馆观众的主力军。他们对古人的生活方式、古时的生活图景、古人的精神世界产生了浓厚的兴趣，对中华民族从哪里来、中华文明的起源等怀有旺盛的求知欲。不少年轻人在博物馆中被文物背后的历史故事所触动，获得了穿越时空的文化体验和情感共鸣。这些都促使他们走进博物馆，自觉地去了解中华民族深厚的历史底蕴。

"一个博物院就是一所大学校"。许多年轻人走进博物馆，是为了探索历史与文化的魅力，给自己加一顿精神"营养餐"。譬如，在甘肃简牍博物馆，透过千年的墨迹，一枚枚简牍如同阅尽沧桑的老者，带着感情与温度诉说着一个个故事，引领我们去探索属于简牍的美。年轻人热衷于逛博物馆，折射出的是对传统文化的认同。

如今的博物馆，越来越多有料、有趣、有用的知识被呈现在人们面前，不同群体多层次的精神文化需求得到满足，传统文化在潜移默化中得到传承和发展。在河南博物院，观众除了可以在展厅观看新石器时期的骨笛，春秋时期的楚国青铜编钟，还可以走进音乐厅，直观地、沉浸式地感受古代乐器发出的声音和魅力。从展览中汲取更多感悟，与文物进行一场"走心"的深度对话，可以说，历史与现实交融的"博物馆热"，正在让更多的人心灵得到润泽，文化自信得以增强。

在科学技术赋能博物馆的当下,博物馆也在探索沉浸式体验、虚拟展厅等新型文旅服务,广泛运用数字化技术,创新博物馆叙事方式。扬州的中国大运河博物馆(流动的文化)智游沉浸式体验新空间,打破传统模式,声、光、电、影与实物结合,让文物和历史"活"起来。用好用足技术优势,提升服务能力和水平,更好地满足公众文化需求,博物馆成为更具吸引力的文化空间,优秀传统文化获得更好的传承和弘扬,不断焕发新的光彩。

随着"博物馆热"的兴起,一些博物馆还发展了丰富的文博创意产业。博物馆通过创新推出一系列文创产品,努力让文物"活"起来、文创"潮"起来。2023年暑期,南京博物院推出十大类共1000余件文创产品,其中南博院藏文物系列笔记本、南博院藏文物系列金属书签等尤受欢迎,最高时单品一天可以售出1000多件。借助通俗文化的包装手段,一些专业门槛很高的"高冷"文物迅速"出圈",成为广受欢迎的流行文化符号。

博物馆是连接过去、现在、未来的桥梁,一件件文物承载着千百年的历史沧桑,抽象、模糊的历史从而变得具体生动。博物馆里,厚重的云梦秦简、恢宏的千里江山图、古雅的贾湖骨笛,中华文明传承不息;博物馆外,琳琅满目的文创产品,历久弥新的文化元素,传统文化枝繁叶茂。把博物馆做好做大,守护好文化根脉、记录好文明进程,共同推动中华文明重焕荣光。

📋 项目小结

有形展示是指在服务市场营销管理的范畴内,一切可传达服务特色及优点的有形组成部分。根据有形展示能否被顾客拥有可将其划分为边缘展示和核心展示;根据服务展示的内容可将有形展示划分为物质环境展示、信息环境展示和人文环境展示三个层面。有形展示在服务营销过程中会影响顾客对服务产品的第一印象,通过感官刺激让顾客感受到服务给自己带来的利益,引导顾客对服务产品产生合理的期望消除负面影响,促使消费者对优质服务做出客观评价,帮助顾客识别和改变对服务企业及其产品的印象,协助企业培训服务员工。

使服务组织更有效地运用有形展示策略的具体引导方法包括充分认识有形展示的战略影响、画出服务有形展示图、有形展示机会的确认和评定、做好展示更新和现代化的准备、跨职能部门合作。

服务环境内的各组成部分实际上可被视为有形实据,在服务过程中具有服务包装、服务使用、服务关系和服务特色四大功能。影响服务环境形成的关键性因素包括实物属性和气氛。

🖥 巩固练习

1. 简述有形展示的效应。
2. 简述有形展示策略的引导方法。

项目12 即测即评

🎓 实训课业

一、技能训练

(1) 作为某一快餐店经理,你将采取哪些有形展示为消费者营造良好的就餐氛围?
(2) 作为一名月子中心的管理人员,根据服务有形展示的理论,应该重点从哪些角度宣传月子中心并扩大其影响力?

（3）参观一所高校,并设计出一张该校的有形展示项目参观示意图。

（4）为干洗店制定出切实可行的有形展示策略。

二、实训项目

服务有形化管理的应用

1. 实训内容

组织学生到知名的企业或商场参观学习并进行有目的的调研活动,了解企业或商场是如何将服务有形化的。

2. 实训目的

通过对服务有形化管理的理论分析与研究,解决企业存在的实际问题,从而提高学生的实践应用能力。

3. 实训要求

聘请企业高层管理人员到学校做专题讲座,并结合实际组织学生到企业参观;以小组讨论形式进行分工,撰写调研报告,内容主要包括以下几点。

（1）××企业是如何使服务有形化的?

（2）××企业的服务有形化存在哪些问题?

（3）针对××企业的服务有形化存在的问题,你有哪些对策和建议?

参 考 文 献

[1] 李文国,欧阳慕岚.市场营销[M].2版.北京:清华大学出版社,2024.

[2] 约亨·沃茨,克里斯托弗·洛夫洛克.服务营销[M].韦福祥,等译.8版.北京:中国人民大学出版社,
2018.

[3] 苏朝晖.服务营销管理[M].3版.北京:清华大学出版社,2023.

[4] 徐岚.服务营销[M].北京:北京大学出版社,2018.

[5] 蔡艳鹏.海底捞的经营哲学[M].北京:北方文艺出版社,2017.

[6] 郭国庆.服务营销[M].4版.北京:中国人民大学出版社,2017.

[7] 王言鹏.企业文化建设[M].北京:中国人民大学出版社,2017.

[8] 保罗·格默尔,巴特·范·路易,罗兰·范·迪耶多克.服务管理:整合的视角[M].陈福军,曹婷,译.
3版.北京:清华大学出版社,2017.

[9] 王慧娟,陈旭.情绪感染理论分析及其在服务营销领域的应用[J].现代商业,2017.

[10] 王梦秋.新战略背景下企业服务营销转型研究[J].中国市场,2017.

[11] 于木.支付宝运营[M].北京:电子工业出版社,2016.

[12] 菲利普·科特勒,凯文·莱恩·凯勒.营销管理[M].何佳讯,于洪彦,等译.15版.上海:格致出版
社,2016.

[13] 张淑君.服务管理[M].3版.北京:中国市场出版社,2021.

[14] 陆剑清,丁沁南.营销心理学[M].北京:清华大学出版社,2016.

[15] 张旭.浅析市场营销中的服务营销策略[J].商业现代化,2016.

[16] 叶万春.服务营销学[M].5版.北京:高等教育出版社,2024.

[17] 王健林.万达哲学[M].北京:中信出版社,2015.

[18] 许晖.服务营销[M].2版.北京:中国人民大学出版社,2021.

[19] 陆剑清.现代营销心理学[M].2版.北京:首都经济贸易大学出版社,2014.